Sonja Prell

Die schönsten ZOPFMUSTER häkeln

30 Muster mit vielen Variationen
16 Projekte einfach bis anspruchsvoll

CV

Inhalt

Einleitung

Muster

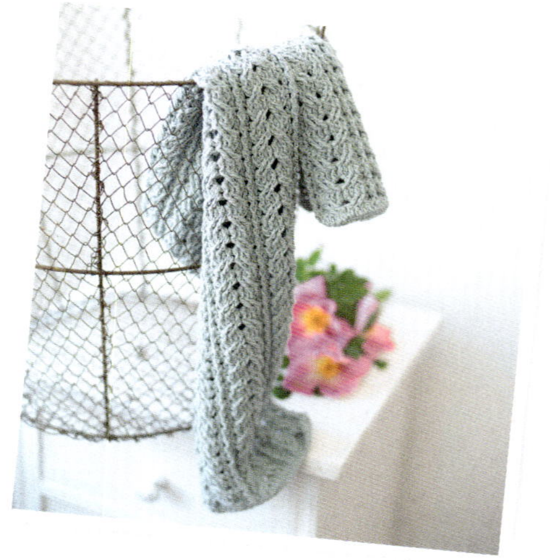

Modelle

Vorwort

Zopfmuster!

Zopfmuster sind Muster, die wie geflochtene Zöpfe aussehen. Jeder weiß, dass man die tollsten Zopfmuster stricken kann. Aber sie lassen sich auch hervorragend häkeln. Und das macht großen Spaß! Gehäkelte Zöpfe sind ebenso schön wie ihre gestrickten Verwandten und auch sehr vielfältig. Sie entstehen aus einem Zusammenspiel von Stäbchen und Reliefstäbchen, ob einfach, doppelt, dreifach oder mehrfach.

Zöpfe zu häkeln finde ich persönlich noch leichter als sie zu stricken, denn beim Häkeln benötigt man keine Hilfsnadel. Kombiniert man zu den Zöpfen noch Noppen, ergeben sich wunderschöne Effekte. Ich bin fasziniert, wie viele Möglichkeiten sich bieten, Zopfmuster zu kreieren, und welche wundervollen Effekte daraus entstehen.

In diesem Buch werden alle Muster sowohl in Reihen beschrieben als auch als Häkelschrift dargestellt. Es hat mir große Freude und Spaß gemacht, diese Muster für Sie zu entwerfen. Einen Teil der Muster können Sie anschließend auch in den vorgestellten Modellen wiederfinden.

Lassen Sie sich einfach inspirieren und kreieren Sie Ihre eigenen Musterkombinationen und Modelle. Los geht's, fangen Sie gleich damit an!

Ich wünsche Ihnen viel Freude mit diesem Buch und gutes Gelingen

Über die Autorin

Schon als Kind entdeckte Sonja Prell die Liebe für Handarbeiten. Die Grundtechniken des Häkelns und Strickens lernte sie im Schulunterricht und von ihrer Tante Paula. Von ihr lernte sie überhaupt vieles, wofür sie ihr heute noch dankbar ist. Entschieden hat sie sich dann hauptsächlich für das Häkeln, keine andere Technik hat sie so fasziniert. Seit vielen Jahren ist sie als Kreative für die Zeitschrift „ANNA" tätig. Ihr macht es großen Spaß, Modelle zu entwickeln und anzufertigen. Sonja Prell lebt mit ihrer Familie in Rauenstein im schönen Thüringer Wald. Sie genießt ihren Ruhestand, aber einen Tag ohne Handarbeit kann und will sie sich nicht vorstellen.

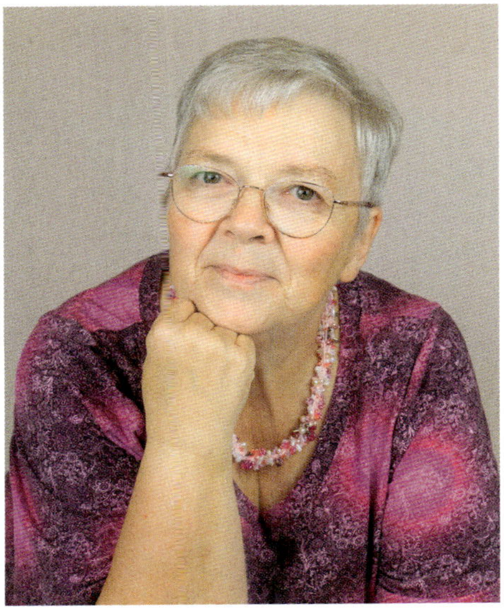

Zöpfe und Zopfmuster

Wie beim Stricken tauschen auch in gehäkelten Zopfmustern Maschengruppen ihren Platz. Dazu werden zunächst einige Maschen der unteren Reihe oder Runde ausgelassen und die erste Maschengruppe wird in die darauffolgenden Maschen gearbeitet. Für die nächste Maschengruppe geht man nun wieder zu den zuvor übersprungenen Maschen zurück. Je nachdem, ob man die zweite Maschengruppe nun vor oder hinter die erste Maschengruppe arbeitet, entsteht ein Zopf, der sich nach links oder rechts dreht.

Reliefmaschen

Die meisten gehäkelten Zopfmuster werden aus Reliefstäbchen gearbeitet. So werden Stäbchen bezeichnet, für die nicht wie üblich in die Maschen der unteren Reihe oder Runde eingestochen wird. Stattdessen werden sie um den gesamten Maschenkörper der unteren Masche herum gehäkelten. Dabei wird zwischen vorderen und hinteren Reliefstäbchen unterschieden. Der Einfachheit halber bezeichnet der Begriff „Reliefstäbchen" immer ein von vorne gearbeitetes Reliefstäbchen. Nur bei einem „Reliefstäbchen von hinten" wird die Position der Stäbchens mit erwähnt.

Reliefstäbchen: Ein Stäbchen von vorne um die Masche der untere Reihe oder Runde herum häkeln. Dazu mit der Häkelnadel in die Lücke zwischen 2 Maschen von vorne nach hinten einstechen, nach der nächsten Masche von hinten nach vorne ausstechen und ein Stäbchen arbeiten. Das Reliefstäbchen liegt dann vor den anderen Maschen derselben Reihe oder Runde und wölbst sich außerdem noch ein wenig nach vorne. Im Maschenbild tritt es wie ein Relief optisch hervor.

HINWEIS: Wird nichts weiter erwähnt, werden Reliefstäbchen stets von vorne gearbeitet. Werden sie von hinten gehäkelt, wird dies als „Reliefstäbchen von hinten" beschrieben!

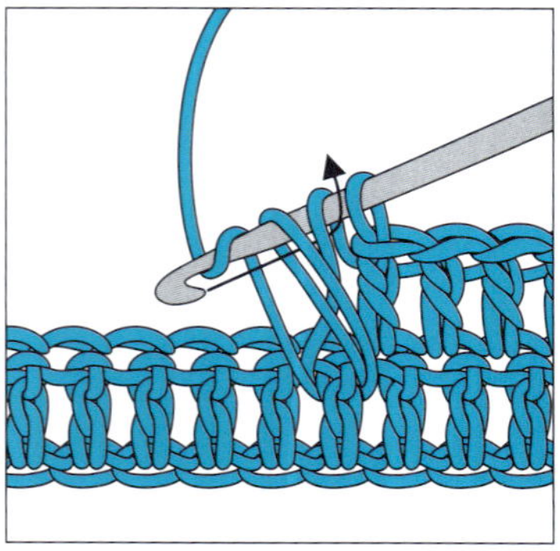

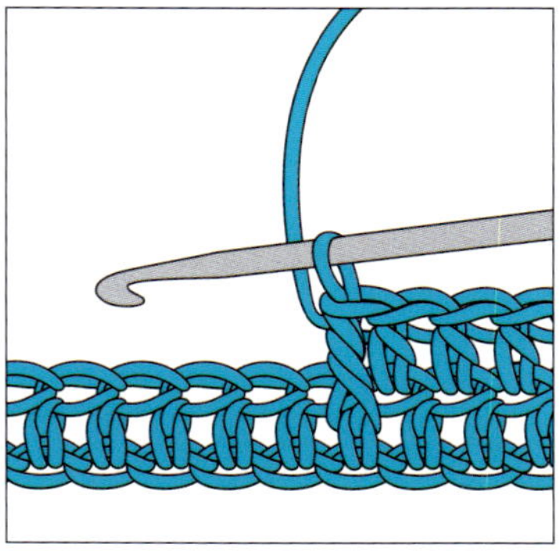

Reliefstäbchen von hinten: Ein Stäbchen von hinten um die Masche der untere Reihe oder Runde herum häkeln. Dazu mit der Häkelnadel in die Lücke zwischen 2 M von hinten nach vorne einstechen, nach der nächsten Maschen von vorne nach hinten ausstechen und ein Stäbchen arbeiten. Das Reliefstäbchen liegt hinter den anderen Maschen derselben Reihe oder Runde und tritt auch optisch deutlich zurück.

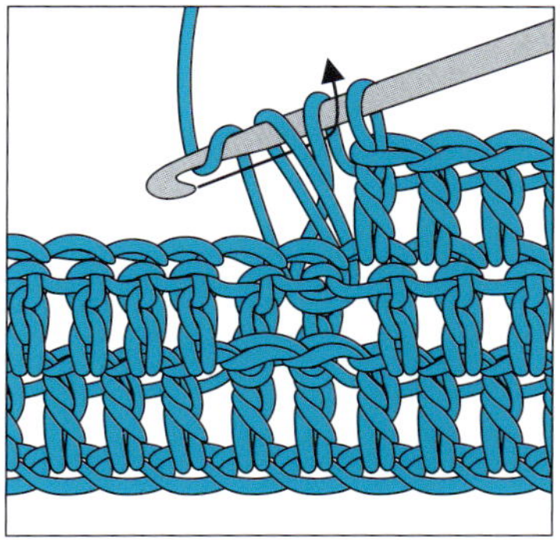

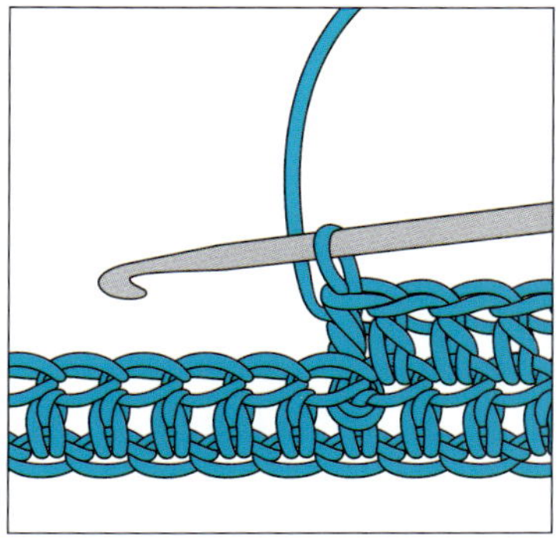

Auch Doppelstäbchen, dreifache oder vierfache Stäbchen lassen sich als Reliefmaschen arbeiten.

Doppeltes Reliefstäbchen: Ein Doppelstäbchen von vorne um die Masche der unteren Reihe oder Runde herum arbeiten: 2 Umschläge auf die Nadel nehmen, mit der Häkelnadel von vorne um das nächste Stäbchen herumstechen, den Faden holen (= 4 Schlingen auf der Nadel), * den Faden holen und durch 2 Schlingen auf der Nadel ziehen, ab * wiederholen, bis alle Schlingen abgemascht sind.

Doppeltes Reliefstäbchen von hinten: Ein Doppelstäbchen von hinten um die Masche der unteren Reihe oder Runde herum arbeiten: 2 Umschläge auf die Nadel nehmen, mit der Häkelnadel von hinten um das nächste Stäbchen herumstechen, den Faden holen (= 4 Schlingen auf der Nadel), * den Faden holen und durch 2 Schlingen auf der Nadel ziehen, ab * wiederholen, bis alle Schlingen abgemascht sind.

Dreifaches Reliefstäbchen: Ein dreifaches Stäbchen von vorne um die Masche der unteren Reihe oder Runde herum arbeiten: 3 Umschläge auf die Nadel nehmen, mit der Häkelnadel von vorne um das nächste Stäbchen herumstechen, den Faden holen (= 5 Schlingen auf der Nadel), * den Faden holen und durch 2 Schlingen auf der Nadel ziehen, ab * wiederholen, bis alle Schlingen abgemascht sind.

Dreifaches Reliefstäbchen von hinten: Ein dreifaches Stäbchen von hinten um die Masche der unteren Reihe oder Runde herum arbeiten: 3 Umschläge auf die Nadel nehmen, mit der Häkelnadel von hinten um das nächste Stäbchen herumstechen, den Faden holen (= 5 Schlingen auf der Nadel), * den Faden holen und durch 2 Schlingen auf der Nadel ziehen, ab * wiederholen, bis alle Schlingen abgemascht sind.

Vierfaches Reliefstäbchen: Ein vierfaches Stäbchen von vorne um die Masche der unteren Reihe oder Runde herum arbeiten: 4 Umschläge auf die Nadel nehmen, mit der Häkelnadel von vorne um das nächste Stäbchen herumstechen, den Faden holen (= 6 Schlingen auf der Nadel), * den Faden holen und durch 2 Schlingen auf der Nadel ziehen, ab * wiederholen, bis alle Schlingen abgemascht sind.

Vierfaches Reliefstäbchen von hinten: Ein vierfaches Stäbchen von hinten um die Masche der unteren Reihe oder Runde herum arbeiten: 4 Umschläge auf die Nadel nehmen, mit der Häkelnadel von hinten um das nächste Stäbchen herumstechen, den Faden holen (= 6 Schlingen auf der Nadel), * den Faden holen und durch 2 Schlingen auf der Nadel ziehen, ab * wiederholen, bis alle Schlingen abgemascht sind.

Tiefgestochene Reliefstäbchen werden nicht um die Masche in der Reihe oder Runde darunter herum gehäkelt, sondern um 2 oder sogar mehr Reihen oder Runden tiefer gearbeitet. In der Regel werden dann doppelte, dreifache oder vierfache Reliefstäbchen gearbeitet, um die Höhe auszugleichen. Dies wird in der Anleitung jeweils beschrieben.

Besondere Maschen

Einige besondere Maschen, die in den vorgestellten Mustern und Modellen zum Einsatz kommen.

Krebsmaschen: Feste Maschen von links nach rechts arbeiten. Dazu nach der letzten Reihe nicht wenden und mit 1 Luftm in die nächste R aufsteigen. * Mit dem Faden hinter der Arbeit die Nadel von vorne nach hinten in die nächste Masche auf der rechten Seite einstechen, den Faden um die Häkelnadel legen und durch die Masche ziehen (= 2 Schlingen auf der Nadel). Den Faden wieder um die Nadel legen und durch die Schlingen ziehen, um die Masche zu vollenden. Ab * stets wiederholen, dabei stets von links nach rechts arbeiten.

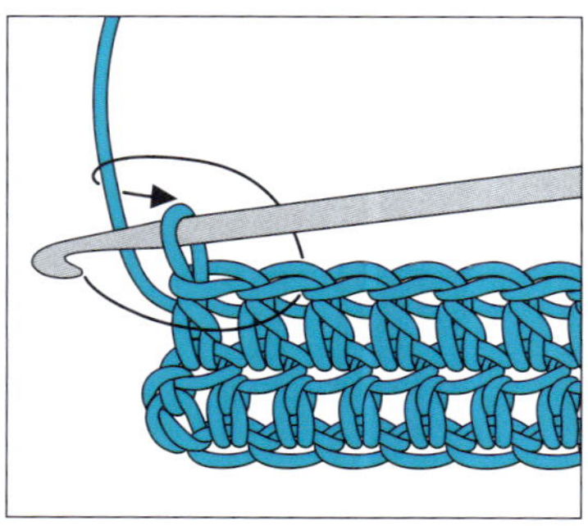

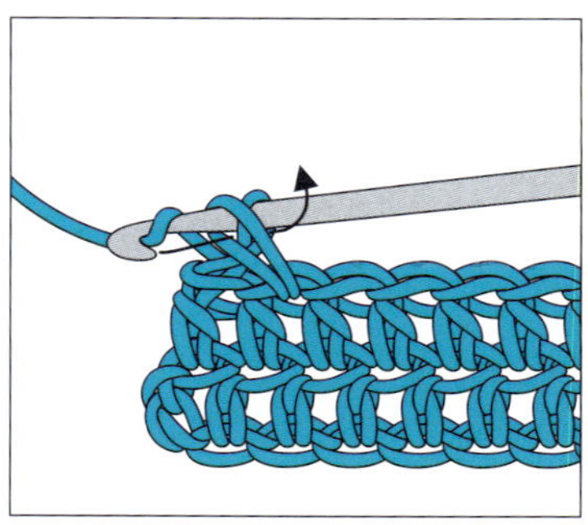

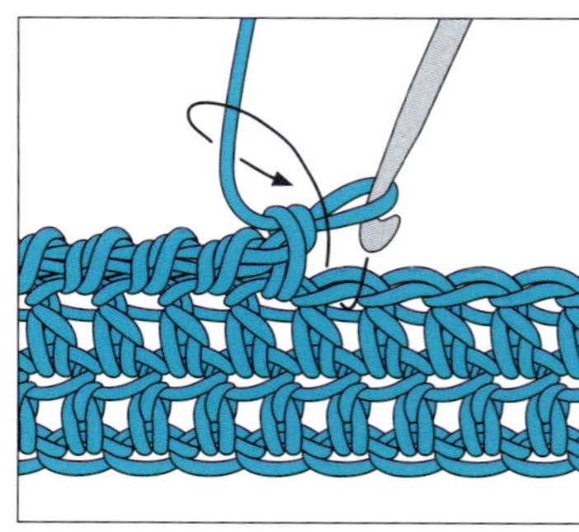

Doppelte feste Maschen: In das linke senkrechte Maschenglied der zuvor gehäkelten festen Masche einstechen, dann in die folgende Einstichstelle einstechen und den Faden durchholen (= 3 Schlingen auf der Nadel), 1 Umschlag auf die Nadel nehmen und alle 3 Schlingen zusammen abmaschen.

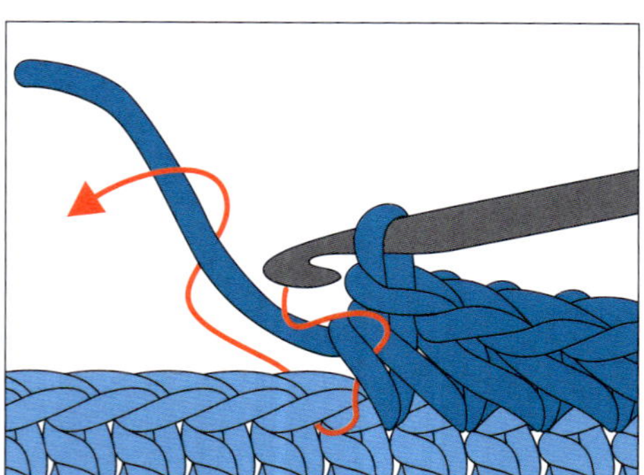

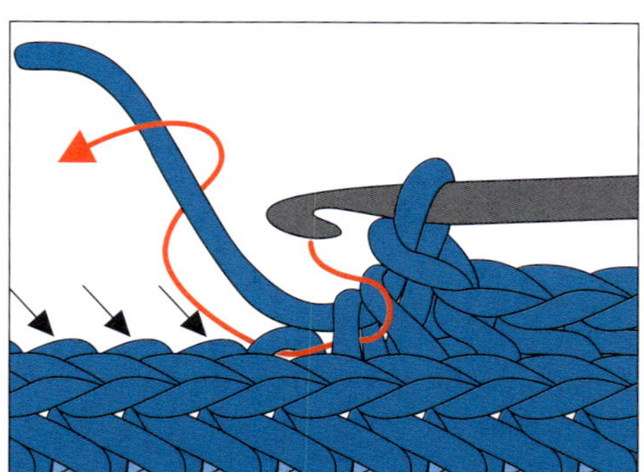

Besondere Techniken

Einige besondere Häkeltechniken, die in den vorgestellten Mustern und Modellen zum Einsatz kommen.

Fadenring

Den Faden zur Schlinge legen, einstechen, Faden um die Nadel legen, diesen Umschlag durchziehen. Den Fadenring noch nicht festziehen. Den Arbeitsfaden um den linken Zeigefinger legen. Abb 1.

Den Kreuzpunkt des Fadenrings mit Daumen und Mittelfinger festhalten und die Maschen laut Anleitung um den Fadenring herum arbeiten (hier sind es feste Maschen). Abb 2. Anschließend den Fadenring am Anfangsfaden zuziehen. Abb 3.

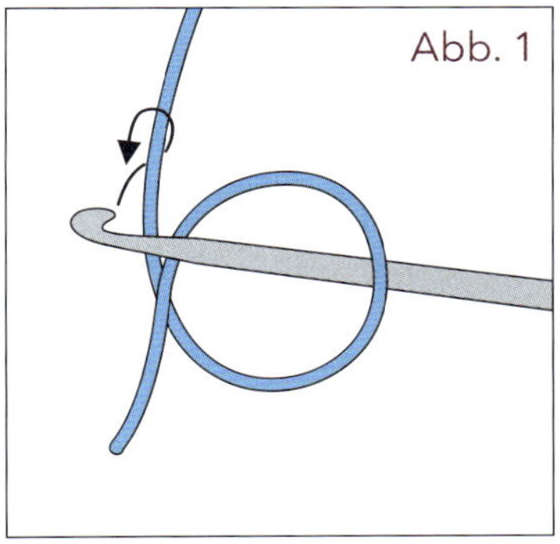

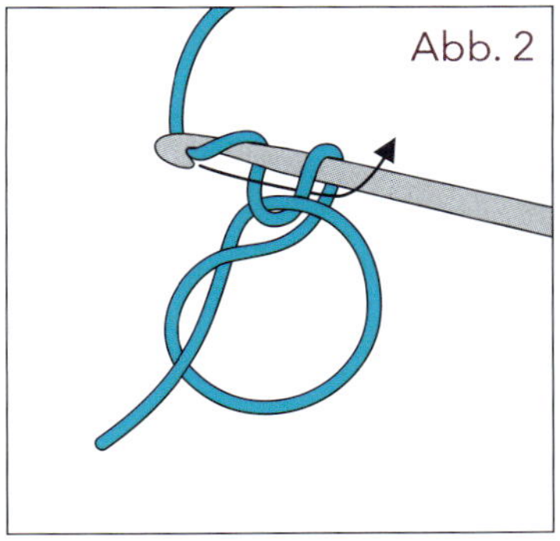

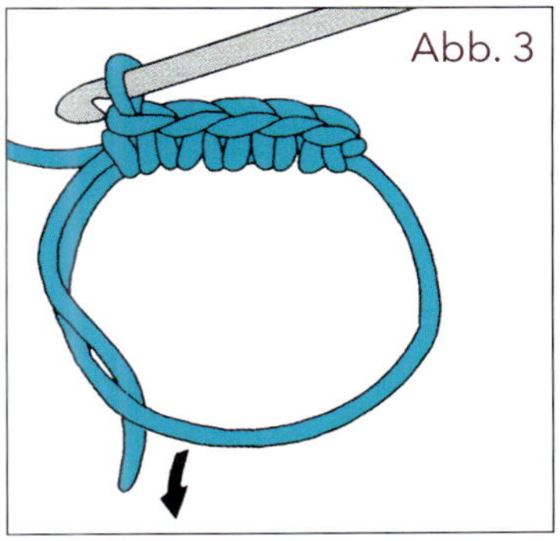

Geschlossene Runden

Um feste Maschen in geschlossenen Runden zu arbeiten, jede Runde mit 1 zusätzlichen Steigeluftmasche beginnen und mit 1 Kettmasche in die 1. feste Masche schließen.

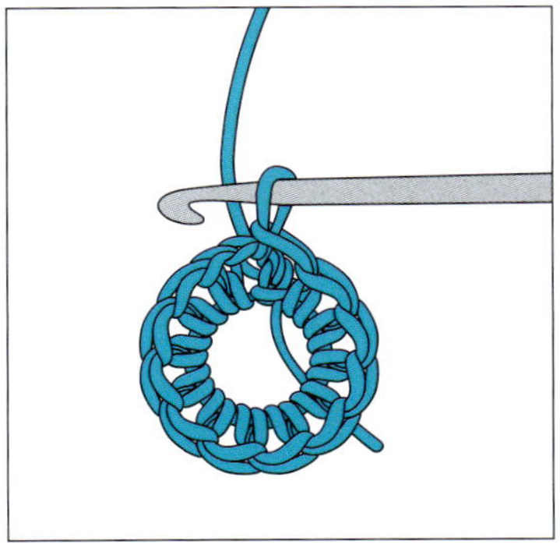

Geschlossene Runden können nicht nur in den Fadenring, sondern auch über eine geschlossene Luftmaschenkette gearbeitet werden. Anstatt in die Mitte des Fadenrings wird dann in jede Luftmasche eingestochen. Der Rundenschluss erfolgt auch hier durch 1 Kettmasche in die oberste Steigeluftmasche.

Wendeluftmaschen bzw. Steigeluftmaschen

Auch alle anderen Maschen lassen sich entsprechend in Runden häkeln. Die Anzahl an Steigeluftmaschen zum Aufsteigen in die nächste Runde hängt wie beim Arbeiten in Hin- und Rückreihen von der Art der darauffolgenden Maschen ab:

Am Ende einer Reihe werden Wendeluftmaschen gehäkelt, um die Arbeit auf die Höhe der nächsten Maschenreihe zu bringen. Wie viele Luftmaschen benötigt werden, hängt von der Maschenart ab und wird jeweils in der Anleitung erwähnt. Bei höheren Maschenarten ersetzen die Wendeluftmaschen die erste Masche der Reihe, es wird also erst in die zweite Masche eingestochen und am Reihenende die letzte Masche in die oberste Wendeluftmasche gearbeitet. Beim Arbeiten in Runden spricht man von Steigeluftmaschen, das Prinzip ist dasselbe.

Als Faustregel gilt:

Feste Maschen: 1 Wende- bzw. Steigeluftmasche, Einstechen in die 1. Masche der Vorreihe/-runde.
Halbe Stäbchen: 2 Wende- bzw. Steigeluftmaschen, Einstechen in die 1. oder 2. Masche der Vorreihe/-runde.
Stäbchen: 3 Wende- bzw. Steigeluftmaschen, Einstechen in die 2. Masche der Vorreihe/-runde.
Doppelstäbchen: 4 Wende- bzw. Steigeluftmaschen, Einstechen in die 2. Masche der Vorreihe/-runde.
Dreifachstäbchen: 5 Wende- bzw. Steigeluftmaschen, Einstechen in die 2. Masche der Vorreihe/-runde.

Gewendete Runden

Je nach Muster kann es nötig sein, in gewendeten Runden zu arbeiten. Dadurch wird verhindert, dass der Rundenanfang aufsteigend von Runde zu Runde diagonal durch das Muster wandert. Prinzipiell wird auf die gleiche Weise gearbeitet wie bei geschlossenen Runden, jede neue Runde beginnt also mit einer zur Größe der Maschen passenden Anzahl an Steigeluftmaschen und schließt nach der letzten Masche mit einer Kettmasche in die oberste Steigeluftmasche des Rundenbeginns, dann aber wird die Arbeit gewendet und die folgende Runde in entgegengesetzter Richtung gearbeitet. Entsprechend hat man dann einmal die Außenseite und einmal die Innenseite der Arbeit vor Augen. Damit gleicht sich der verschiebende Effekt des Rundenbeginns aus.

Muster- und Modellanleitungen

Für jede Häkelanleitung gilt: Bitte alles erst einmal durchlesen! Damit gewinnt man einen Überblick über das Projekt und wird nicht mittendrin unerwartet überrascht. Im Musterteil werden alle Zopfmuster sowohl durch Häkelschrift als auch durch ausgeschriebene Textanleitung beschrieben. Beide Darstellungen können sich bei Unklarheiten gut ergänzen. Bei jedem Muster werden die Maschenzahl des Rapports, dann die Anfangs- und Endmaschen und die Wendeluftmaschen angegeben, und schließlich, welche Reihen wiederholt werden. Damit lässt sich das Muster auch leicht für eigene Häkelprojekte verwenden

Häkeln nach ausgeschriebenem Text

Im Text werden die Muster Reihe für Reihe und Masche für Masche ausgeschrieben. Der Rapport wird durch ein Sternchen * gekennzeichnet, kleinere Wiederholungen stehen zwischen [ ], dann folgt die Angabe, wie oft wiederholt wird. Abschließend findet man noch die Angabe, welche Reihen in der Höhe wiederholt werden.

Häkeln nach Häkelschrift

In Häkelschriften werden Hin- und Rückreihen oder Runden gezeichnet. Wie die Symbole einer Häkelschrift zu lesen sind, wird in der Zeichenerklärung unter der Häkelschrift angegeben. Gut darauf achten, ob das Muster mit einer Hin- oder Rückreihe beginnt!

Häkelschriften immer in Häkelrichtung lesen, also Hinreihen von rechts nach links und Rückreihen von links nach rechts. Man kann sich dabei leicht an der Position der Reihenziffer orientieren. Ziffern rechts neben der Häkelschrift markieren Hinreihen, Ziffern links neben der Häkelschrift Rückreihen. Bei Häkelschriften für ein in Runden gehäkeltes Muster stehen alle Ziffern an den Steigeluftmaschen, die in die neue Runde hinaufführen. In gewendeten Runden zeigen kleine Pfeile die Häkelrichtung an.

In Hinreihen mit der oder den Wendeluftmaschen und den Maschen vor dem rechten Pfeil beginnen, dann den Rapport zwischen den Pfeilen wiederholen und mit den Maschen nach dem linken Pfeil enden. In allen Rückreihen die Häkelschrift entsprechend von links nach rechts lesen. Unter der Häkelschrift wird angegeben, welche Reihen wiederholt werden.

Musterdarstellungen im Modellteil und im Musterteil

Im Musterteil werden alle vorgestellten Muster in Hin- und Rückreihen in ihrer Grundform gerade hoch beschrieben.

Der Modellteil zeigt dann, was man aus diesen Grundmustern machen kann oder wie sie in einem Modell mit eigener Formgebung eingesetzt werden können. Diese Beispiele sollen auch gerne dazu animieren, selbst mit den Mustern kreativ zu werden.

Folgende Abkürzungen werden verwendet:		
	Kettm = Kettmasche(n)	Luftm = Luftmasche(n)
	Krebsm = Krebsmasche(n)	M = Masche(n)

6er-Zopf nach links aus dreifachen Reliefstäbchen

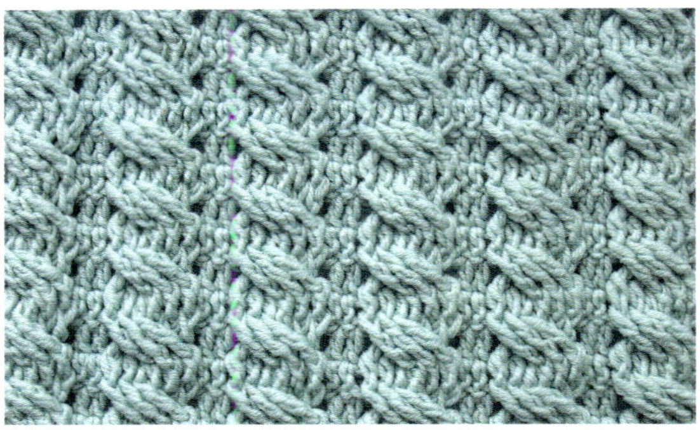

Schwierigkeitsgrad: leicht
Kategorie: flächiges Zopfmuster aus 6er-Zöpfen nach links aus 6 dreifachen Reliefstäbchen

M-Zahl teilbar durch 8 + 1 M + 3 Wende-Luftm. Die Wende-Luftm dienen zum Aufsteigen in die nächste Reihe und ersetzen das 1. Stäbchen.

Dreifaches Reliefstäbchen: 3 Umschläge auf die Nadel nehmen, mit der Häkelnadel von vorne um das nächste Stäbchen herumstechen, den Faden holen (= 5 Schlingen auf der Nadel), * den Faden holen und durch 2 Schlingen auf der Nadel ziehen, ab * wiederholen, bis alle Schlingen abgemascht sind.

Reliefstäbchen von hinten: Das Reliefstäbchen von hinten um die M der Vorreihe häkeln: mit der Häkelnadel von hinten nach vorne in die Lücke zwischen 2 M einstechen und nach der M wieder ausstechen.

6er-Zopf nach links (aus dreifachen Reliefstäbchen): 3 M überspringen, um die folgenden 3 M je 1 dreifaches Reliefstäbchen häkeln, dann um die 3 zuvor übersprungenen M je 1 dreifaches Reliefstäbchen, sodass diese vor den 3 ersten dreifachen Reliefstächen liegen.

HÄKELN NACH MUSTERBESCHREIBUNG

1. Reihe (Rückreihe): Stäbchen häkeln, dabei das 1. Stäbchen in die 4. M ab der Nadel arbeiten.
2. Reihe (Hinreihe): 3 Wende-Luftm, 1 Stäbchen, * **6er-Zopf nach links**, 2 Stäbchen, ab * stets wiederholen.
3. Reihe: 3 Wende-Luftm, 1 Stäbchen, * 6 Reliefstäbchen von hinten, 2 Stäbchen, ab * stets wiederholen.

Die 1.–3. Reihe einmal arbeiten, dann die 2. und 3. Reihe stets wiederholen.

HÄKELN NACH DER HÄKELSCHRIFT

In der Häkelschrift sind Hin- und Rückreihen notiert.

In den Hinreihen mit den M vor dem rechten Pfeil beginnen, den Rapport zwischen den Pfeilen stets wiederholen und mit den M nach dem linken Pfeil enden.
In den Rückreihen die M entsprechend von links nach rechts lesen.

Die 1.–3. Reihe einmal arbeiten, dann die 2. und 3. Reihe stets wiederholen.

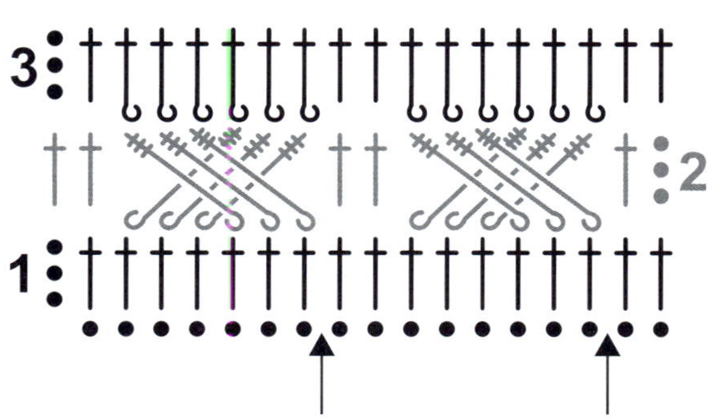

Zeichenerklärung
- • = 1 Luftm
- † = 1 Stäbchen
- = 1 Reliefstäbchen von hinten
- = 1 dreifaches Reliefstäbchen

Zopfstreifenmuster

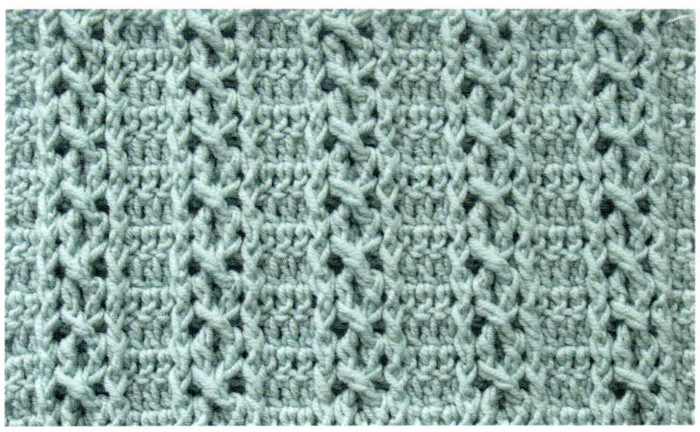

Schwierigkeitsgrad: leicht
Kategorie: Streifenzopfmuster aus Zopf- und Stäbchenstreifen

M-Zahl teilbar durch 8 + 2 M + 3 Wende-Luftm. Die Wende-Luftm dienen zum Aufsteigen in die nächste Reihe und ersetzen das 1. Stäbchen.

3er-Zopf nach links (aus 1 Stäbchen und 2 doppelten Reliefstäbchen): 2 M überspringen, um die folgende M 1 doppeltes Reliefstäbchen häkeln, in die 2. der 2 übersprungenen M 1 Stäbchen <u>hinter das doppelte Reliefstäbchen</u>, dann um die 1. der 2 übersprungenen M 1 doppeltes Reliefstäbchen, sodass dieses <u>vor dem doppelten Reliefstäbchen</u> liegt.

HÄKELN NACH MUSTERBESCHREIBUNG

1. Reihe (Rückreihe): Stäbchen häkeln, dabei das 1. Stäbchen in die 4. M ab der Nadel arbeiten.
2. Reihe (Hinreihe): 3 Wende-Luftm, 2 Stäbchen, * 1 Reliefstäbchen, **3er-Zopf nach links**, 1 Reliefstäbchen, 3 Stäbchen, ab * stets wiederholen.
3. Reihe: 3 Wende-Luftm, 2 Stäbchen, * 2 Reliefstäbchen von hinten, 1 Stäbchen, 2 Reliefstäbchen von hinten, 3 Stäbchen, ab * stets wiederholen.

Die 1.–3. Reihe einmal arbeiten, dann die 2. und 3. Reihen stets wiederholen.

HÄKELN NACH DER HÄKELSCHRIFT

In der Häkelschrift sind Hin- und Rückreihen notiert.

<u>In den Hinreihen</u> mit den M vor dem rechten Pfeil beginnen, den Rapport zwischen den Pfeilen stets wiederholen und mit den M nach dem linken Pfeil enden.
<u>In den Rückreihen</u> die M entsprechend von links nach rechts lesen.

Die 1.–3. Reihe einmal arbeiten, dann die 2. und 3. Reihe stets wiederholen.

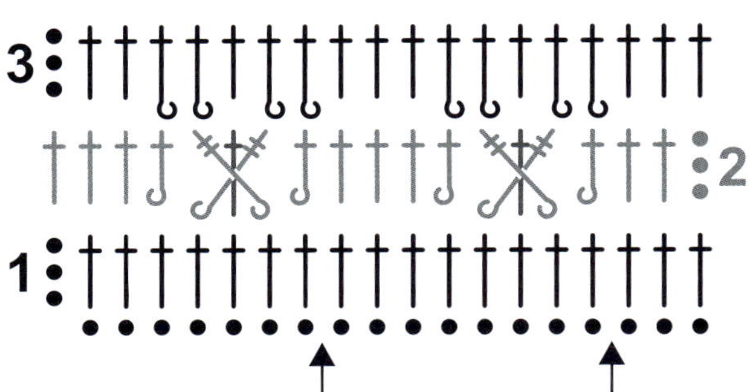

Zeichenerklärung

- • = 1 Luftm
- † = 1 Stäbchen
- = 1 Reliefstäbchen
- = 1 Reliefstäbchen von hinten
- = 1 doppeltes Reliefstäbchen

Rautenförmiger Zopf mit Popcornmaschen

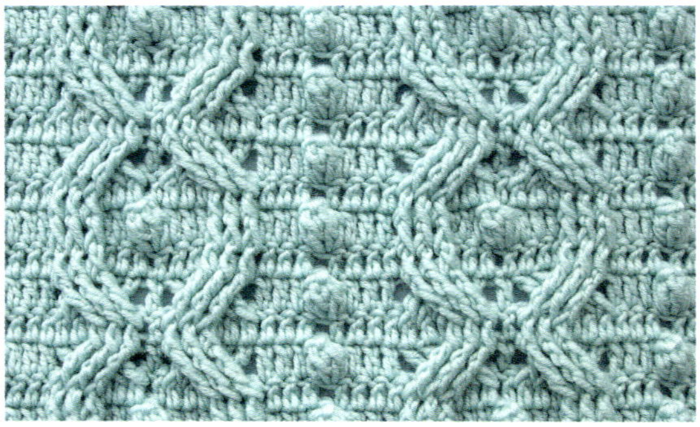

Schwierigkeitsgrad: mittel
Kategorie: flächiges Zopfmuster aus dreifachen Reliefstäbchen und Popcorn-M

M-Zahl teilbar durch 20 + 6 M + 3 Wende-Luftm. Die Wende-Luftm dienen zum Aufsteigen in die nächste Reihe und ersetzen das 1. Stäbchen.

Dreifaches Reliefstäbchen: 3 Umschläge auf die Nadel nehmen, mit der Häkelnadel von vorne um das nächste Stäbchen herumstechen, den Faden holen (= 5 Schlingen auf der Nadel), * den Faden holen und durch 2 Schlingen auf der Nadel ziehen, ab * wiederholen, bis alle Schlingen abgemascht sind.

5er-Popcorn (= Popcorn-M aus 5 Stäbchen): 5 Stäbchen in die nächste M arbeiten, die Häkelnadel aus der Arbeitsschlinge ziehen, in das Abmaschglied des 1. der 5 Stäbchen einstechen, die Arbeitsschlinge wieder auf die Nadel nehmen und durch die M ziehen, den Faden noch einmal holen und durch die letzte M ziehen, um die Popcorn-M zu fixieren.

6er-Zopf nach rechts (aus dreifachen Reliefstäbchen): 3 M überspringen, um die folgenden 3 M je 1 dreifaches Reliefstäbchen, dann um die 3 übersprungenen M je 1 dreifaches Reliefstäbchen, sodass diese hinter den ersten dreifachen Reliefstäbchen liegen.

6er-Zopf nach links (aus dreifachen Reliefstäbchen): 3 M überspringen, um die folgenden 3 M je 1 dreifaches Reliefstäbchen, dann um die 3 zuvor übersprungenen M je 1 dreifaches Reliefstäbchen, sodass diese vor den dreifachen Reliefstäbchen liegen.

HÄKELN NACH MUSTERBESCHREIBUNG

1. Reihe (Rückreihe): Stäbchen häkeln, dabei das 1. Stäbchen in die 4. Luftm ab der Nadel arbeiten.
2. Reihe (Hinreihe): 3 Wende-Luftm, 2 Stäbchen, * 5er-Popcorn, 3 Stäbchen, **6er-Zopf nach rechts**, 1 Stäbchen, **6er-Zopf nach links**, 3 Stäbchen, ab * stets wiederholen, 5er-Popcorn, 3 Stäbchen.
3. Reihe: 3 Wende-Luftm, 6 Stäbchen, * 3 Reliefstäbchen von hinten, 7 Stäbchen, ab * stets wiederholen.
4. Reihe: 3 Wende-Luftm, 2 Stäbchen, * 5er-Popcorn, 3 Stäbchen, 3 Reliefstäbchen, 3 Stäbchen, 5er-Popcorn, 3 Stäbchen, 3 Reliefstäbchen, 3 Stäbchen, ab * stets wiederholen, 5er-Popcorn, 3 Stäbchen.
5. Reihe: Wie die 3. Reihe arbeiten.
6. Reihe: 3 Wende-Luftm, 2 Stäbchen, * 5er-Popcorn, 3 Stäbchen, **6er-Zopf nach links**, 1 Stäbchen, **6er-Zopf nach rechts**, 3 Stäbchen, ab * stets wiederholen, 5er-Popcorn, 3 Stäbchen.
7. Reihe: 3 Wende-Luftm, 3 Stäbchen, * 6 Stäbchen, 3 Reliefstäbchen von hinten, 1 Stäbchen, 3 Reliefstäbchen von hinten, 7 Stäbchen, ab * stets wiederholen, 3 Stäbchen.

Die 1.–7. Reihe einmal arbeiten, dann die 2.–7. Reihe stets wiederholen.

HÄKELN NACH DER HÄKELSCHRIFT

In der Häkelschrift sind Hin- und Rückreihen notiert.

In den Hinreihen mit den M vor dem rechten Pfeil beginnen, den Rapport zwischen den Pfeilen stets wiederholen und mit den M nach dem linken Pfeil enden.
In den Rückreihen die M entsprechend von links nach rechts lesen.

Die 1.–7. Reihe einmal arbeiten, dann die 2.–7. Reihe stets wiederholen.

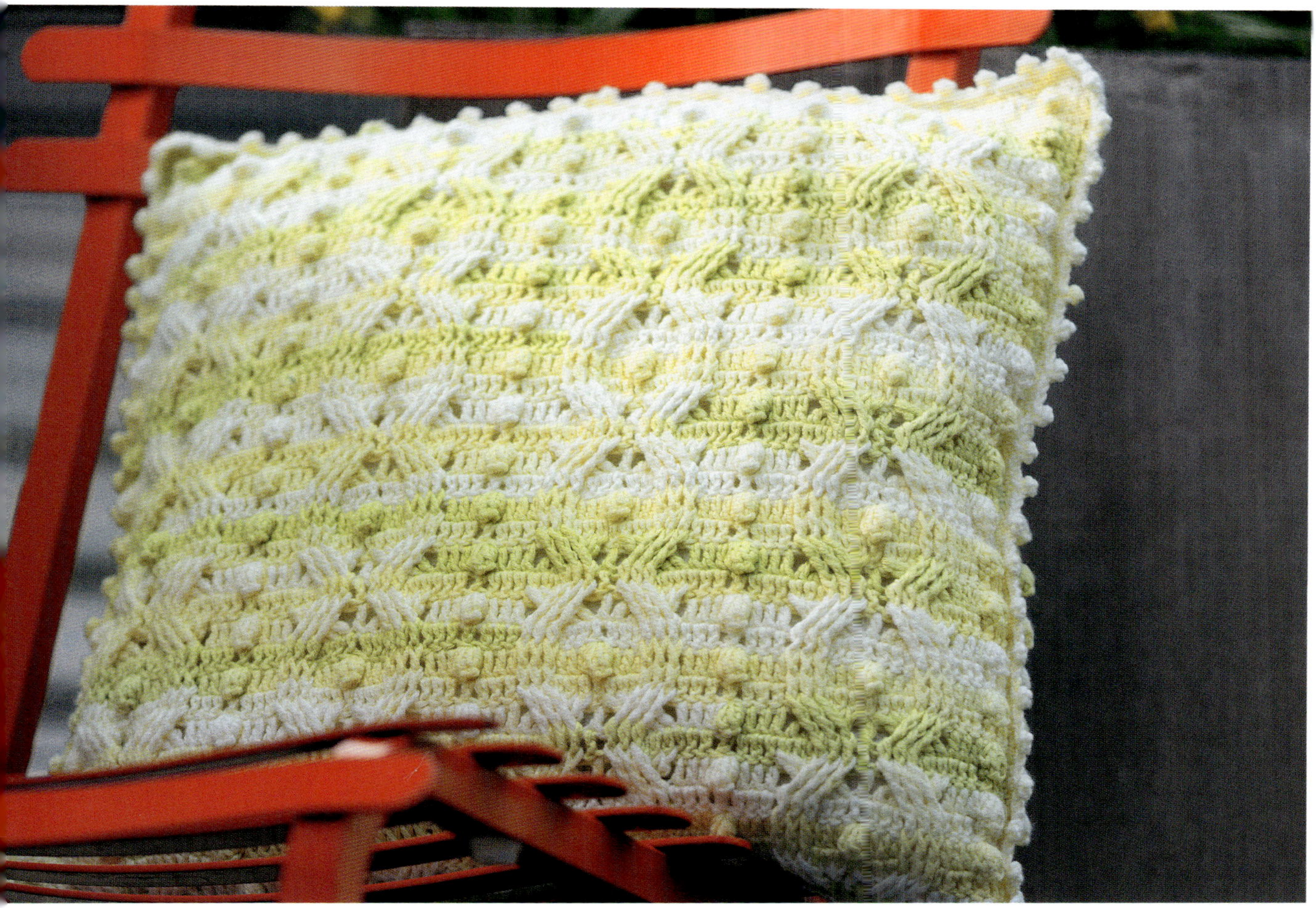

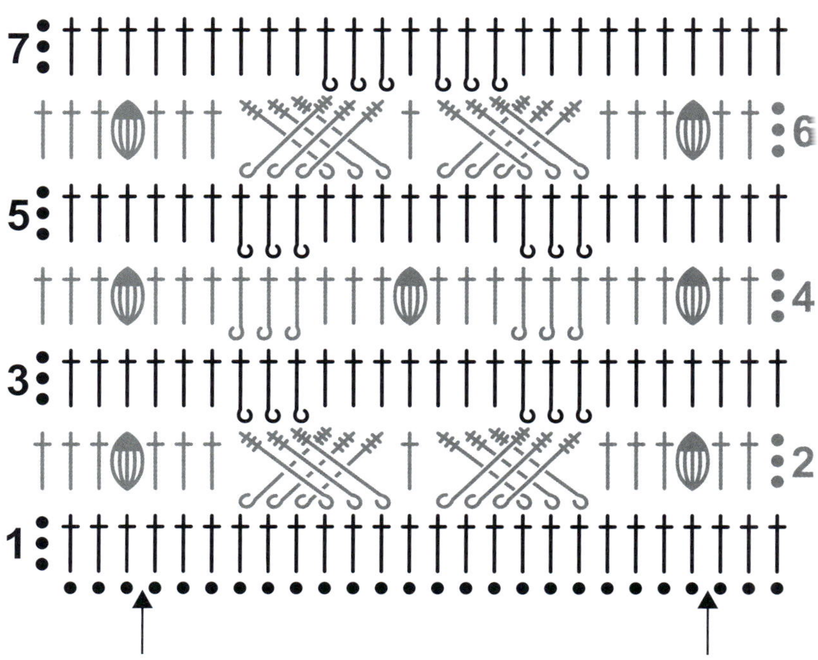

Zeichenerklärung

- • = 1 Luftm
- (Stäbchen-Symbol) = 1 Stäbchen
- (Reliefstäbchen-Symbol) = 1 Reliefstäbchen
- (Symbol) = 1 Reliefstäbchen von hinten
- (Symbol) = 1 dreifaches Reliefstäbchen
- (Popcorn-Symbol) = 1 Popcorn-M aus 5 Stäbchen

Zopfmuster mit Popcornmaschen

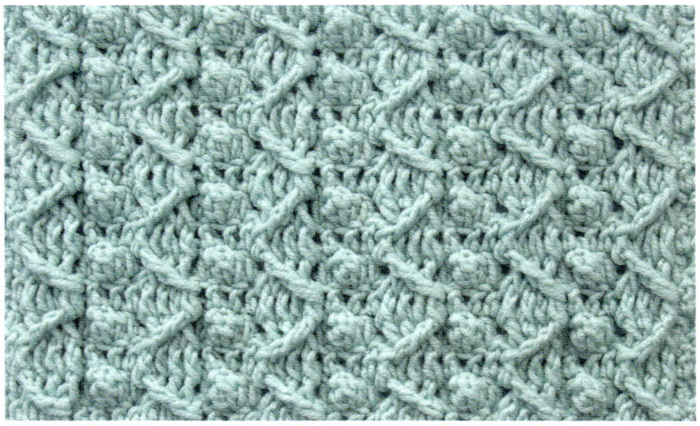

Schwierigkeitsgrad: leicht
Kategorie: flächiges Zopfmuster aus Reliefstäbchen, dreifachen Reliefstäbchen und Popcorn-M,

M-Zahl teilbar durch 7 + 3 Wende-Luftm. Die Wende-Luftm dienen zum Aufsteigen in die nächste Reihe und ersetzen das 1. Stäbchen.

Dreifaches Reliefstäbchen: 3 Umschläge auf die Nadel nehmen, mit der Häkelnadel von vorne um das nächste Stäbchen herumstechen, den Faden holen (= 5 Schlingen auf der Nadel), * den Faden holen und durch 2 Schlingen auf der Nadel ziehen, ab * wiederholen, bis alle Schlingen abgemascht sind.

4er-Popcorn (= Popcorn-M aus 4 Stäbchen): 4 Stäbchen in die nächste M arbeiten, die Häkelnadel aus der Arbeitsschlinge ziehen, in das Abmaschglied des 1. der 4 Stäbchen einstechen, die Arbeitsschlinge wieder auf die Nadel nehmen und durch die 1. M der Vierergruppe ziehen, den Faden noch einmal holen und durch die letzte M ziehen, um die Popcorn-M zu fixieren.

4er-Zopf nach links (aus 3 Reliefstäbchen und 1 dreifachen Reliefstäbchen): 1 M überspringen, um die folgenden 3 M je 1 Reliefstäbchen, dann um die übersprungene M 1 dreifaches Reliefstäbchen, sodass dieses vor den 3 Reliefstäbchen liegt.

4er-Zopf nach rechts (aus 3 Reliefstäbchen und 1 dreifachen Reliefstäbchen): 3 M überspringen, um die folgende M 1 dreifaches Reliefstäbchen, dann um die 3 übersprungenen M je 1 Reliefstäbchen, sodass diese hinter dem dreifachen Reliefstäbchen liegen.

HÄKELN NACH MUSTERBESCHREIBUNG

1. Reihe (Rückreihe): Stäbchen häkeln, dabei das 1. Stäbchen in die 4. M ab der Nadel arbeiten.
2. Reihe (Hinreihe): 3 Wende-Luftm, 1 Stäbchen, * **4er-Zopf nach links**, 1 Stäbchen, 4er-Popcorn, 1 Stäbchen, ab * stets wiederholen, **4er-Zopf nach links**, 2 Stäbchen.
3. Reihe: 3 Wende-Luftm, 1 Stäbchen, * 4 Reliefstäbchen von hinten, 3 Stäbchen; * stets wiederholen, 4 Reliefstäbchen von hinten, 2 Stäbchen.
4. Reihe: 3 Wende-Luftm, 1 Stäbchen, * **4er-Zopf nach rechts**, 1 Stäbchen, 4er-Popcorn, 1 Stäbchen, ab * stets wiederholen, **4er-Zopf nach rechts**, 2 Stäbchen.
5. Reihe: Wie die 3. Reihe arbeiten.

Die 1.–5. Reihe einmal arbeiten, dann die 2.–5. Reihe stets wiederholen.

HÄKELN NACH DER HÄKELSCHRIFT

In der Häkelschrift sind Hin- und Rückreihen notiert.

In den Hinreihen mit den M vor dem rechten Pfeil beginnen, den Rapport zwischen den Pfeilen stets wiederholen und mit den M nach dem linken Pfeil enden.
In den Rückreihen die M entsprechend von links nach rechts lesen.

Die 1.–5. Reihe einmal arbeiten, dann die 2.–5. Reihe stets wiederholen.

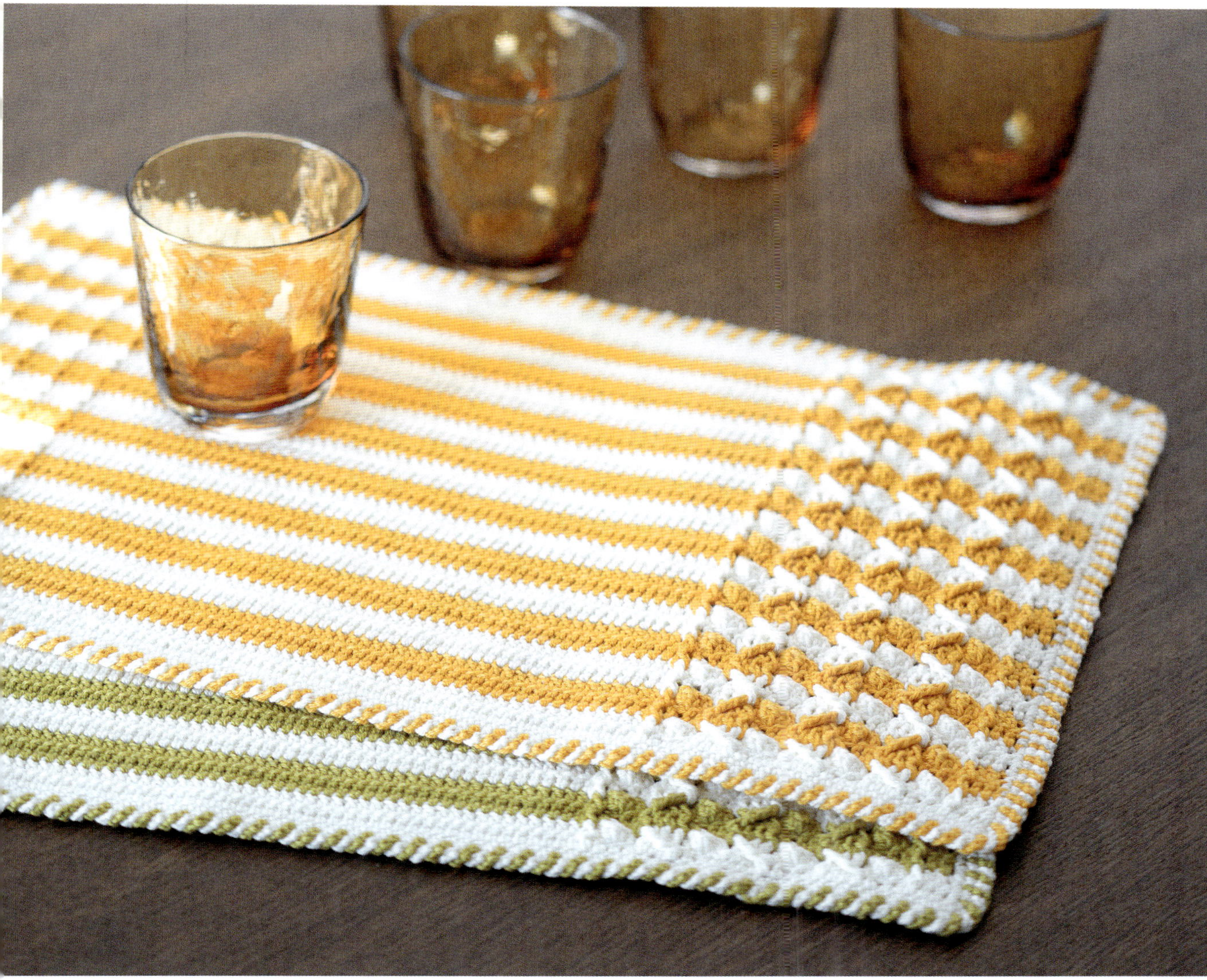

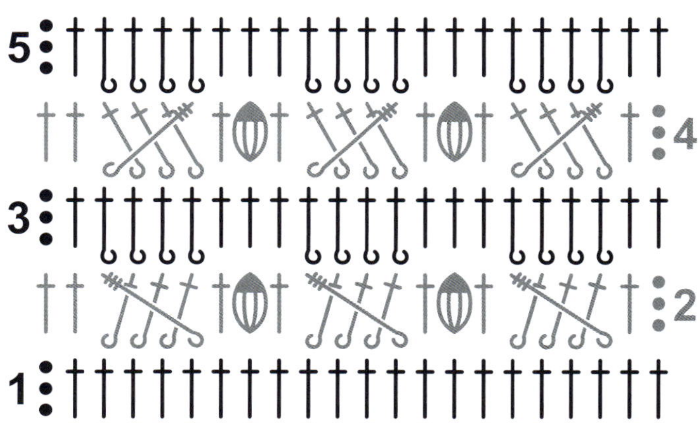

Zeichenerklärung
- • = 1 Luftm
- † = 1 Stäbchen
- = 1 Reliefstäbchen
- = 1 Reliefstäbchen von hinten
- = 1 dreifaches Reliefstäbchen
- = 1 Popcorn-M aus 4 Stäbchen

Muster aus 2er-Zöpfen

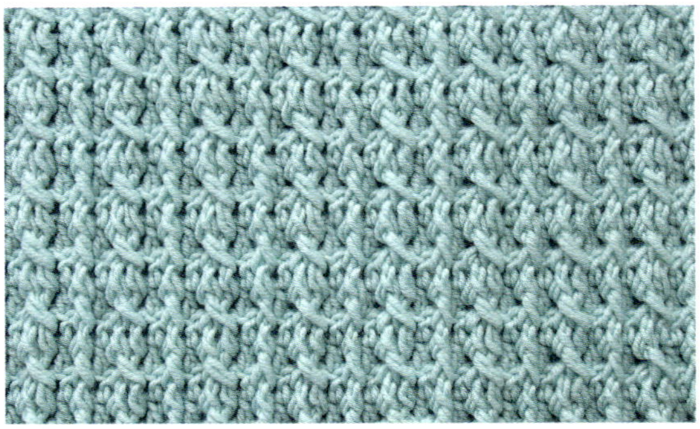

Schwierigkeitsgrad: leicht
Kategorie: Einfaches Zopfmuster aus 2 Reliefstäbchen.

M-Zahl teilbar durch 5 + 1 M + 3 Wende-Luftm. Die Wende-Luftm dienen zum Aufsteigen in die nächste Reihe und ersetzen das 1. Stäbchen.

2er-Zopf nach links (aus 2 Reliefstäbchen): 1 Stäbchen überspringen, um die folgende M 1 Reliefstäbchen häkeln, dann um die übersprungene M 1 Reliefstäbchen, sodass dieses vor dem 1. Reliefstäbchen liegt.

HÄKELN NACH MUSTERBESCHREIBUNG

1. Reihe (Rückreihe): Stäbchen häkeln, dabei das 1. Stäbchen in die 4. M ab der Nadel arbeiten.
2. Reihe (Hinreihe): 3 Wende-Luftm, * 1 Stäbchen, 1 Reliefstäbchen, 1 Stäbchen, **2er-Zopf nach links**, ab * stets wiederholen, 1 Stäbchen.
3. Reihe: 3 Wende-Luftm, * 2 Reliefstäbchen von hinten, 1 Stäbchen, 1 Reliefstäbchen von hinten, 1 Stäbchen, ab * stets wiederholen.

Die 1.–3. Reihe einmal arbeiten, dann die 2. und 3. Reihe stets wiederholen.

HÄKELN NACH DER HÄKELSCHRIFT

In der Häkelschrift sind Hin- und Rückreihen notiert.

In den Hinreihen mit den M vor dem rechten Pfeil beginnen, den Rapport zwischen den Pfeilen stets wiederholen und mit den M nach dem linken Pfeil enden.
In den Rückreihen die M entsprechend von links nach rechts lesen.

Die 1.–3. Reihe einmal arbeiten, dann die 2. und 3. Reihe stets wiederholen.

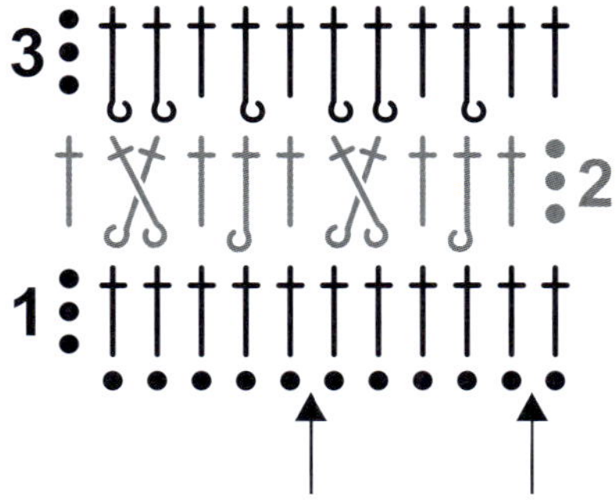

Zeichenerklärung
• = 1 Luftm
† = 1 Stäbchen
= 1 Reliefstäbchen
= 1 Reliefstäbchen von hinten

2er-Zopf

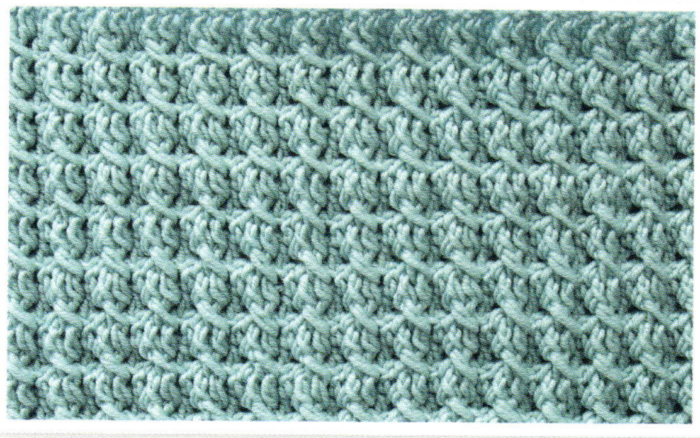

HÄKELN NACH MUSTERBESCHREIBUNG

1. Reihe (Rückreihe): Stäbchen häkeln, dabei das 1. Stäbchen in die 4. M ab der Nadel arbeiten.
2. Reihe (Hinreihe): 3 Wende-Luftm, * 1 Stäbchen, **2er-Zopf nach links**, ab * stets wiederholen, 2 Stäbchen.
3. Reihe: 3 Wende-Luftm, * 1 Stäbchen, 2 Reliefstäbchen von hinten, ab * stets wiederholen, 2 Stäbchen.

Die 1.–3. Reihe einmal arbeiten, dann die 2. und 3. Reihe stets wiederholen.

Schwierigkeitsgrad: leicht
Kategorie: einfaches kleines Zopfmuster aus Reliefstäbchen

M-Zahl teilbar durch 3 + 2 M + 3 Wende-Luftm. Die Wende-Luftm dienen zum Aufsteigen in die nächste Reihe und ersetzen das 1.Stäbchen.

2er-Zopf nach links (aus 2 Reliefstäbchen):
1 Stäbchen überspringen, um die folgende M 1 Reliefstäbchen häkeln, dann um die übersprungene M 1 Reliefstäbchen, sodass dieses vor dem 1. Reliefstäbchen liegt.

HÄKELN NACH DER HÄKELSCHRIFT

In der Häkelschrift sind Hin- und Rückreihen notiert.

In den Hinreihen mit den M vor dem rechten Pfeil beginnen, den Rapport zwischen den Pfeilen stets wiederholen und mit den M nach dem linken Pfeil enden.
In den Rückreihen die M entsprechend von links nach rechts lesen.

Die 1.–3. Reihe einmal arbeiten, dann die 2. und 3. Reihen stets wiederholen.

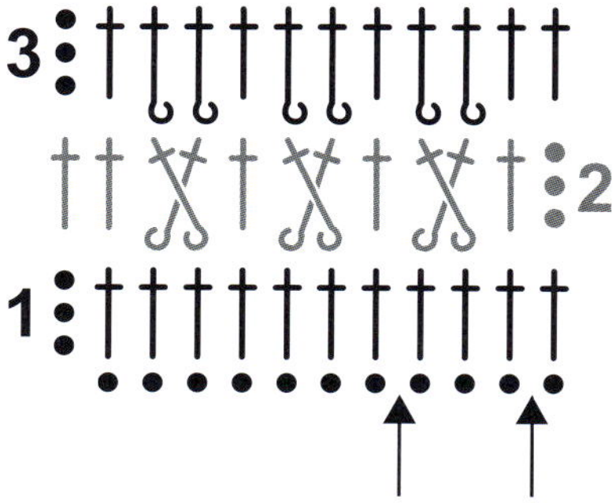

Zeichenerklärung

- • = 1 Luftm
- † = 1 Stäbchen
- = 1 Reliefstäbchen
- = 1 Reliefstäbchen von hinten

4er- und 2er- Zöpfe

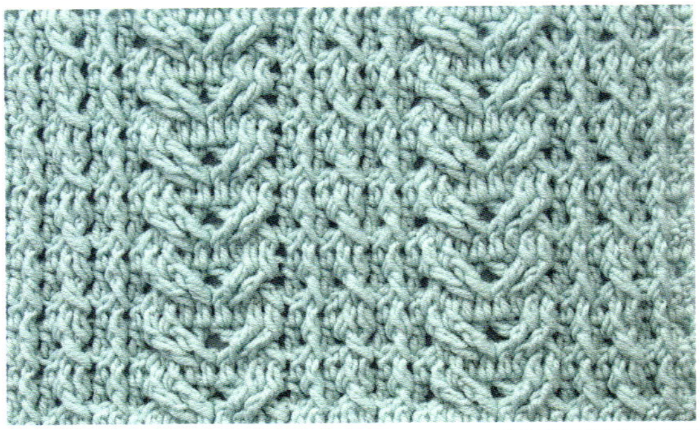

Schwierigkeitsgrad: mittel
Kategorie: Zopfmuster für Flächen und Kanten aus 4er- und 2er- Zöpfen, M-Zahl teilbar durch 16 + 9 M + 3 Wende-Luftm. Die Wende- Luftm dienen zum Aufsteigen in die nächste Reihe und ersetzen das 1. Stäbchen.
Doppeltes Reliefstäbchen: 2 Umschläge auf die Nadel nehmen, mit der Häkelnadel von vorne um das nächste Stäbchen herumstechen, den Faden holen (= 4 Schlingen auf der Nadel), * den Faden holen und durch 2 Schlingen auf der Nadel ziehen, ab * wiederholen, bis alle Schlingen abgemascht sind.

4er-Zopf nach links (aus doppelten Reliefstäbchen): 2 M überspringen, um die folgenden 2 M je 1 doppeltes Reliefstäbchen häkeln, dann um die übersprungenen 2 M je 1 doppeltes Reliefstäbchen, sodass diese vor den ersten 2 doppelten Reliefstäbchen liegen.

4er-Zopf nach rechts (aus doppelten Reliefstäbchen): 2 M überspringen, um die folgenden 2 M je 1 doppeltes Reliefstäbchen häkeln, dann um die übersprungenen 2 M je 1 doppeltes Reliefstäbchen, sodass diese hinter den ersten 2 doppelten Reliefstäbchen liegen.

2er-Zopf nach links (aus 2 Reliefstäbchen): 1 Stäbchen überspringen, um die folgende M 1 Reliefstäbchen häkeln, dann um die übersprungene M 1 Reliefstäbchen, sodass dieses vor dem 1. Reliefstäbchen liegt.

HÄKELN NACH MUSTERBESCHREIBUNG

1. Reihe (Rückreihe): Stäbchen häkeln, dabei das 1. Stäbchen in die 4. Luftm ab der Nadel arbeiten.
2. Reihe (Hinreihe): 3 Wende-Luftm, * 1 Stäbchen, 1 Reliefstäbchen, 1 Stäbchen, **2er-Zopf nach links**, 1 Stäbchen, 1 Reliefstäbchen, 1 Stäbchen, **4er-Zopf nach rechts**, **4er-Zopf nach links**, ab * stets wiederholen, 1 Stäbchen, 1 Reliefstäbchen, 1 Stäbchen, **2er-Zopf nach links**, 1 Stäbchen, 1 Reliefstäbchen, 2 Stäbchen.
3. Reihe: 3 Wende-Luftm, 1 Stäbchen, 1 Reliefstäbchen von hinten, 1 Stäbchen, 2 Reliefstäbchen von hinten, 1 Stäbchen, 1 Reliefstäbchen von hinten, 1 Stäbchen, * 2 Reliefstäbchen von hinten, 4 Stäbchen, 2x [2 Reliefstäbchen von hinten, 1 Stäbchen, 1 Reliefstäbchen von hinten, 1 Stäbchen], ab * stets wiederholen, 1 Stäbchen.

Die 1.–3. Reihe einmal arbeiten, dann die 2. und 3. Reihe stets wiederholen.

HÄKELN NACH DER HÄKELSCHRIFT

In der Häkelschrift sind Hin- und Rückreihen notiert. In den Hinreihen mit den M vor dem rechten Pfeil beginnen, den Rapport zwischen den Pfeilen stets wiederholen und mit den M nach dem linken Pfeil enden. In den Rückreihen die M von links nach rechts lesen. Die 1.–3. Reihe einmal arbeiten, dann die 2. und 3. Reihe stets wiederholen.

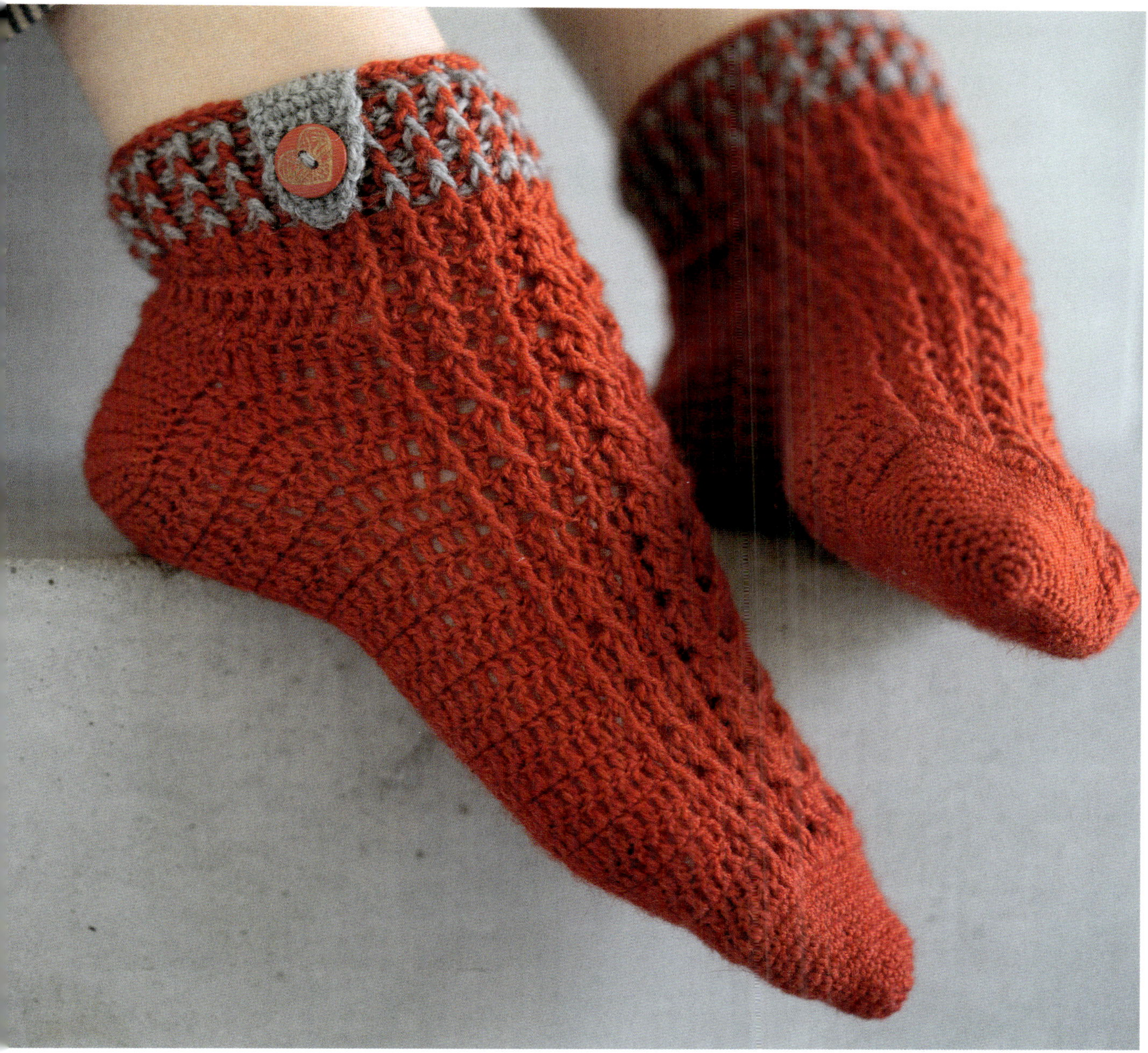

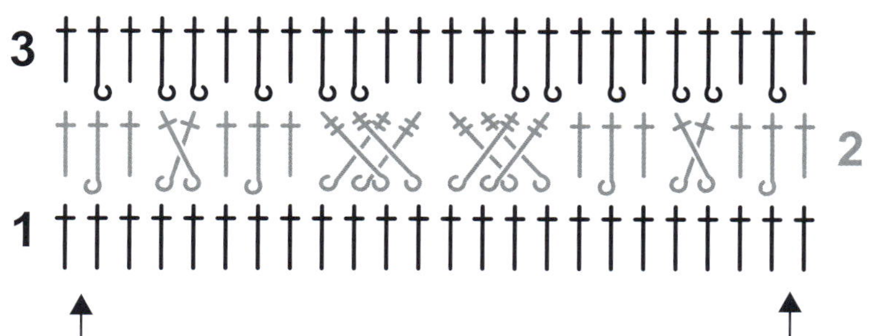

Zeichenerklärung

† = 1 Stäbchen

= 1 Reliefstäbchen

= 1 Reliefstäbchen von hinten

= 1 doppeltes Reliefstäbchen

Eulenzopfmuster

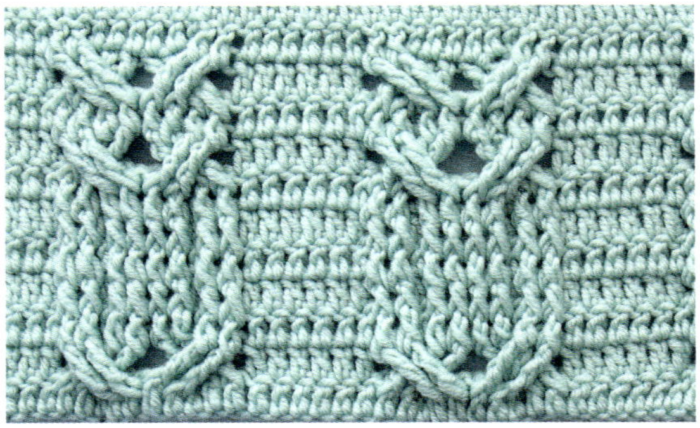

Schwierigkeitsgrad: einfach
Kategorie: als Einzel- oder Wiederholungsmotiv

M-Zahl teilbar durch 16 + 1 M + 3 Wende-Luftm. Die Wende-Luftm dienen zum Aufsteigen in die nächste Reihe und ersetzen das 1. Stäbchen.

Dreifaches Reliefstäbchen: 3 Umschläge auf die Nadel nehmen, mit der Häkelnadel von vorne um das nächste Stäbchen herumstechen, den Faden holen (= 5 Schlingen auf der Nadel), * den Faden holen und durch 2 Schlingen auf der Nadel ziehen, ab * wiederholen, bis alle Schlingen abgemascht sind.

5er-Zopf nach rechts (aus 4 dreifachen Reliefstäbchen und 1 Stäbchen): 3 M überspringen, um die folgenden 2 M je 1 dreifaches Reliefstäbchen, um die 3. der 3 übersprungenen M 1 Stäbchen hinter die beiden dreifachen Reliefstäbchen, dann um die 1. und 2. übersprungene M je 1 dreifaches Reliefstäbchen, sodass sie hinter den ersten dreifachen Reliefstäbchen liegen.

5er-Zopf nach links (aus 4 dreifachen Reliefstäbchen und 1 Stäbchen): 3 M überspringen, um die folgenden 2 M je 1 dreifaches Reliefstäbchen, um die 3. der 3 übersprungenen M 1 Stäbchen hinter die beiden dreifachen Reliefstäbchen, dann um die 1. und 2. übersprungene M je 1 dreifaches Reliefstäbchen, sodass sie vor den ersten dreifachen Reliefstäbchen liegen.

HÄKELN NACH MUSTERBESCHREIBUNG:

1. Reihe (Rückreihe): Stäbchen häkeln, das 1. Stäbchen in die 4. M ab der Nadel arbeiten. Die 3 Luftm ersetzen das 1.Stäbchen.
2. Reihe (Hinreihe): 3 Wende-Luftm, * 3 Stäbchen, **5er-Zopf nach rechts**, **5er-Zopf nach links**, 3 Stäbchen, ab * stets wiederholen, 1 Stäbchen.
3. Reihe: 3 Wende-Luftm, * 3 Stäbchen, 2 Reliefstäbchen von hinten, 1 Stäbchen, 4 Reliefstäbchen von hinten, 1 Stäbchen, 2 Reliefstäbchen von hinten, 3 Stäbchen, ab * stets wiederholen, 1 Stäbchen.
4. Reihe: 3 Wende-Luftm, * 3 Stäbchen, 2 Reliefstäbchen, 1 Stäbchen, 4 Reliefstäbchen, 1 Stäbchen, 2 Reliefstäbchen, 3 Stäbchen, ab * stets wiederholen, 1 Stäbchen.
5. Reihe: Wie die 3. Reihe arbeiten.
6. Reihe: Wie die 4. Reihe arbeiten.
7. Reihe: Wie die 3. Reihe arbeiten.
8. Reihe: Wie die 2. Reihe arbeiten.
9. Reihe: Wie die 3. Reihe arbeiten.
10. Reihe: Wie die 2. Reihe arbeiten.
11. Reihe: 3 Wende-Luftm, * 3 Stäbchen, 2 Reliefstäbchen von hinten, 6 Stäbchen, 2 Reliefstäbchen von hinten, 3 Stäbchen, ab * stets wiederholen, 1 Stäbchen.

HÄKELN NACH DER HÄKELSCHRIFT

In der Häkelschrift sind Hin- und Rückreihen notiert.

In den Hinreihen mit den M vor dem rechten Pfeil beginnen, den Rapport zwischen den Pfeilen stets wiederholen und mit den M nach dem linken Pfeil enden.
In den Rückreihen die M entsprechend von links nach rechts lesen.

Zeichenerklärung

- • = 1 Luftm
- = 1 Stäbchen
- = 1 Reliefstäbchen
- = 1 Reliefstäbchen von hinten
- = 1 dreifaches Reliefstäbchen

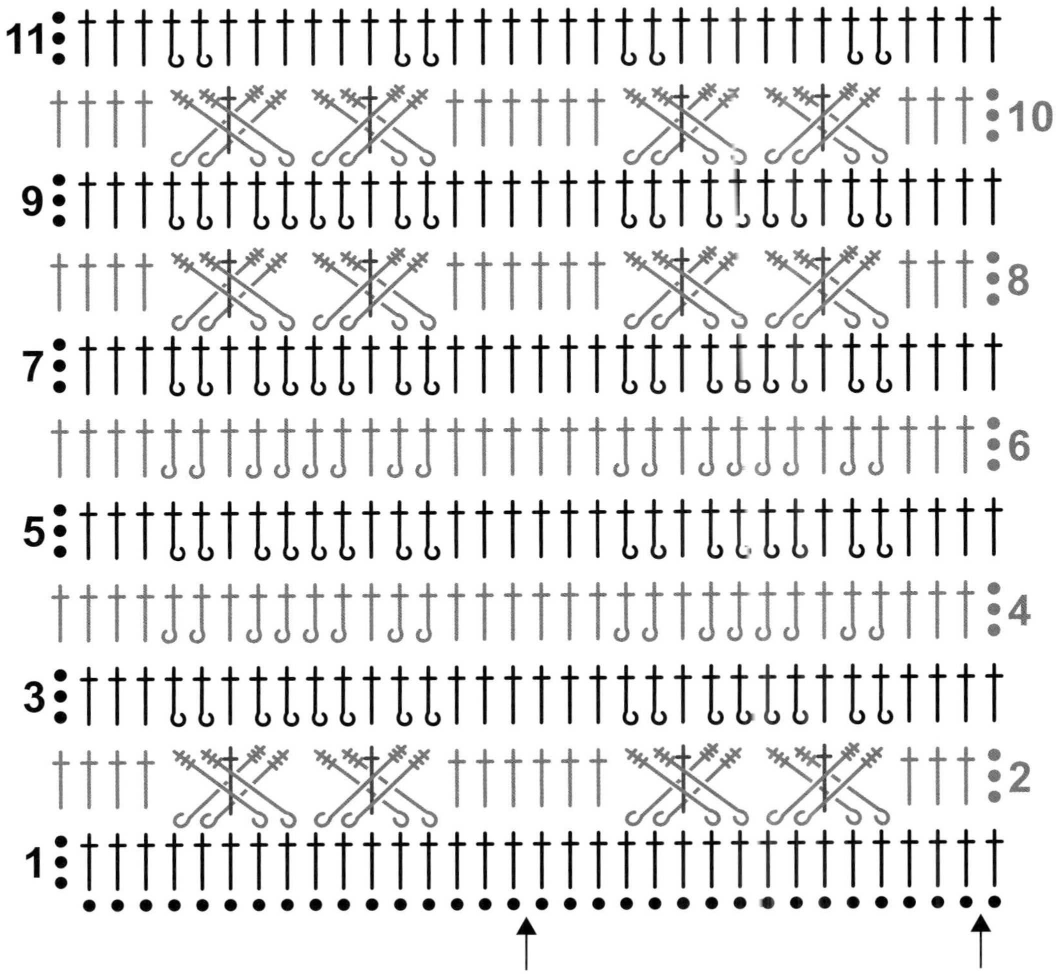

4er-Zopf- und Stäbchenstreifen

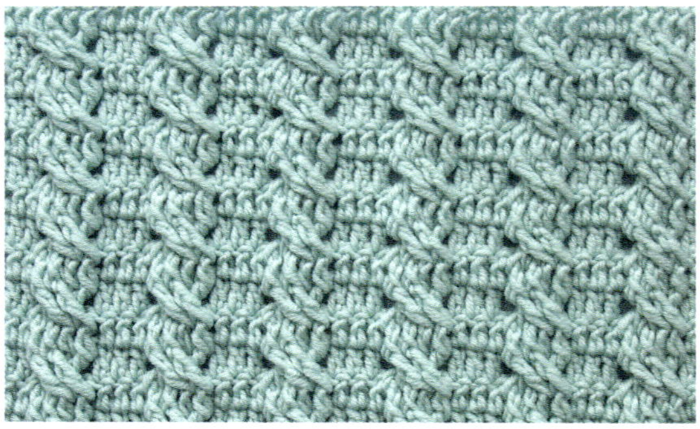

Schwierigkeitsgrad: einfach
Kategorie: Flächen- oder Bündchenmuster

M-Zahl teilbar durch 7 + 2 M + 3 Wende-Luftm. Die Wende-Luftm dienen zum Aufsteigen in die nächste Reihe und ersetzen das 1. Stäbchen.

Doppeltes Reliefstäbchen: 2 Umschläge auf die Nadel nehmen, mit der Häkelnadel von vorne um das nächste Stäbchen herumstechen, den Faden holen (= 4 Schlingen auf der Nadel), * den Faden holen und durch 2 Schlingen auf der Nadel ziehen, ab * wiederholen, bis alle Schlingen abgemascht sind.

4er-Zopf nach links (aus doppelten Reliefstäbchen): 2 M überspringen, um die folgenden 2 M je 1 doppeltes Reliefstäbchen häkeln, dann um die übersprungenen 2 M je 1 doppeltes Reliefstäbchen, sodass diese vor den ersten 2 doppelten Reliefstäbchen liegen.

HÄKELN NACH MUSTERBESCHREIBUNG

1. Reihe (Rückreihe): Stäbchen häkeln, dabei das 1. Stäbchen in die 4. M ab der Nadel arbeiten.
2. Reihe (Hinreihe): 3 Wende-Luftm, 2 Stäbchen, * **4er-Zopf nach links**, 3 Stäbchen, ab * stets wiederholen.
3. Reihe: 3 Wende-Luftm, 2 Stäbchen, * 4 Reliefstäbchen von hinten, 3 Stäbchen, ab * stets wiederholen.

Die 1.–3. Reihe einmal arbeiten, dann die 2. und 3. Reihe stets wiederholen.

HÄKELN NACH DER HÄKELSCHRIFT

In der Häkelschrift sind Hin- und Rückreihen notiert.

In den Hinreihen mit den M vor dem rechten Pfeil beginnen, den Rapport zwischen den Pfeilen stets wiederholen und mit den M nach dem linken Pfeil enden.
In den Rückreihen die M entsprechend von links nach rechts lesen.

Die 1.–3. Reihe einmal arbeiten, dann die 2. und 3. Reihe stets wiederholen.

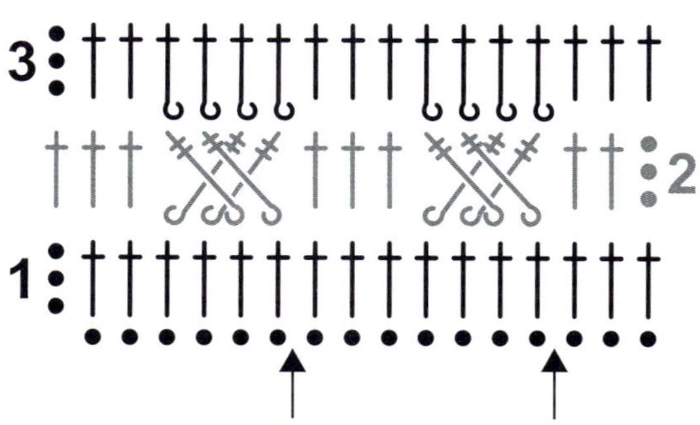

Zeichenerklärung

- • = 1 Luftm
- † = 1 Stäbchen
- = 1 Reliefstäbchen von hinten
- = 1 doppeltes Reliefstäbchen

Zopfmuster aus zwei 4er-Zöpfen

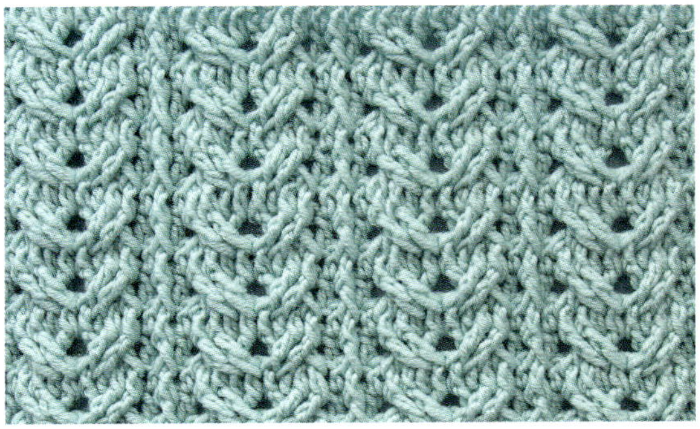

Schwierigkeitsgrad: mittel
Kategorie: Zopfstreifen aus 4er-Zöpfen

M-Zahl teilbar durch 11 + 2 M + 3 Wende-Luftm. Die Wende-Luftm dienen zum Aufsteigen in die nächste Reihe und ersetzen das 1.Stäbchen.

Doppeltes Reliefstäbchen: 2 Umschläge auf die Nadel nehmen, mit der Häkelnadel von vorne um das nächste Stäbchen herumstechen, den Faden holen (= 4 Schlingen auf der Nadel), * den Faden holen und durch 2 Schlingen auf der Nadel ziehen, ab * wiederholen, bis alle Schlingen abgemascht sind.

4er-Zopf nach links (aus doppelten Reliefstäbchen): 2 M überspringen, um die folgenden 2 M je 1 doppeltes Reliefstäbchen häkeln, dann um die übersprungenen 2 M je 1 doppeltes Reliefstäbchen, sodass diese vor den ersten 2 doppelten Reliefstäbchen liegen.

4er-Zopf nach rechts (aus doppelten Reliefstäbchen): 2 M überspringen, um die folgenden 2 M je 1 doppeltes Reliefstäbchen häkeln, dann um die übersprungenen 2 M je 1 doppeltes Reliefstäbchen, sodass diese hinter den ersten 2 doppelten Reliefstäbchen liegen.

HÄKELN NACH MUSTERBESCHREIBUNG

1. Reihe (Rückreihe): Stäbchen häkeln, dabei das 1. Stäbchen in die 4. M ab der Nadel arbeiten.
2. Reihe (Hinreihe): 3 Wende-Luftm, 1 Reliefstäbchen, 1 Stäbchen, * **4er-Zopf nach rechts**, **4er-Zopf nach links**, 1 Stäbchen, 1 Reliefstäbchen, 1 Stäbchen, ab * stets wiederholen.
3. Reihe: 3 Wende-Luftm, 1 Reliefstäbchen von hinten, 1 Stäbchen, * 8 Reliefstäbchen von hinten, 1 Stäbchen, 1 Reliefstäbchen von hinten, 1 Stäbchen, ab * stets wiederholen.

Die 1.–3. Reihe einmal arbeiten, dann die 2. und 3. Reihe stets wiederholen.

HÄKELN NACH DER HÄKELSCHRIFT

In der Häkelschrift sind Hin- Rückreihen notiert.

In den Hinreihen mit den M vor dem rechten Pfeil beginnen, den Rapport zwischen den Pfeilen stets wiederholen und mit den M nach dem linken Pfeil enden.
In den Rückreihen die M entsprechend von links nach rechts lesen.

Die 1.–3. Reihe einmal arbeiten, dann die 2. und 3. Reihe stets wiederholen.

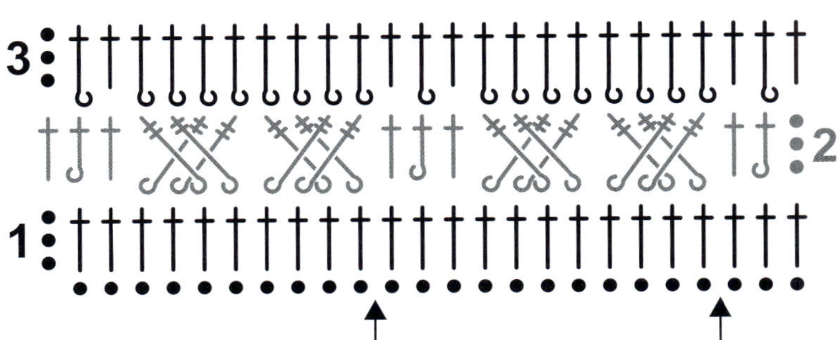

Zeichenerklärung

- • = 1 Luftm
- † = 1 Stäbchen
- = 1 Reliefstäbchen
- = 1 Reliefstäbchen von hinten
- = 1 doppeltes Reliefstäbchen

Gitterzopfmuster

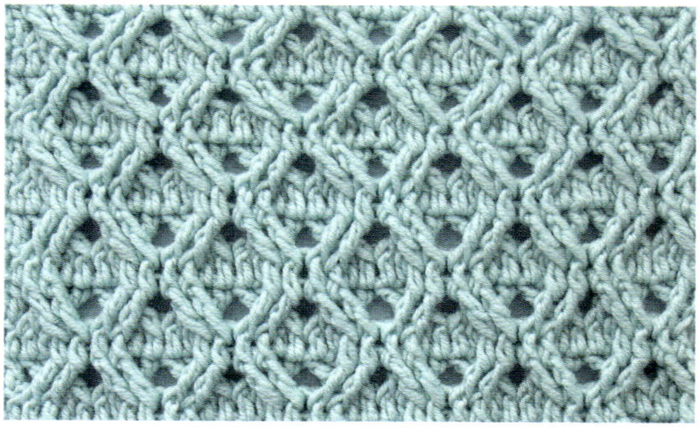

Schwierigkeitsgrad: anspruchsvoll
Kategorie: Flächendeckender Relief-Zopf

M-Zahl teilbar durch 8 + 3 M + 3 Wende-Luftm. Die Wende-Luftm dienen zum Aufsteigen in die nächste Reihe und ersetzen das 1. Stäbchen.

Doppeltes Reliefstäbchen: 2 Umschläge auf die Nadel nehmen, mit der Häkelnadel von vorne um das nächste Stäbchen herumstechen, den Faden holen (= 4 Schlingen auf der Nadel), * den Faden holen und durch 2 Schlingen auf der Nadel ziehen, ab * wiederholen, bis alle Schlingen abgemascht sind.

Doppeltes Reliefstäbchen von hinten: 2 Umschläge auf die Nadel nehmen, mit der Häkelnadel von hinten um das nächste Stäbchen herumstechen, den Faden holen (= 4 Schlingen auf der Nadel), * den Faden holen und durch 2 Schlingen auf der Nadel ziehen, ab * wiederholen, bis alle Schlingen abgemascht sind.

4er-Zopf nach links (aus doppelten Reliefstäbchen): 2 M überspringen, um die folgenden 2 M je 1 doppeltes Reliefstäbchen häkeln, dann um die übersprungenen 2 M je 1 doppeltes Reliefstäbchen, sodass diese vor den ersten 2 doppelten Reliefstäbchen liegen.

4er-Zopf nach rechts (aus doppelten Reliefstäbchen): 2 M überspringen, um die folgenden 2 M je 1 doppeltes Reliefstäbchen häkeln, dann um die übersprungenen 2 M je 1 doppeltes Reliefstäbchen, sodass diese hinter den ersten 2 doppelten Reliefstäbchen liegen.

HÄKELN NACH MUSTERBESCHREIBUNG

1. Reihe (Rückreihe): Stäbchen häkeln, dabei das 1. Stäbchen in die 4. M ab der Nadel arbeiten.
2. Reihe (Hinreihe): 3 Wende-Luftm, * **4er-Zopf nach rechts**, **4er-Zopf nach links**, ab * stets wiederholen, 2 Stäbchen.
3. Reihe (Rückreihe): 3 Wende-Luftm, 1 Stäbchen, * 2 Reliefstäbchen von hinten, 4 Stäbchen, 2 Reliefstäbchen von hinten, ab * stets wiederholen, 2 Stäbchen.
4. Reihe (Hinreihe): Wie die 2. Reihe arbeiten.
5. Reihe (Rückreihe): 3 Wende-Luftm, 3 Stäbchen, * 4 Reliefstäbchen von hinten, 4 Stäbchen, ab * stets wiederholen.

Die 1. –5. Reihe einmal arbeiten, dann die 2.–5. Reihe stets wiederholen.

HÄKELN NACH DER HÄKELSCHRIFT

In der Häkelschrift sind Hin - und Rückreihen notiert.

In den Hinreihen mit den M vor dem rechten Pfeil beginnen, den Rapport zwischen den Pfeilen stets wiederholen und mit den M nach dem linken Pfeil enden.
In den Rückreihen die M entsprechend von links nach rechts lesen.

Die 1.–5. Reihe einmal arbeiten, dann die 2.–5. Reihe stets wiederholen.

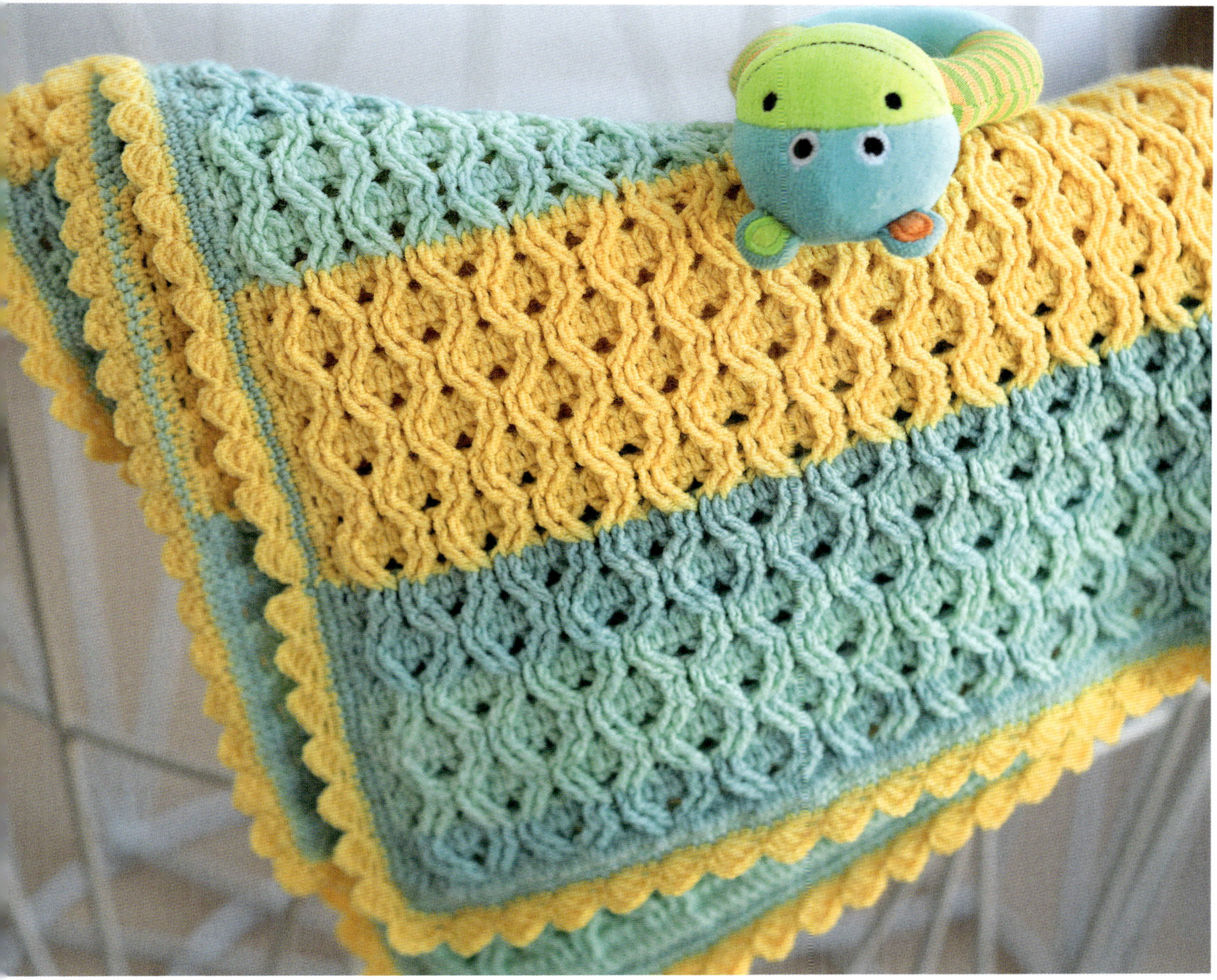

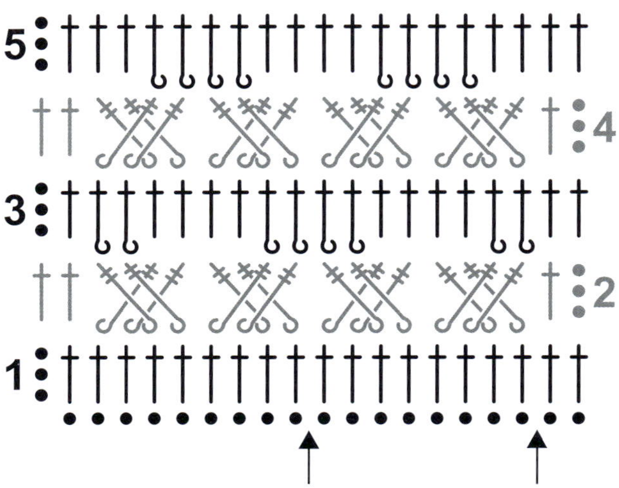

Zeichenerklärung
- • = 1 Luftm
- † = 1 Stäbchen
- = 1 Reliefstäbchen von hinten
- = 1 doppeltes Reliefstäbchen

Zopfmuster mit 6er-Zopf und Noppen

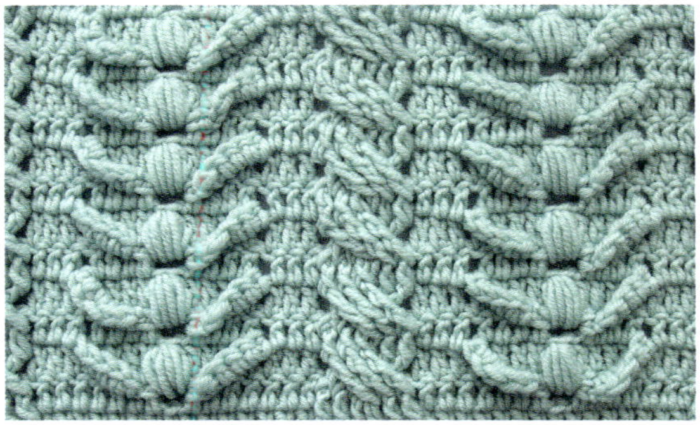

Schwierigkeitsgrad: mittel
Kategorie: Flächendeckendes Muster, es können aber auch nur Teile davon als Streifen verwendet werden

M-Zahl teilbar durch 21 + 10 M + 3 Wende-Luftm. Die Wende-Luftm dienen zum Aufsteigen in die nächste Reihe und ersetzen das 1. Stäbchen.

6er-Zopf nach links (aus dreifachen Reliefstäbchen): 3 M überspringen, um die folgenden 3 M je 1 dreifaches Reliefstäbchen häkeln, dann um die 3 zuvor übersprungenen M je 1 dreifaches Reliefstäbchen, sodass diese vor den 3 ersten dreifachen Reliefstächen liegen.

Noppe (= 5er-Büschelm): 5x [1 Umschlag, die Nadel in die M einstechen, den Faden holen und die Schlinge hochziehen], den Faden holen und durch alle Schlingen ziehen. Hinweis: Bei diesem Muster werden die Büschelmaschen um die Luftm der Vorreihe herum gearbeitet.

HÄKELN NACH MUSTERBESCHREIBUNG

1. Reihe (Hinreihe): Stäbchen häkeln, dabei das 1. Stäbchen in die 4. M ab der Nadel arbeiten.
2. Reihe (Rückreihe): 3 Wende-Luftm, 1 Stäbchen, 6 Reliefstäbchen von hinten, * 7 Stäbchen, 1 M überspringen, 1 Luftm, 7 Stäbchen, 6 Reliefstäbchen von hinten, ab * stets wiederholen, 2 Stäbchen.
3. Reihe (Hinreihe): 3 Wende-Luftm, 1 Stäbchen, * **6er-Zopf nach links**, 3 Stäbchen, 3 M überspringen, 5 Luftm, 1 Kettm um das 4. Stäbchen der Vorreihe, wenden, 5 festen M um die Luftm-Kette, wenden, 4 Stäbchen über die 3 übersprungenen M und das eben umhäkelte Stäbchen der Vorreihe hinter die umhäkelte Luftm-Kette, 1 Noppe um die Luftm der Vorreihe, 4 Stäbchen, 5 Luftm mit 1 Kettm zurück in das 1. Stäbchen nach der Luftm der Vorreihe, 5 feste M um die Luftm-Kette zurückhäkeln, 3 Stäbchen, ab * stets wiederholen, **6er-Zopf nach links**, 2 Stäbchen.

Die 1.–3. Reihe einmal arbeiten, dann die 2. und 3. Reihe stets wiederholen.

HÄKELN NACH DER HÄKELSCHRIFT

In der Häkelschrift sind Hin- und Rückreihen notiert.

In den Hinreihen mit den M vor dem rechten Pfeil beginnen, den Rapport zwischen den Pfeilen stets wiederholen und mit den M nach dem linken Pfeil enden.
In den Rückreihen die M entsprechend von links nach rechts lesen.

Die 1.–3. Reihe einmal arbeiten, dann die 2. und 3. Reihe stets wiederholen.

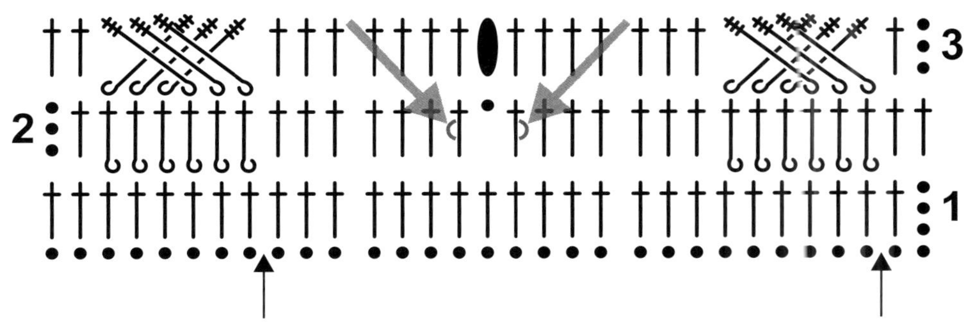

Zeichenerklärung

- • = 1 Luftm
- † = 1 Stäbchen
- = 1 Reliefstäbchen von hinten
- = 1 dreifaches Reliefstäbchen
- = 1 Noppe
- = 5 Luftm, 1 Kettm um das angezeigte Stäbchen 1 Reihe tiefer arbeiten, mit 5 festen M um die Luftm-Kette zurückhäkeln

Zopfmuster aus doppelten Reliefstäbchen und 4er-Popcorn

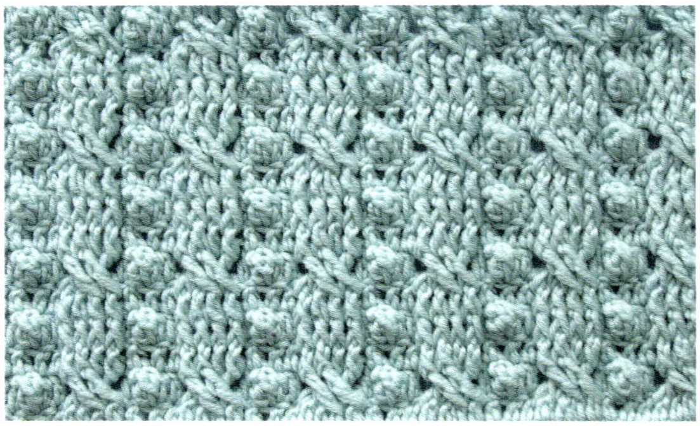

Schwierigkeitsgrad: einfach
Kategorie: Zopfstreifenmuster

M-Zahl teilbar durch 7 + 3 Wende-Luftm. Die Wende-Luftm dienen zu Aufsteigen in die nächste Reihe und ersetzen das 1. Stäbchen.

4er-Popcorn (= Popcorn-M aus 4 Stäbchen): 4 Stäbchen in die nächste M arbeiten, die Häkelnadel aus der Arbeitsschlinge ziehen, in das Abmaschglied des 1. der 4 Stäbchen einstechen, die Arbeitsschlinge wieder auf die Nadel nehmen und durch die M ziehen, den Faden noch einmal holen und durch die letzte M ziehen, um die Popcorn-M zu fixieren.

4er-Zopf nach links (aus doppelten Reliefstäbchen): 2 M überspringen, um die folgenden 2 M je 1 doppeltes Reliefstäbchen häkeln, dann um die übersprungenen 2 M je 1 doppeltes Reliefstäbchen, sodass diese vor den ersten 2 doppelten Reliefstäbchen liegen.

HÄKELN NACH MUSTERBESCHREIBUNG

1. Reihe (Rückreihe): Stäbchen häkeln, dabei das 1. Stäbchen in die 4. Luftm ab der Nadel arbeiten.
2. Reihe (Hinreihe): 3 Wende-Luftm, 1 Stäbchen, * **4er-Zopf nach links**, 1 Stäbchen, 4er-Popcorn, 1 Stäbchen, ab * stets wiederholen, **4er-Zopf nach links**, 2 Stäbchen.
3. Reihe: 3 Wende-Luftm, 1 Stäbchen, * 4 Reliefstäbchen von hinten, 3 Stäbchen, ab * stets wiederholen, 4 Reliefstäbchen von hinten, 2 Stäbchen.
4. Reihe: 3 Wende-Luftm, 1 Stäbchen, * 4 Reliefstäbchen, 1 Stäbchen, 4er-Popcorn, 1 Stäbchen, ab * stets wiederholen, 4 Reliefstäbchen, 2 Stäbchen.
5. Reihe: Wie die 3. Reihe arbeiten.

Die 1.–5. Reihe einmal arbeiten, dann die 2.–5. Reihe stets wiederholen.

HÄKELN NACH DER HÄKELSCHRIFT

In der Häkelschrift sind Hin- und Rückreihen notiert.

In den Hinreihen mit den M vor dem rechten Pfeil beginnen, den Rapport zwischen den Pfeilen stets wiederholen und mit den M nach dem linken Pfeil enden.
In den Rückreihen die M entsprechend von links nach rechts lesen.

Die 1.–5. Reihe einmal arbeiten, dann die 2.–5. Reihe stets wiederholen.

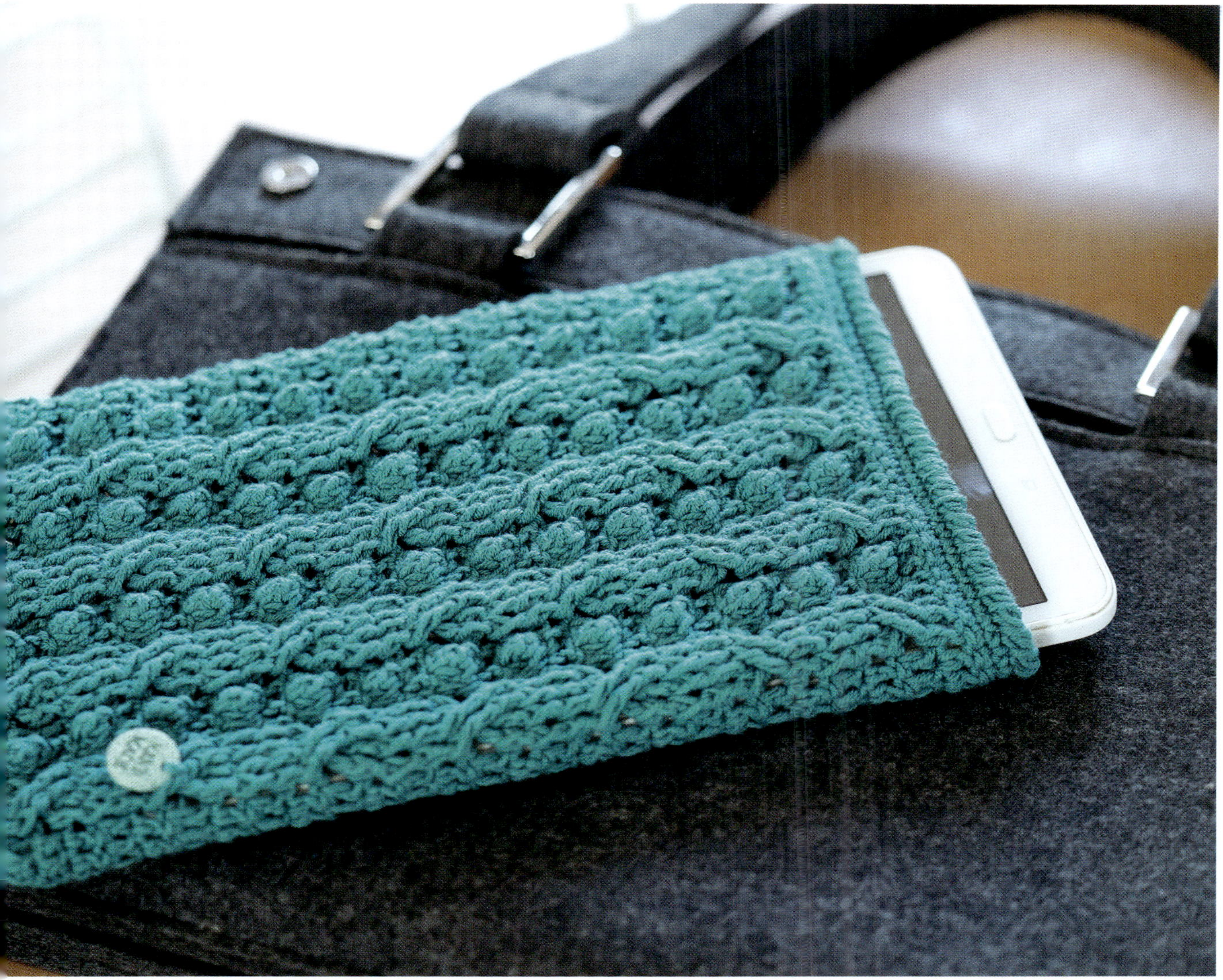

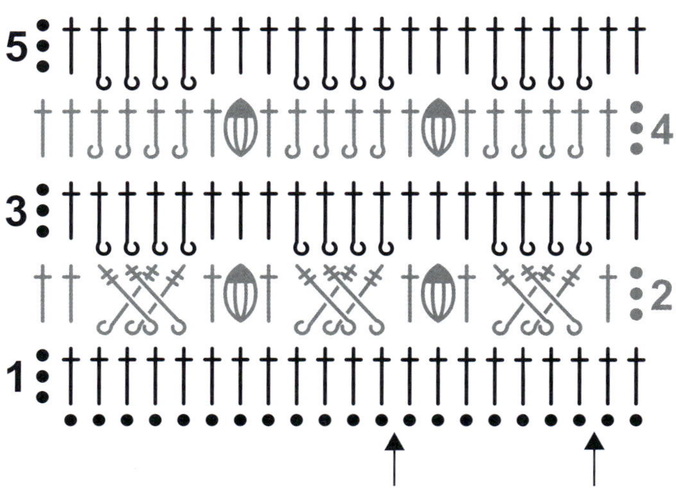

Zeichenerklärung

- • = 1 Luftm
- † = 1 Stäbchen
- ‡ = 1 Reliefstäbchen
- ‡ = 1 Reliefstäbchen von hinten
- ‡ = 1 doppeltes Reliefstäbchen
- ⌀ = 1 Popcorn-M aus 4 Stäbchen

Zopfmuster aus dreifachen Reliefstäbchen

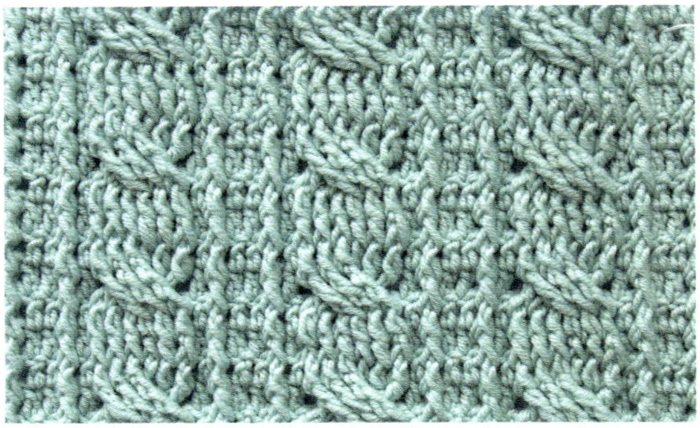

Schwierigkeitsgrad: mittel
Kategorie: flächiges Zopfmuster aus dreifachen Reliefstäbchen

M-Zahl teilbar durch 12 + 5 M + 3 Wende-Luftm. Die Wende-Luftm dienen zum Aufsteigen in die nächste Reihe und ersetzen das 1. Stäbchen.

Dreifaches Reliefstäbchen: 3 Umschläge auf die Nadel nehmen, mit der Häkelnadel von vorne um das nächste Stäbchen herumstechen, den Faden holen (= 5 Schlingen auf der Nadel), * den Faden holen und durch 2 Schlingen auf der Nadel ziehen, ab * wiederholen, bis alle Schlingen abgemascht sind.

6er-Zopf nach links (aus dreifachen Reliefstäbchen): 3 M überspringen, um die folgenden 3 M je 1 dreifaches Reliefstäbchen, dann um die 3 übersprungenen M je 1 dreifaches Reliefstäbchen, sodass diese vor den ersten dreifachen Reliefstäbchen liegen.

HÄKELN NACH MUSTERBESCHREIBUNG

1. Reihe (Rückreihe): Stäbchen häkeln, dabei das 1. Stäbchen in die 4. M ab der Nadel arbeiten.
2. Reihe (Hinreihe): 3 Wende-Luftm, 1 Reliefstäbchen, * 2 Stäbchen, 1 Reliefstäbchen, 1 Stäbchen, **6er-Zopf nach rechts**, 1 Stäbchen, 1 Reliefstäbchen, ab * stets wiederholen, 2 Stäbchen, 1 Reliefstäbchen, 1 Stäbchen.
3. Reihe: 3 Wende-Luftm, 1 Reliefstäbchen von hinten, 2 Stäbchen, * 1 Reliefstäbchen von hinten, 1 Stäbchen, 6 Reliefstäbchen von hinten, 1 Stäbchen, 1 Reliefstäbchen von hinten, 2 Stäbchen, ab * stets wiederholen, 1 Reliefstäbchen von hinten, 1 Stäbchen.
4. Reihe: 3 Wende-Luftm, 1 Reliefstäbchen, * 2 Stäbchen, 1 Reliefstäbchen, 1 Stäbchen, 6 Reliefstäbchen, 1 Stäbchen, 1 Reliefstäbchen, ab * stets wiederholen, 2 Stäbchen, 1 Reliefstäbchen, 1 Stäbchen.
5. Reihe: Wie die 3. Reihe arbeiten.

Die 1.–5. Reihe einmal arbeiten, dann die 2.–5. Reihe stets wiederholen.

HÄKELN NACH DER HÄKELSCHRIFT

In der Häkelschrift sind Hin- und Rückreihen notiert.

In den Hinreihen mit den M vor dem rechten Pfeil beginnen, den Rapport zwischen den Pfeilen stets wiederholen und mit den M nach dem linken Pfeil enden.
In den Rückreihen die M entsprechend von links nach rechts lesen.

Die 1.–5. Reihe einmal arbeiten, dann die 2.–5. Reihe stets wiederholen.

Zeichenerklärung

- • = 1 Luftm
- † = 1 Stäbchen
- = 1 Reliefstäbchen
- = 1 Reliefstäbchen von hinten
- = 1 dreifaches Reliefstäbchen

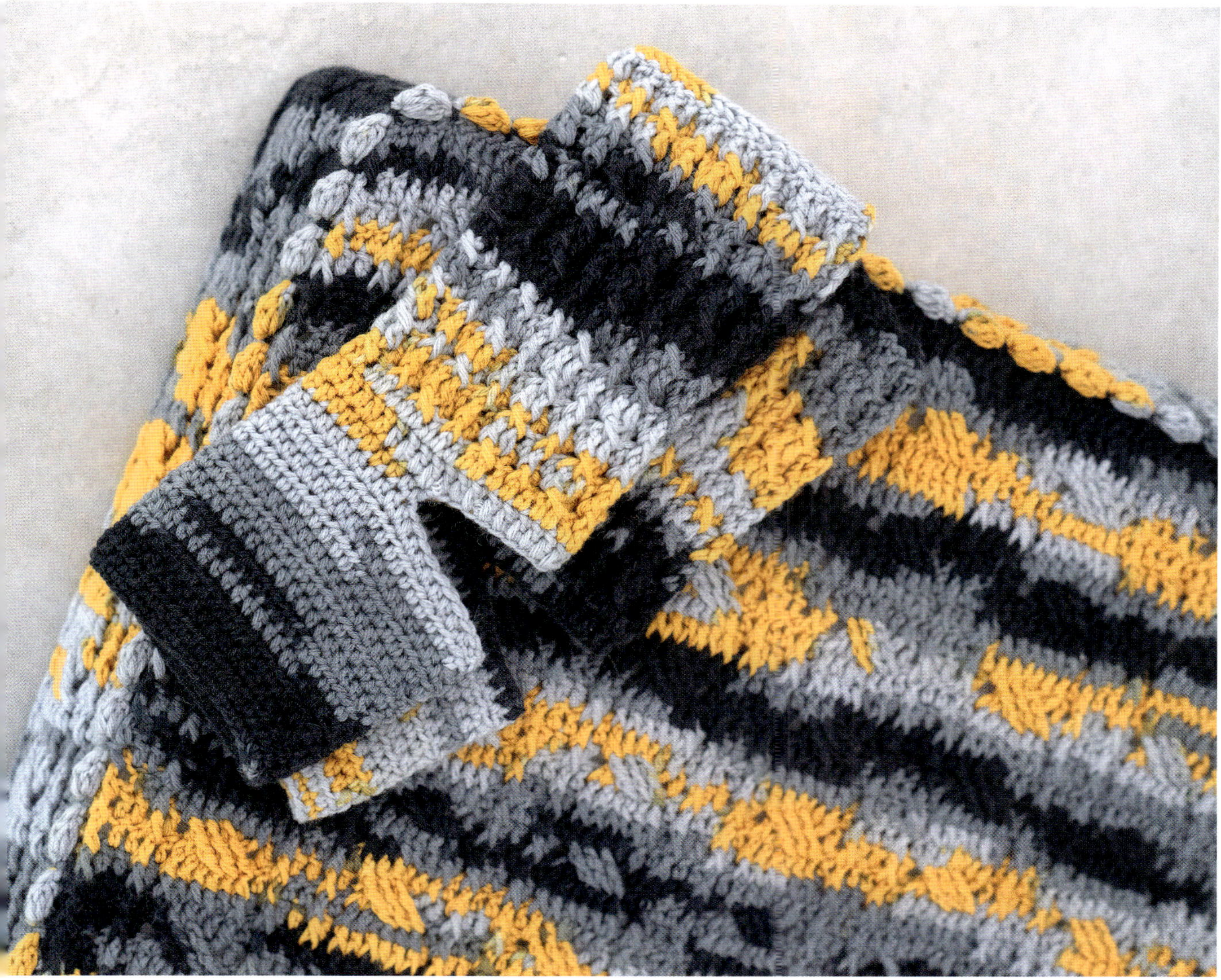

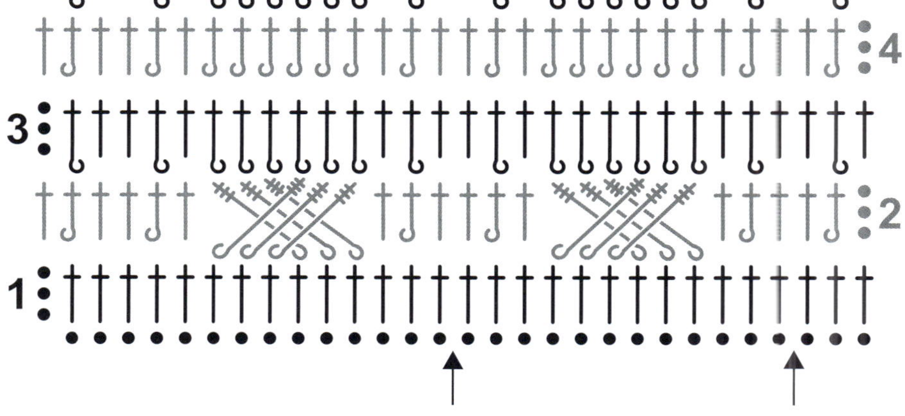
5
4
3
2
1

Zopfmuster aus verschiedenen Reliefstäbchen

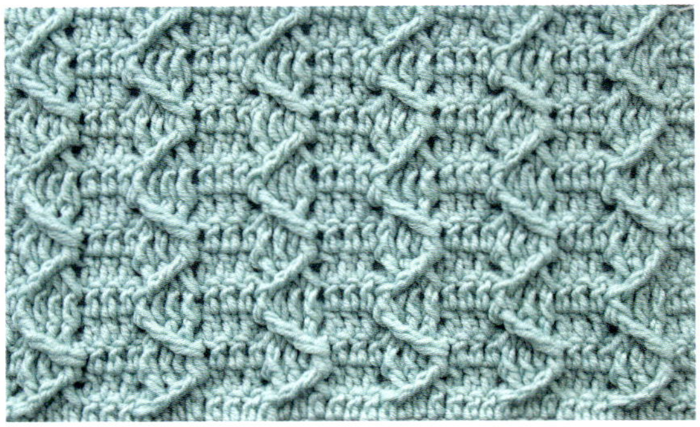

Schwierigkeitsgrad: leicht
Kategorie: flächiges Zopfmuster aus Reliefstäbchen und dreifachen Reliefstäbchen

M-Zahl teilbar durch 7 + 3 Wende-Luftm. Die Wende-Luftm dienen zum Aufsteigen in die nächste Reihe und ersetzen das 1. Stäbchen.

Dreifaches Reliefstäbchen: 3 Umschläge auf die Nadel nehmen, mit der Häkelnadel von vorne um das nächste Stäbchen herumstechen, den Faden holen (= 5 Schlingen auf der Nadel), * den Faden holen und durch 2 Schlingen auf der Nadel ziehen, ab * wiederholen, bis alle Schlingen abgemascht sind.

4er-Zopf nach links (aus 3 Reliefstäbchen und 1 dreifachen Reliefstäbchen): 1 M überspringen, um die folgenden 3 M je 1 Reliefstäbchen, dann um die übersprungene M 1 dreifaches Reliefstäbchen, sodass es vor den 3 Reliefstäbchen liegt.

4er-Zopf nach rechts (aus 3 Reliefstäbchen und 1 dreifachen Reliefstäbchen): 3 M überspringen, um die folgende M 1 dreifaches Reliefstäbchen, dann um die 3 übersprungenen M je 1 Reliefstäbchen, sodass sie hinter dem dreifachen Reliefstäbchen liegen.

Hinweis: Bei diesen 4er-Zöpfen liegt das dreifache Reliefstäbchen stets vor den 3 Reliefstäbchen.

HÄKELN NACH MUSTERBESCHREIBUNG

1. Reihe (Rückreihe): Stäbchen häkeln, dabei das 1. Stäbchen in die 4. M ab der Nadel arbeiten.
2. Reihe (Hinreihe): 3 Wende-Luftm, 1 Stäbchen, * **4er-Zopf nach rechts**, 3 Stäbchen, ab * stets wiederholen, **4er-Zopf nach rechts**, 2 Stäbchen.
3. Reihe: 3 Wende-Luftm, * 1 Stäbchen, 4 Reliefstäbchen von hinten, 2 Stäbchen, ab * stets wiederholen.
4. Reihe: 3 Wende-Luftm, 1 Stäbchen, * **4er-Zopf nach links**, 3 Stäbchen, ab * wiederholen, **4er-Zopf nach links**, 2 Stäbchen.
5. Reihe: Wie die 3. Reihe arbeiten.

Die 1.–5. Reihe einmal arbeiten, dann die 2.–5. Reihe stets wiederholen.

HÄKELN NACH DER HÄKELSCHRIFT

In der Häkelschrift sind Hin- und Rückreihen notiert.

In den Hinreihen mit den M vor dem rechten Pfeil beginnen, den Rapport zwischen den Pfeilen stets wiederholen und mit den M nach dem linken Pfeil enden.
In den Rückreihen die M entsprechend von links nach rechts lesen.

Die 1.–5. Reihe einmal arbeiten, dann die 2.–5. Reihe stets wiederholen.

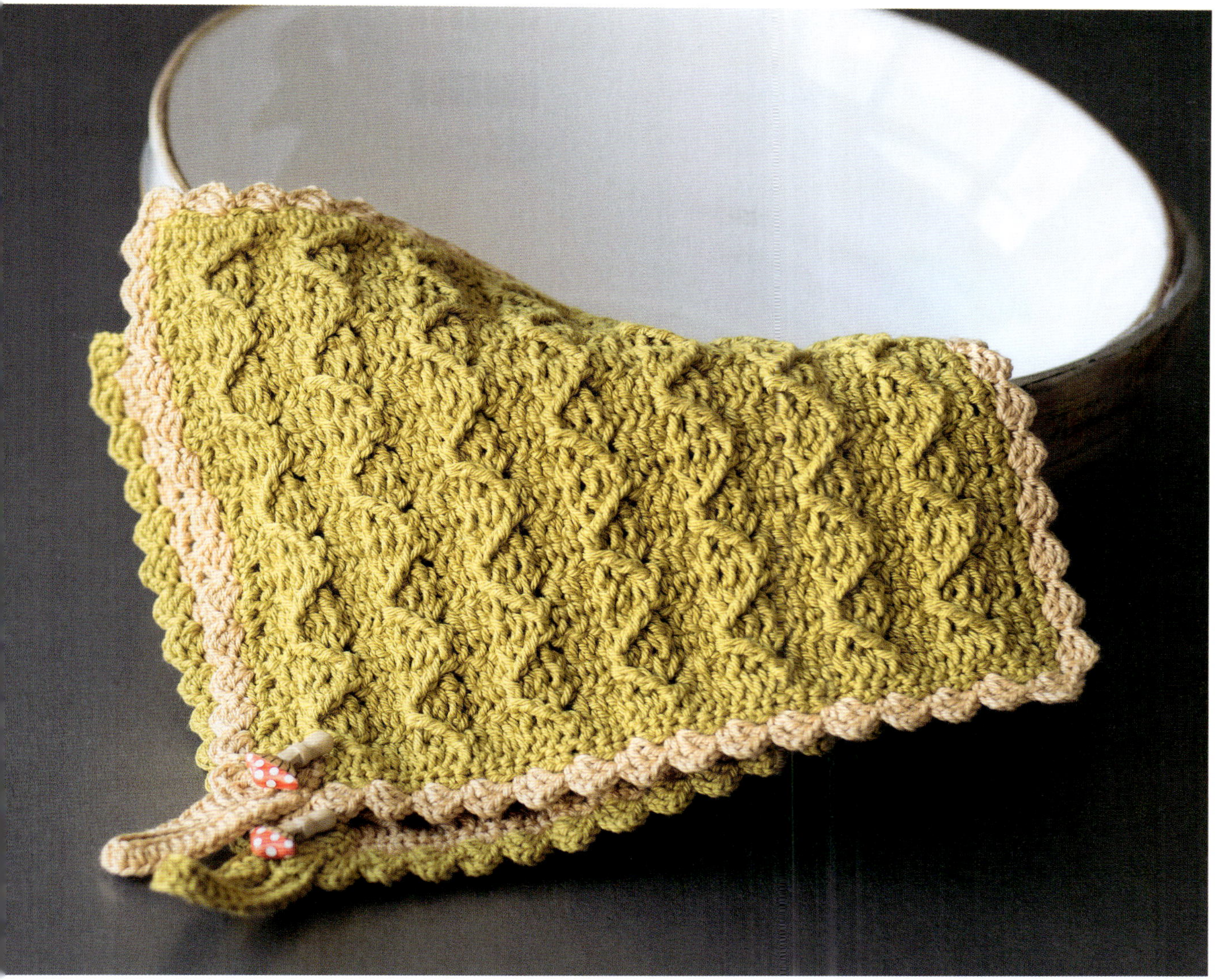

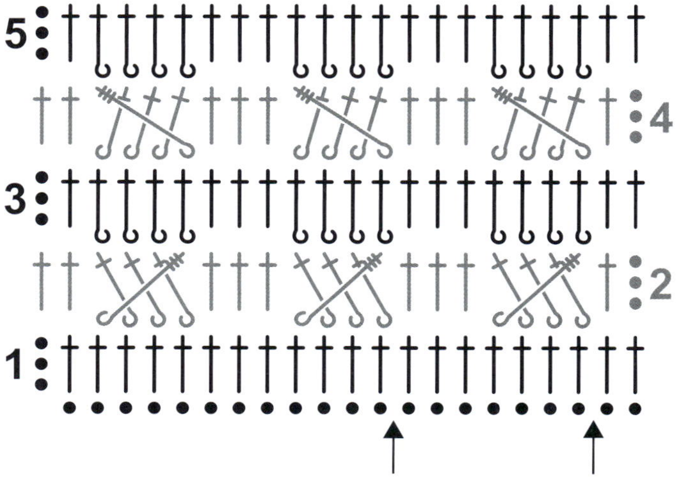

Zeichenerklärung

- • = 1 Luftm
- † = 1 Stäbchen
- = 1 Reliefstäbchen
- = 1 Reliefstäbchen von hinten
- = 1 dreifaches Reliefstäbchen

Zopfmusterstreifen

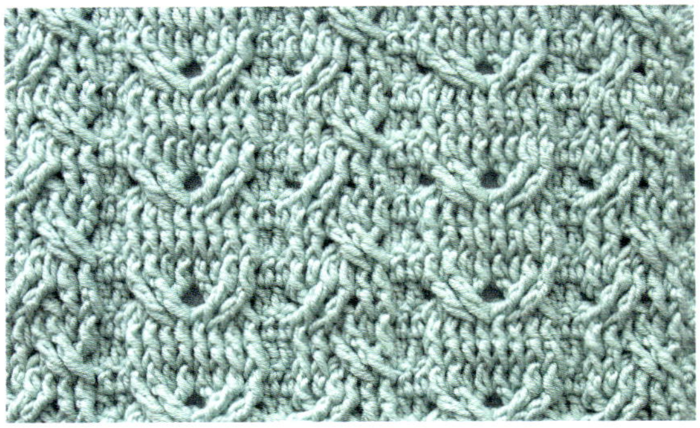

Schwierigkeitsgrad: anspruchsvoll
Kategorie: zwei verschiedene Zopfstreifen mit Reliefstäbchen und doppelten Reliefstäbchen

M-Zahl teilbar durch 18 + 9 M + 3 Wende-Luftm. Die Wende-Luftm dienen zum Aufsteigen in die nächste Reihe und ersetzen das 1. Stäbchen.

Doppeltes Reliefstäbchen: 2 Umschläge auf die Nadel nehmen, mit der Häkelnadel von vorne um das nächste Stäbchen herumstechen, den Faden holen (= 4 Schlingen auf der Nadel), * den Faden holen und durch 2 Schlingen auf der Nadel ziehen, ab * wiederholen, bis alle Schlingen abgemascht sind.

Doppeltes Reliefstäbchen von hinten: 2 Umschläge auf die Nadel nehmen, mit der Häkelnadel von hinten um das nächste Stäbchen herumstechen, den Faden holen (= 4 Schlingen auf der Nadel), * den Faden holen und durch 2 Schlingen auf der Nadel ziehen, ab * wiederholen, bis alle Schlingen abgemascht sind.

4er-Zopf nach links (aus doppelten Reliefstäbchen): 2 M überspringen, um die folgenden 2 M je 1 doppeltes Reliefstäbchen häkeln, dann um die übersprungenen 2 M je 1 doppeltes Reliefstäbchen, sodass diese vor den ersten 2 doppelten Reliefstäbchen liegen.

4er-Zopf nach rechts (aus doppelten Reliefstäbchen): 2 M überspringen, um die folgenden 2 M je 1 doppeltes Reliefstäbchen häkeln, dann um die übersprungenen 2 M je 1 doppeltes Reliefstäbchen, sodass diese hinter den ersten 2 doppelten Reliefstäbchen liegen.

HÄKELN NACH MUSTERBESCHREIBUNG

1. Reihe (Rückreihe): Stäbchen häkeln, dabei das 1. Stäbchen in die 4. M ab der Nadel arbeiten.
2. Reihe (Hinreihe): 3 Wende-Luftm, 1 Stäbchen, * 2 Reliefstäbchen, **4er-Zopf nach rechts**, 2 Stäbchen, **4er-Zopf nach rechts**, **4er-Zopf nach links**, 2 Stäbchen, ab * stets wiederholen, 2 Reliefstäbchen, **4er-Zopf nach rechts**, 2 Stäbchen.
3. Reihe: 3 Wende-Luftm, 1 Stäbchen, 6 Reliefstäbchen von hinten, * 2 Stäbchen, 8 Reliefstäbchen von hinten, 2 Stäbchen, 6 Reliefstäbchen von hinten, ab * stets wiederholen, 2 Stäbchen.
4. Reihe: 3 Wende-Luftm, 1 Stäbchen, * **4er-Zopf nach links**, 2 Reliefstäbchen, 2 Stäbchen, 8 Reliefstäbchen, 2 Stäbchen, ab * stets wiederholen, **4er-Zopf nach links**, 2 Reliefstäbchen, 2 Stäbchen.
5. Reihe: Wie die 3. Reihe arbeiten.

Die 1.–5. Reihe einmal arbeiten, dann die 2.–5. Reihe stets wiederholen.

HÄKELN NACH DER HÄKELSCHRIFT

In der Häkelschrift sind Hin- und Rückreihen notiert.

In den Hinreihen mit den M vor dem rechten Pfeil beginnen, den Rapport zwischen den Pfeilen stets wiederholen und mit den M nach dem linken Pfeil enden.
In den Rückreihen die M entsprechend von links nach rechts lesen.

Die 1.–5. Reihe einmal arbeiten, dann die 2.–5. Reihe stets wiederholen.

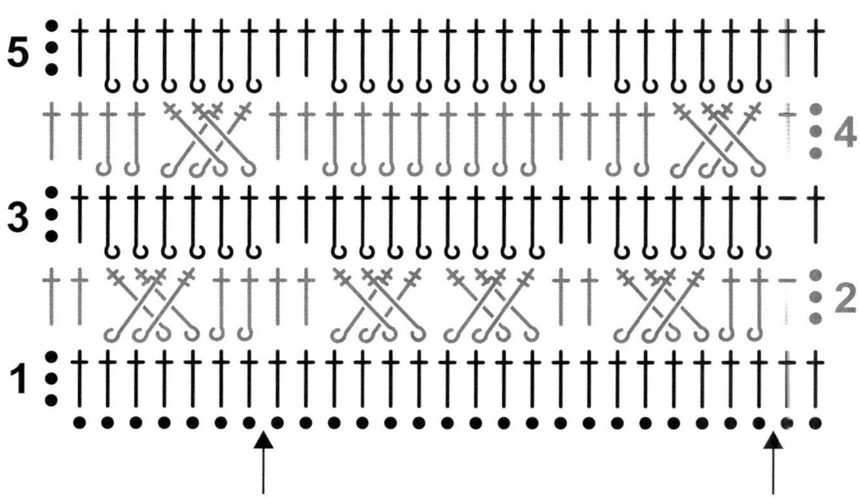

Zeichenerklärung

• = 1 Luftm

= 1 Stäbchen

= 1 Reliefstäbchen

= 1 Reliefstäbchen von hinten

= 1 doppeltes Reliefstäbchen

Zöpfe mit doppelten und dreifachen Reliefstäbchen

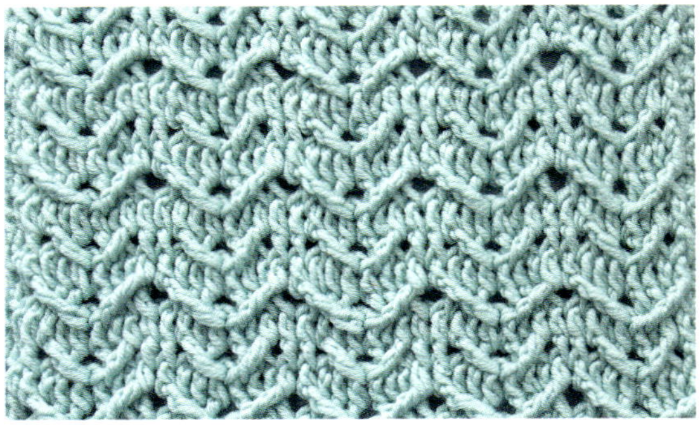

Schwierigkeitsgrad: mittel
Kategorie: Flächenzopfmuster

M-Zahl teilbar durch 8 + 3 M + 3 Wende-Luftm. Die Wende-Luftm dienen zum Aufsteigen in die nächste Reihe und ersetzen das 1. Stäbchen.

Dreifaches Reliefstäbchen: 3 Umschläge auf die Nadel nehmen, mit der Häkelnadel von vorne um das nächste Stäbchen herumstechen, den Faden holen (= 5 Schlingen auf der Nadel), * den Faden holen und durch 2 Schlingen auf der Nadel ziehen, ab * wiederholen, bis alle Schlingen abgemascht sind.

Doppeltes Reliefstäbchen: 2 Umschläge auf die Nadel nehmen, mit der Häkelnadel von vorne um das nächste Stäbchen herumstechen, den Faden holen (= 4 Schlingen auf der Nadel), * den Faden holen und durch 2 Schlingen auf der Nadel ziehen, ab * wiederholen, bis alle Schlingen abgemascht sind.

4er-Zopf nach links (aus 3 Reliefstäbchen und 1 dreifachen Reliefstäbchen): 1 M überspringen, um die folgenden 3 M je 1 Reliefstäbchen, dann um die übersprungene M 1 dreifaches Reliefstäbchen, sodass dieses <u>vor den 3 Reliefstäbchen</u> liegt.

4er-Zopf nach rechts (aus 3 Reliefstäbchen und 1 dreifachen Reliefstäbchen): 3 M überspringen, um die folgende M 1 dreifaches Reliefstäbchen, dann um die 3 übersprungenen M je 1 Reliefstäbchen, sodass diese <u>hinter dem dreifache Reliefstäbchen</u> liegen.

3er-Zopf nach links (aus 2 Reliefstäbchen und 1 doppelten Reliefstäbchen): 1 M überspringen, um die folgenden 2 M je 1 Reliefstäbchen, dann um die übersprungene M 1 doppeltes Reliefstäbchen, sodass dieses <u>vor den 2 Reliefstäbchen</u> liegt.

3er-Zopf nach rechts (aus 2 Reliefstäbchen und 1 doppelten Reliefstäbchen): 2 M überspringen, um die folgende M 1 doppeltes Reliefstäbchen, dann um die 2 übersprungenen M je 1 Reliefstäbchen, sodass diese <u>hinter dem doppelten Reliefstäbchen</u> liegen.

Hinweis: Bei den 4er-Zöpfen liegt das dreifache Reliefstäbchen und bei den 3er-Zöpfen das doppelte Reliefstäbchen stets vor den Reliefstäbchen.

HÄKELN NACH MUSTERBESCHREIBUNG

1. Reihe (Rückreihe): Stäbchen häkeln, dabei das 1. Stäbchen in die 4. M ab der Nadel arbeiten.
2. Reihe (Hinreihe): 3 Wende-Luftm, 1 Stäbchen, * **4er-Zopf nach rechts, 4er-Zopf nach links**, ab * stets wiederholen, 2 Stäbchen.
3. Reihe (Rückreihe): 3 Wende-Luftm, 1 Stäbchen, * 8 Reliefstäbchen von hinten, ab * wiederholen, 2 Stäbchen.
4. Reihe (Hinreihe): 3 Wende-Luftm, 1 Stäbchen, * 1 Reliefstäbchen, **3er-Zopf nach rechts**, **3er-Zopf nach links**, 1 Reliefstäbchen, ab * stets wiederholen, 2 Stäbchen.
5. Reihe (Rückreihe): Wie die 3. Reihe arbeiten.

Die 1.–5.Reihe einmal arbeiten, dann die 2.–5. Reihe stets wiederholen.

HÄKELN NACH DER HÄKELSCHRIFT

In der Häkelschrift sind Hin – und Rückreihen notiert.

In den Hinreihen mit den M vor dem rechten Pfeil beginnen, den Rapport zwischen den Pfeilen stets wiederholen und mit den M nach dem linken Pfeil enden.
In den Rückreihen die M entsprechend von links nach rechts lesen.

Die 1.–5. Reihe einmal arbeiten, dann die 2.–5. Reihe stets wiederholen.

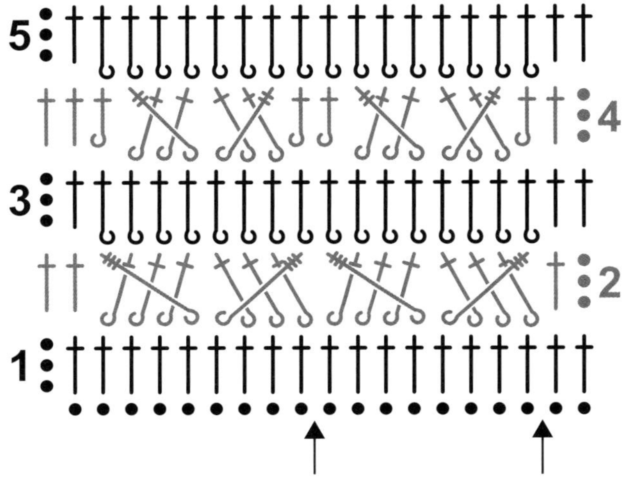

Zeichenerklärung

- • = 1 Luftm
- = 1 Stäbchen
- = 1 Reliefstäbchen
- = 1 Reliefstäbchen von hinten
- = 1 doppeltes Reliefstäbchen
- = 1 dreifaches Reliefstäbchen

Rauten-Zopfmuster

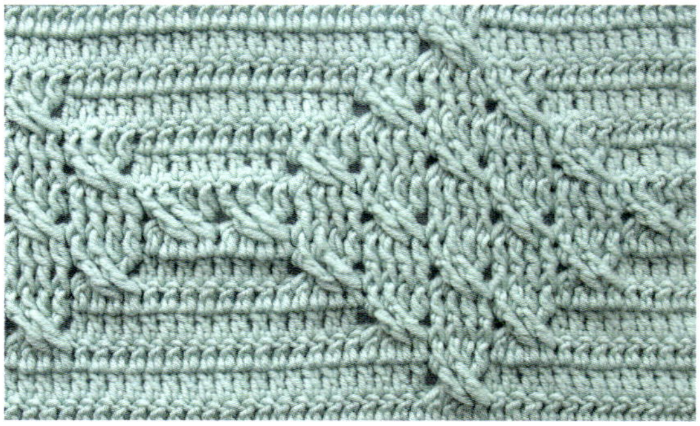

Schwierigkeitsgrad: einfach
Kategorie: Streifen- oder Kantenmuster

M-Zahl teilbar durch 28 + 3 M + 3 Wende-Luftm. Die Wende-Luftm dienen zum Aufsteigen in die nächste Reihe und ersetzen das 1. Stäbchen.

Doppeltes Reliefstäbchen: 2 Umschläge auf die Nadel nehmen, mit der Häkelnadel von vorne um das nächste Stäbchen herumstechen, den Faden holen (= 4 Schlingen auf der Nadel), * den Faden holen und durch 2 Schlingen auf der Nadel ziehen, ab * wiederholen, bis alle Schlingen abgemascht sind.

4er-Zopf nach links (aus 4 doppelten Reliefstäbchen): 2 M überspringen, um die folgenden 2 M je 1 doppeltes Reliefstäbchen, dann um die 2 übersprungenen M je 1 doppeltes Reliefstäbchen, sodass diese vor den 2 ersten doppelten Reliefstäbchen liegen.

HÄKELN NACH MUSTERBESCHREIBUNG

1. Reihe (Rückreihe): Stäbchen häkeln, dabei das 1. Stäbchen in die 4. M ab der Nadel arbeiten.
2. Reihe (Hinreihe): 3 Wende-Luftm, 1 Stäbchen, * 12 Stäbchen, **4er-Zopf nach links**, 12 Stäbchen, ab * stets wiederholen, 2 Stäbchen.
3. Reihe: 3 Wende-Luftm, 1 Stäbchen, * 12 Stäbchen, 4 Reliefstäbchen von hinten, 12 Stäbchen, ab * stets wiederholen, 2 Stäbchen.
4. Reihe: 3 Wende-Luftm, 1 Stäbchen, * 8 Stäbchen, **4er-Zopf nach links**, 4 Reliefstäbchen, **4er-Zopf nach links**, 8 Stäbchen, ab * stets wiederholen, 2 Stäbchen.
5. Reihe: 3 Wende-Luftm, 1 Stäbchen, * 8 Stäbchen, 12 Reliefstäbchen von hinten, 8 Stäbchen, ab * stets wiederholen, 2 Stäbchen.
6. Reihe: 3 Wende-Luftm, 1 Stäbchen, * 4 Stäbchen, **4er-Zopf nach links**, 4 Reliefstäbchen, **4er-Zopf nach links**, 4 Reliefstäbchen, **4er-Zopf nach links**, 4 Stäbchen, ab * stets wiederholen, 2 Stäbchen.
7. Reihe: 3 Wende-Luftm, 1 Stäbchen, * 4 Stäbchen, 20 Reliefstäbchen von hinten, 4 Stäbchen, ab * stets wiederholen, 2 Stäbchen.
8. Reihe: 3 Wende-Luftm, 1 Stäbchen, * **4er-Zopf nach links**, 4 Reliefstäbchen, **4er-Zopf nach links**, 4 Reliefstäbchen, **4er-Zopf nach links**, 4 Reliefstäbchen, **4er-Zopf nach links**, ab * stets wiederholen, 2 Stäbchen.
9. Reihe: 3 Wende-Luftm, 1 Stäbchen, * 28 Reliefstäbchen von hinten, ab * stets wiederholen, 2 Stäbchen.
10. und 11. Reihe: Wie die 6. und 7. Reihe arbeiten.
12. und 13. Reihe: Wie die 4. und 5. Reihe arbeiten.
14. und 15. Reihe: Wie die 2. und 3. Reihe arbeiten.

Die 1.–15. Reihe einmal arbeiten, dann die 2.–15. Reihe stets wiederholen.

HÄKELN NACH DER HÄKELSCHRIFT

In der Häkelschrift sind Hin- und Rückreihen notiert.

In den Hinreihen mit den M vor dem rechten Pfeil beginnen, den Rapport zwischen den Pfeilen stets wiederholen und mit den M nach dem linken Pfeil enden.
In den Rückreihen die M entsprechend von links nach rechts lesen.

Die 1.–15. Reihe einmal arbeiten, dann die 2.–15. Reihe stets wiederholen.

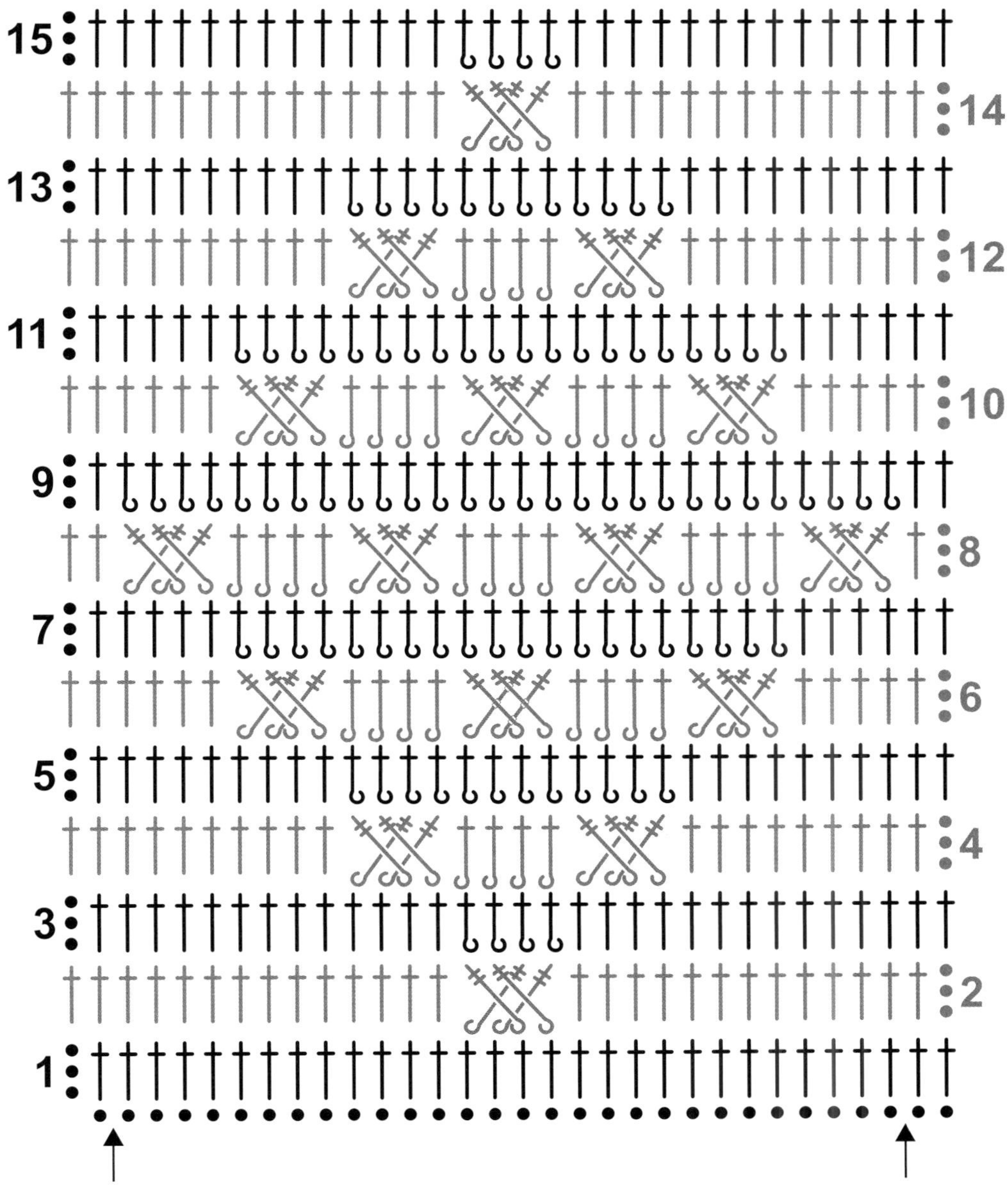

Zeichenerklärung

• = 1 Luftm

† = 1 Stäbchen

= 1 Reliefstäbchen

= 1 Reliefstäbchen von hinten

= 1 doppeltes Reliefstäbchen

Zopfvarianten

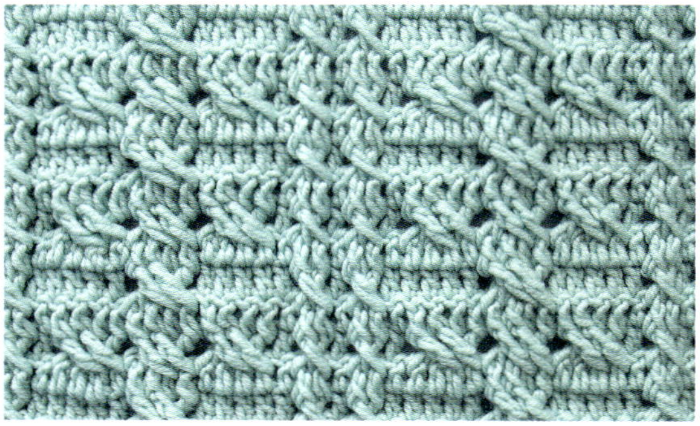

Schwierigkeitsgrad: einfach
Kategorie: Zopfmuster aus einfachen und doppelten Reliefstäbchen

M-Zahl teilbar durch 19 + 6 M + 3 Wende-Luftm. Die Wende-Luftm dienen zum Aufsteigen in die nächste Reihe und ersetzen das 1. Stäbchen.

2er-Zopf nach links (aus 2 Reliefstäbchen): 1 Stäbchen überspringen, um die folgende M 1 Reliefstäbchen häkeln, dann um die übersprungene M 1 Reliefstäbchen, sodass dieses vor dem 1. Reliefstäbchen liegt.

4er-Zopf nach links (aus doppelten Reliefstäbchen): 2 M überspringen, um die folgenden 2 M je 1 doppeltes Reliefstäbchen häkeln, dann um die übersprungenen 2 M je 1 doppeltes Reliefstäbchen, sodass diese vor den ersten 2 doppelten Reliefstäbchen liegen.

HÄKELN NACH MUSTERBESCHREIBUNG

1. Reihe (Rückreihe): Stäbchen häkeln, dabei das 1. Stäbchen in die 4. M ab der Nadel arbeiten.
2. Reihe (Hinreihe): 3 Wende-Luftm, **2er-Zopf nach links**, * 1 Stäbchen, **2er-Zopf nach links**, 5 Stäbchen, **4er-Zopf nach links**, 5 Stäbchen, **2er-Zopf nach links**, ab * wiederholen, 1 Stäbchen, **2er-Zopf nach links**, 1 Stäbchen.
3. Reihe: 3 Wende-Luftm, 2 Reliefstäbchen von hinten, 1 Stäbchen, * 2 Reliefstäbchen von hinten, 5 Stäbchen, 4 Reliefstäbchen von hinten, 5 Stäbchen, 2 Reliefstäbchen von hinten, 1 Stäbchen, ab * stets wiederholen, 2 Reliefstäbchen von hinten, 1 Stäbchen.
4. Reihe: 3 Wende-Luftm, **2er-Zopf nach links**, * 1 Stäbchen, **2er-Zopf nach links**, 1 Stäbchen, 3x **4er-Zopf nach links**, 1 Stäbchen, **2er-Zopf nach links**, ab * stets wiederholen, 1 Stäbchen, **2er-Zopf nach links**, 1 Stäbchen.
5. Reihe: 3 Wende-Luftm, 2 Reliefstäbchen von hinten, 1 Stäbchen, * 2 Reliefstäbchen von hinten, 1 Stäbchen, 12 Reliefstäbchen von hinten, 1 Stäbchen, 2 Reliefstäbchen von hinten, 1 Stäbchen, ab * stets wiederholen, 2 Reliefstäbchen von hinten, 1 Stäbchen.

Die 1.–5. Reihe einmal arbeiten, dann die 2.–5. Reihe stets wiederholen.

HÄKELN NACH DER HÄKELSCHRIFT

In der Häkelschrift sind Hin- und Rückreihen notiert.

In den Hinreihen mit den M vor dem rechten Pfeil beginnen, den Rapport zwischen den Pfeilen stets wiederholen und mit den M nach dem linken Pfeil enden.
In den Rückreihen die M entsprechend von links nach rechts lesen.

Die 1.–5. Reihe einmal arbeiten, dann die 2.–5. Reihe stets wiederholen.

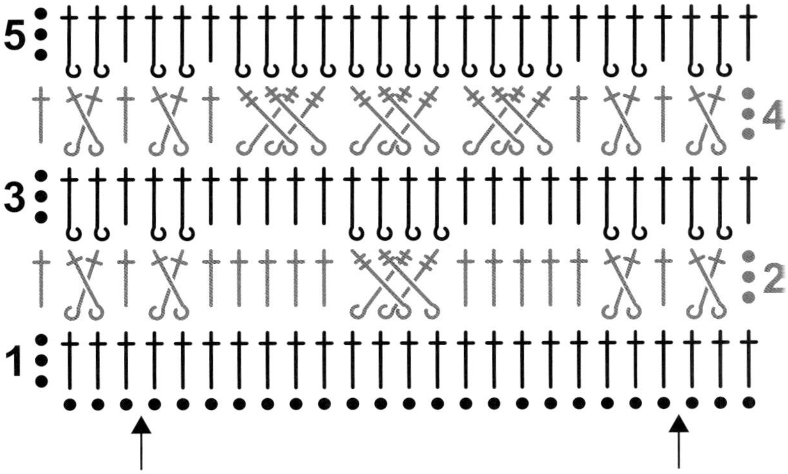

Zeichenerklärung

- • = 1 Luftm
- † = 1 Stäbchen
- = 1 Reliefstäbchen
- = 1 Reliefstäbchen von hinten
- = 1 doppeltes Reliefstäbchen

Zopfvarianten mit Noppen

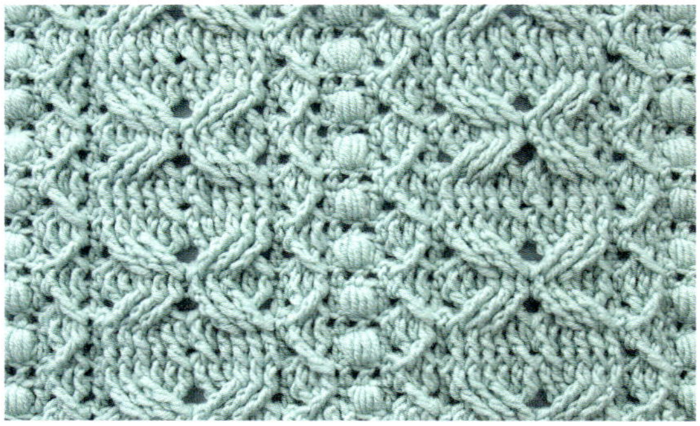

Schwierigkeitsgrad: anspruchsvoll
Kategorie: Zopfmuster aus verschiedenen Reliefstäbchen mit Noppen

M-Zahl teilbar durch 23 + 9 M + 3 Wende-Luftm. Die Wende-Luftm dienen zum Aufsteigen in die nächste Reihe und ersetzen das 1. Stäbchen.

Noppe (= 5er-Büschelmasche): * 1 Umschlag, in die M einstechen, den Faden holen und die Schlinge hochziehen, ab * insgesamt 5x arbeiten, den Faden holen und durch 10 Schlingen ziehen, den Faden holen und durch die letzten 2 Schlingen ziehen.

Dreifaches Reliefstäbchen: 3 Umschläge auf die Nadel nehmen, mit der Häkelnadel von vorne um das nächste Stäbchen herumstechen, den Faden holen (= 5 Schlingen auf der Nadel), * den Faden holen und durch 2 Schlingen auf der Nadel ziehen, ab * wiederholen, bis alle Schlingen abgemascht sind.

Doppeltes Reliefstäbchen: 2 Umschläge auf die Nadel nehmen, mit der Häkelnadel von vorne um das nächste Stäbchen herumstechen, den Faden holen (= 4 Schlingen auf der Nadel), * den Faden holen und durch 2 Schlingen auf der Nadel ziehen, ab * wiederholen, bis alle Schlingen abgemascht sind.

2er-Zopf nach links (aus 2 Reliefstäbchen): 1 Stäbchen überspringen, um die folgende M 1 Reliefstäbchen häkeln, dann um die übersprungene M 1 Reliefstäbchen, sodass dieses vor dem 1. Reliefstäbchen liegt.

3er-Zopf nach links (aus 2 Reliefstäbchen und 1 doppelten Reliefstäbchen): 1 M überspringen, um die folgenden 2 M je 1 Reliefstäbchen häkeln, dann um die übersprungene M 1 doppeltes Reliefstäbchen, sodass es vor den beiden Reliefstäbchen liegt.

3er-Zopf nach rechts (aus 2 Reliefstäbchen und 1 doppelten Reliefstäbchen): 2 M überspringen, um die folgende M 1 doppeltes Reliefstäbchen häkeln, dann um die 2 übersprungenen M je 1 Reliefstäbchen, sodass sie hinter den beiden Reliefstäbchen liegen.

Hinweis: Bei den 3er-Zöpfen liegt das einzelne doppelte Reliefstäbchen jeweils vor den beiden Reliefstäbchen.

6er-Zopf nach links (aus dreifachen Reliefstäbchen): 3 M überspringen, um die folgenden 3 M je 1 dreifaches Reliefstäbchen häkeln, dann um die 3 zuvor übersprungenen M je 1 dreifaches Reliefstäbchen, sodass diese vor den 3 ersten dreifachen Reliefstächen liegen.

6er-Zopf nach rechts (aus dreifachen Reliefstäbchen): 3 M überspringen, um die folgenden 3 M je 1 dreifaches Reliefstäbchen, dann um die 3 übersprungenen M je 1 dreifaches Reliefstäbchen, sodass diese hinter den ersten dreifachen Reliefstäbchen liegen.

HÄKELN NACH MUSTERBESCHREIBUNG

1. Reihe (Rückreihe): Stäbchen häkeln, dabei das 1. Stäbchen in die 4. M ab der Nadel arbeiten.
2. Reihe (Hinreihe): 3 Wende-Luftm, * **3er-Zopf nach links**, 1 Stäbchen, 1 Noppe, 1 Stäbchen, **3er-Zopf nach rechts**, 1 Stäbchen, **6er-Zopf nach rechts**, **6er-Zopf nach links**, 1 Stäbchen, ab * stets wiederholen, **3er-Zopf nach links**, 1 Stäbchen, 1 Noppe, 1 Stäbchen, **3er-Zopf nach rechts**, 1 Stäbchen.
3. Reihe (und alle folgenden Rückreihen): 3 Wende-Luftm, 3 Reliefstäbchen von hinten, 3 Stäbchen, 3 Reliefstäbchen von hinten, * 1 Stäbchen, 12 Reliefstäbchen von hinten, 1 Stäbchen, 3 Reliefstäbchen von hinten, 3 Stäbchen, 3 Reliefstäbchen von hinten, ab * stets wiederholen 1 Stäbchen.
4. Reihe: 3 Wende-Luftm, * **3er-Zopf nach rechts**, 1 Stäbchen, 1 Noppe, 1 Stäbchen, **3er-Zopf nach links**, 1 Stäbchen, 4 Reliefstäbchen, 2x **2er-Zopf nach links**, 4 Reliefstäbchen, 1 Stäbchen, ab * stets wiederholen, **3er-Zopf nach rechts**, 1 Stäbchen, 1 Noppe, 1 Stäbchen, **3er-Zopf nach links**, 1 Stäbchen.
6. Reihe: Wie die 2. Reihe arbeiten.
8. Reihe: 3 Wende-Luftm, * **3er-Zopf nach rechts**, 1 Stäbchen, 1 Noppe, 1 Stäbchen, **3er-Zopf nach links**, 1 Stäbchen, **6er-Zopf nach rechts**, **6er-Zopf nach links**, 1 Stäbchen, ab * stets wiederholen, **3er-Zopf nach rechts**, 1 Stäbchen, 1 Noppe, 1 Stäbchen, **3er-Zopf nach links**, 1 Stäbchen.
10. Reihe: 3 Wende-Luftm, * **3er-Zopf nach links**, 1 Stäbchen, 1 Noppe, 1 Stäbchen, **3er-Zopf nach rechts**, 1 Stäbchen, 4 Reliefstäbchen, 2x **2er-Zopf nach links**, 4 Reliefstäbchen, 1 Stäbchen, ab * stets wiederholen, **3er-Zopf nach links**, 1 Stäbchen, 1 Noppe, 1 Stäbchen, **3er-Zopf nach recht**, 1 Stäbchen.

Die 1.–11. Reihe einmal arbeiten, dann die 2.–11. Reihe stets wiederholen.

HÄKELN NACH DER HÄKELSCHRIFT

In der Häkelschrift sind Hin- und Rückreihen notiert.

In den Hinreihen mit den M vor dem rechten Pfeil beginnen, den Rapport zwischen den Pfeilen stets wiederholen und mit den M nach dem linken Pfeil enden.
In den Rückreihen die M entsprechend von links nach rechts lesen.

Die 1.–7. Reihe einmal arbeiten, dann die 2.–7. Reihe stets wiederholen.

Zeichenerklärung

- • = 1 Luftm
- † = 1 Stäbchen
- = 1 Reliefstäbchen
- = 1 Reliefstäbchen von hinten
- = 1 doppeltes Reliefstäbchen
- = 1 dreifaches Reliefstäbchen
- = 1 dreifaches Reliefstäbchen von hinten

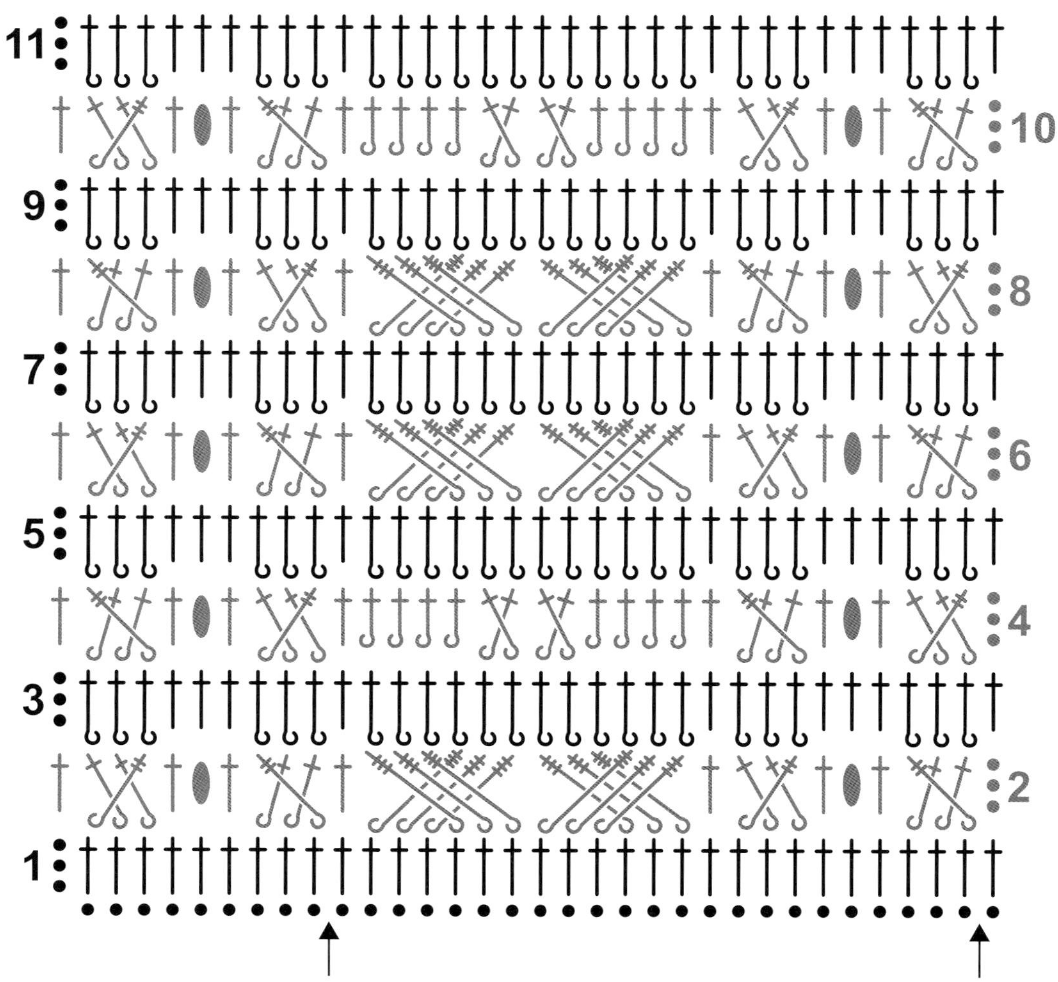

6er-Zopf in feste Maschen

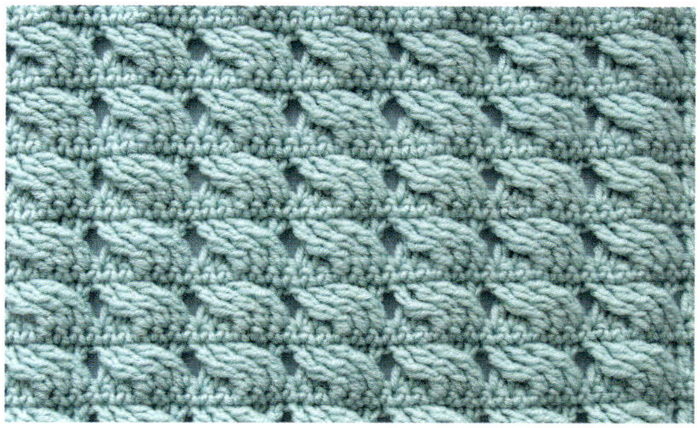

Schwierigkeitsgrad: einfach
Kategorie: 6er-Zopf mit festen Maschen

M-Zahl teilbar durch 6 + 3 M + 1 Wende-Luftm. 1 Wende-Luftm am Beginn einer Rückreihe dient nur zum Aufsteigen in die nächste Reihe, sie ersetzt nicht die 1. M. Die 3 Wende-Luftm am Beginn einer Hinreihe dienen zum Aufsteigen in die nächste Reihe und ersetzen das 1. Stäbchen.

6er-Zopf nach links (aus dreifachen Reliefstäbchen): 3 M überspringen, um die folgenden 3 M je 1 dreifaches Reliefstäbchen häkeln, dann um die 3 zuvor übersprungenen M je 1 dreifaches Reliefstäbchen, sodass diese vor den 3 ersten dreifachen Reliefstächen liegen.

HÄKELN NACH MUSTERBESCHREIBUNG

1. Reihe (Rückreihe): 1 Wende-Luftm, dann feste M häkeln, dabei die 1 feste M in die 2. M ab der Nadel arbeiten.
2. Reihe (Hinreihe): 3 Wende-Luftm, 1 Stäbchen, * **6er-Zopf nach links**, ab * stets wiederholen, 1 Stäbchen.
3. Reihe: 1 Wende-Luftm, dann feste M häkeln.

Die 1.–3. Reihe einmal arbeiten, dann die 2.–3. Reihe stets wiederholen. Das Muster mit einer Rückreihe beenden.

HÄKELN NACH DER HÄKELSCHRIFT

In der Häkelschrift sind Hin- und Rückreihen notiert.

In den Hinreihen mit den M vor dem rechten Pfeil beginnen, den Rapport zwischen den Pfeilen stets wiederholen und mit den M nach dem linken Pfeil enden.
In den Rückreihen die M entsprechend von links nach rechts lesen.

Die 1.–3. Reihe einmal arbeiten, dann die 2.–3. Reihe stets wiederholen.

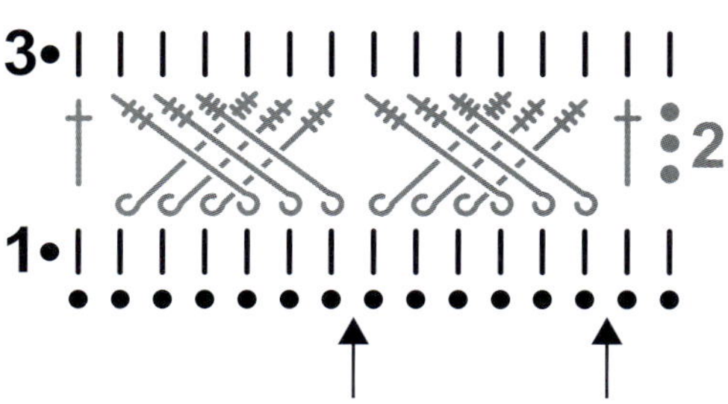

Zeichenerklärung

- • = 1 Luftm
- I = 1 feste Masche
- † = 1 Stäbchen
- = 1 dreifaches Reliefstäbchen

Zopfrauten

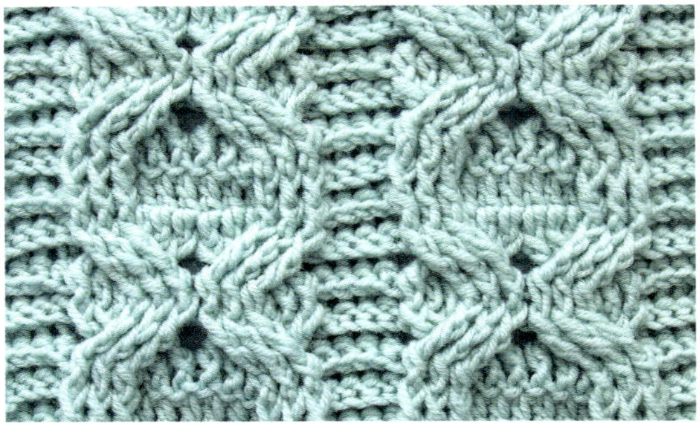

Schwierigkeitsgrad: mittel
Kategorie: Zopfrauten

M-Zahl teilbar durch 16 + 5 M + 3 Wende-Luftm. Die Wende-Luftm dienen zum Aufsteigen in die nächste Reihe und ersetzen das 1. Stäbchen.

Dreifaches Reliefstäbchen: 3 Umschläge auf die Nadel nehmen, mit der Häkelnadel von vorne um das nächste Stäbchen herumstechen, den Faden holen (= 5 Schlingen auf der Nadel), * den Faden holen und durch 2 Schlingen auf der Nadel ziehen, ab * wiederholen, bis alle Schlingen abgemascht sind.

6er-Zopf nach links (aus dreifachen Reliefstäbchen): 3 M überspringen, um die folgenden 3 M je 1 dreifaches Reliefstäbchen häkeln, dann um die 3 zuvor übersprungenen M je 1 dreifaches Reliefstäbchen, sodass diese vor den 3 ersten dreifachen Reliefstächen liegen.

6er-Zopf nach rechts (aus dreifachen Reliefstäbchen): 3 M überspringen, um die folgenden 3 M je 1 dreifaches Reliefstäbchen, dann um die 3 übersprungenen M je 1 dreifaches Reliefstäbchen, sodass diese hinter den ersten dreifachen Reliefstäbchen liegen.

HÄKELN NACH MUSTERBESCHREIBUNG

1. Reihe (Rückreihe): Stäbchen häkeln, dabei das 1. Stäbchen in die 4. M ab der Nadel arbeiten.
2. Reihe (Hinreihe): 3 Wende-Luftm, * 4 Reliefstäbchen von hinten, **6er-Zopf nach rechts**, **6er-Zopf nach links**, ab * stets wiederholen, 4 Reliefstäbchen von hinten, 1 Stäbchen.
3. Reihe: 3 Wende-Luftm, * 4 Reliefstäbchen, 12 Reliefstäbchen von hinten, ab * stets wiederholen, 4 Reliefstäbchen, 1 Stäbchen.
4. Reihe: 3 Wende-Luftm, * 4 Reliefstäbchen von hinten, 3 Reliefstäbchen, 6 Stäbchen, 3 Reliefstäbchen, ab * stets wiederholen, 4 Reliefstäbchen von hinten, 1 Stäbchen.
5. Reihe: 3 Wende-Luftm, * 4 Reliefstäbchen, 3 Reliefstäbchen von hinten, 6 Stäbchen, 3 Reliefstäbchen von hinten, ab * stets wiederholen, 4 Reliefstäbchen, 1 Stäbchen.
6. Reihe: 3 Wende-Luftm, * 4 Reliefstäbchen von hinten, **6er-Zopf nach links**, **6er-Zopf nach rechts**, ab * stets wiederholen, 4 Reliefstäbchen von hinten, 1 Stäbchen.
7. Reihe: Wie die 3. Reihe arbeiten.

Die 1.–7. Reihe einmal arbeiten, dann die 2.–7. Reihe stets wiederholen.

HÄKELN NACH DER HÄKELSCHRIFT

In der Häkelschrift sind Hin- und Rückreihen notiert.

In den Hinreihen mit den M vor dem rechten Pfeil beginnen, den Rapport zwischen den Pfeilen stets wiederholen und mit den M nach dem linken Pfeil enden.
In den Rückreihen die M entsprechend von links nach rechts lesen.

Die 1.–7. Reihe einmal arbeiten, dann die 2.–7. Reihe stets wiederholen.

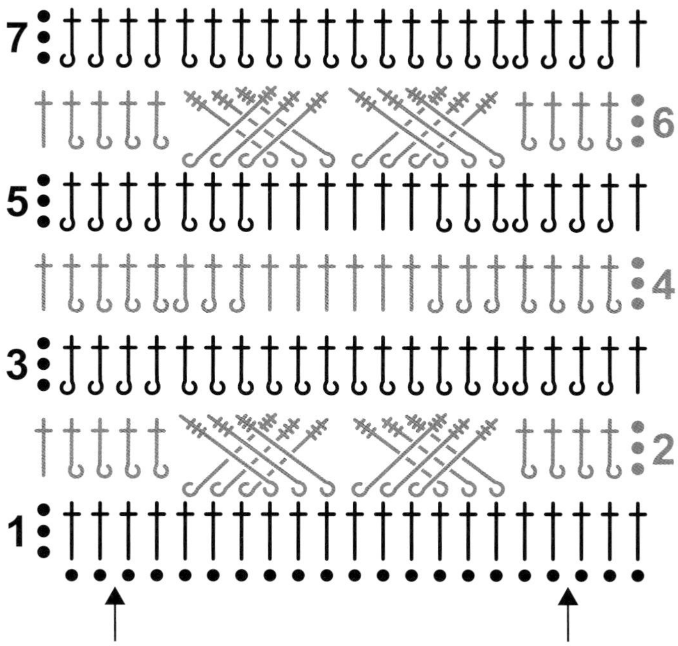

Zeichenerklärung

- • = 1 Luftm
- † = 1 Stäbchen
- = 1 Reliefstäbchen
- = 1 Reliefstäbchen von hinten
- = 1 doppelte Reliefstäbchen
- = 1 dreifaches Reliefstäbchen
- = 1 dreifaches Reliefstäbchen von hinten

Kordeln aus gemischten 5er-Zöpfen

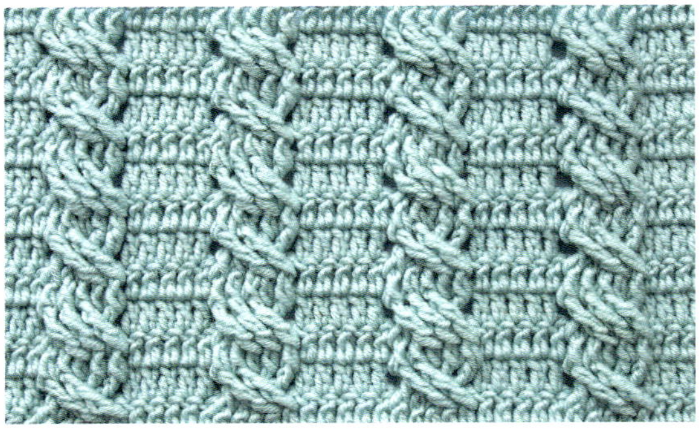

Schwierigkeitsgrad: einfach
Kategorie: 5er-Zopf aus 3-fachen Reliefstäbchen

M-Zahl teilbar durch 10 + 4 M + 3 Wende-Luftm. Die Wende-Luftm dienen zum Aufsteigen in die nächste Reihe und ersetzen das 1. Stäbchen.

Dreifaches Reliefstäbchen: 3 Umschläge auf die Nadel nehmen, mit der Häkelnadel von vorne um das nächste Stäbchen herumstechen, den Faden holen (= 5 Schlingen auf der Nadel), * den Faden holen und durch 2 Schlingen auf der Nadel ziehen, ab * wiederholen, bis alle Schlingen abgemascht sind.

5er-Zopf A nach links (aus dreifachen Reliefstäbchen): 2 M überspringen, um die folgenden 3 M je 1 dreifaches Reliefstäbchen, dann um die 2 übersprungenen M je 1 dreifaches Reliefstäbchen von vorne, sodass sie vor den 3 dreifachen Reliefstäbchen liegen.

5er-Zopf B nach links (aus dreifachen Reliefstäbchen): 3 M überspringen, um die folgenden 2 M je 1 dreifaches Reliefstäbchen, dann um die 3 übersprungenen M je 1 dreifaches Reliefstäbchen von vorne, sodass sie vor den 2 dreifachen Reliefstäbchen liegen.

HÄKELN NACH MUSTERBESCHREIBUNG

1. Reihe (Rückreihe): Stäbchen häkeln, dabei das 1. Stäbchen in die 4. M ab der Nadel arbeiten.
2. Reihe (Hinreihe): 3 Wende-Luftm, 4 Stäbchen, * **5er-Zopf A nach links**, 5 Stäbchen, ab * stets wiederholen.
3. Reihe: 3 Wende-Luftm, 4 Stäbchen, * 5 Reliefstäbchen von hinten, 5 Stäbchen, ab * stets wiederholen
4. Reihe: 3 Wende-Luftm, 4 Stäbchen, * **5er-Zopf B nach links**, 5 Stäbchen, ab * stets wiederholen.
5. Reihe: Wie die 3. Reihe arbeiten.

Die 1.–5. Reihe einmal arbeiten, dann die 2.–5. Reihe stets wiederholen.

HÄKELN NACH DER HÄKELSCHRIFT

In der Häkelschrift sind Hin- und Rückreihen notiert.

In den Hinreihen mit den M vor dem rechten Pfeil beginnen, den Rapport zwischen den Pfeilen stets wiederholen und mit den M nach dem linken Pfeil enden.
In den Rückreihen die M entsprechend von links nach rechts lesen.

Die 1.–5. Reihe einmal arbeiten, dann die 2.–5. Reihe stets wiederholen.

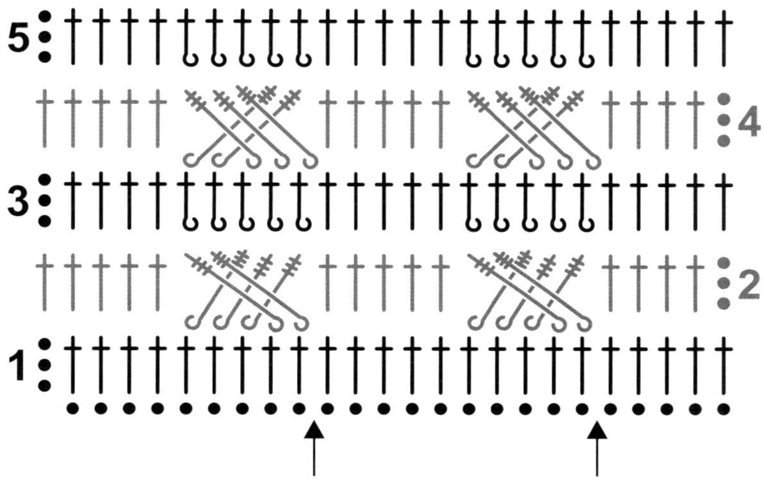

Zeichenerklärung

- • = 1 Luftm
- † = 1 Stäbchen
- = 1 Reliefstäbchen von hinten
- = 1 dreifaches Reliefstäbchen

5er-Zopfmuster

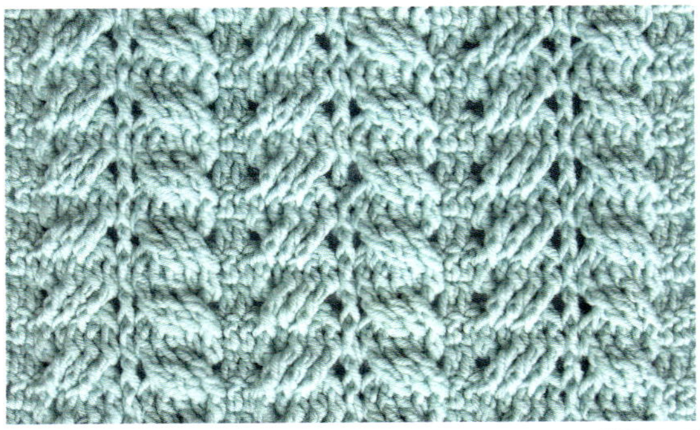

Schwierigkeitsgrad: mittel
Kategorie: 5er-Zopf aus 3-fachen vorderen Reliefstäbchen

M-Zahl teilbar durch 13 + 3 M + 3 Wende-Luftm. Die Wende-Luftm dienen zum Aufsteigen in die nächste Reihe und ersetzen das 1. Stäbchen.

Dreifaches Reliefstäbchen: 3 Umschläge auf die Nadel nehmen, mit der Häkelnadel von vorne um das nächste Stäbchen herumstechen, den Faden holen (= 5 Schlingen auf der Nadel), * den Faden holen und durch 2 Schlingen auf der Nadel ziehen, ab * wiederholen, bis alle Schlingen abgemascht sind.

5er-Zopf nach links (aus dreifachen Reliefstäbchen): 3 M überspringen, um die folgenden 2 M je 1 dreifaches Reliefstäbchen, dann um die 3 übersprungenen M je 1 dreifaches Reliefstäbchen, sodass diese vor den 2 ersten dreifachen Reliefstäbchen liegen.

5er-Zopf nach rechts (aus dreifachen Reliefstäbchen): 2 M überspringen, um die folgenden 3 M je 1 dreifaches Reliefstäbchen, dann um die 2 übersprungenen M je 1 dreifaches Reliefstäbchen, sodass diese hinter den 3 ersten dreifachen Reliefstäbchen liegen.

HÄKELN NACH MUSTERBESCHREIBUNG

1. Reihe (Rückreihe): Stäbchen häkeln, dabei das 1. Stäbchen in die 4. M ab der Nadel arbeiten.
2. Reihe (Hinreihe): 3 Wende-Luftm, * 2 Stäbchen, **5er-Zopf nach links**, 1 Reliefstäbchen, **5er-Zopf nach rechts**, ab * wiederholen, 3 Stäbchen.
3. Reihe: 3 Wende-Luftm, * 2 Stäbchen, 11 Reliefstäbchen von hinten, ab * stets wiederholen, 3 Stäbchen.

Die 1.–3. Reihe einmal arbeiten, dann die 2. und 3. Reihe stets wiederholen.

HÄKELN NACH DER HÄKELSCHRIFT

In der Häkelschrift sind Hin- und Rückreihen notiert.

In den Hinreihen mit den M vor dem rechten Pfeil beginnen, den Rapport zwischen den Pfeilen stets wiederholen und mit den M nach dem linken Pfeil enden.
In den Rückreihen die M entsprechend von links nach rechts lesen.

Die 1.–3. Reihe einmal arbeiten, dann die 2. und 3. Reihe stets wiederholen.

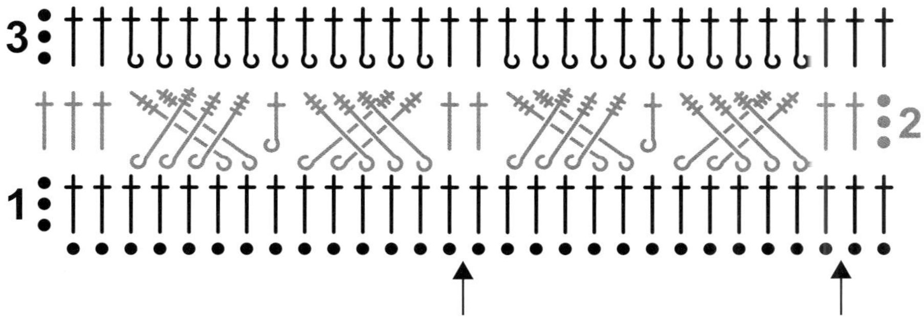

Zeichenerklärung

- = 1 Luftm
- = 1 Stäbchen
- = 1 Reliefstäbchen
- = 1 Reliefstäbchen von hinten
- = 1 dreifaches Reliefstäbchen
- = 1 dreifaches Reliefstäbchen von hinten

Schmaler Tannenbaumzopf

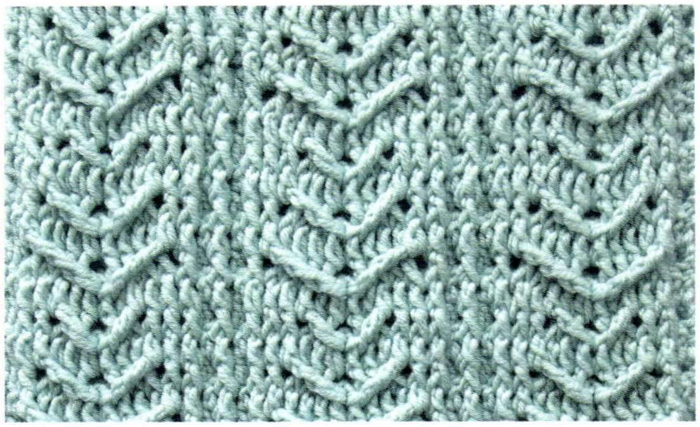

Schwierigkeitsgrad: mittel
Kategorie: Einfache Zöpfe aus verschiedenen Reliefstäbchen

M-Zahl teilbar durch 15 + 13 M + 3 Wende-Luftm. Die Wende-Luftm dienen zum Aufsteigen in die nächste Reihe und ersetzen das 1. Stäbchen.

Vierfaches Reliefstäbchen: 4 Umschläge auf die Nadel nehmen, mit der Häkelnadel von vorne um das nächste Stäbchen herumstechen, den Faden holen (= 6 Schlingen auf der Nadel), * den Faden holen und durch 2 Schlingen auf der Nadel ziehen, ab * wiederholen, bis alle Schlingen abgemascht sind.

Dreifaches Reliefstäbchen: 3 Umschläge auf die Nadel nehmen, mit der Häkelnadel von vorne um das nächste Stäbchen herumstechen, den Faden holen (= 5 Schlingen auf der Nadel), * den Faden holen und durch 2 Schlingen auf der Nadel ziehen, ab * wiederholen, bis alle Schlingen abgemascht sind.

Doppeltes Reliefstäbchen: 2 Umschläge auf die Nadel nehmen, mit der Häkelnadel von vorne um das nächste Stäbchen herumstechen, den Faden holen (= 4 Schlingen auf der Nadel), * den Faden holen und durch 2 Schlingen auf der Nadel ziehen, ab * wiederholen, bis alle Schlingen abgemascht sind.

5er-Zopf nach links (aus 1 vierfachen Reliefstäbchen und 4 Reliefstäbchen): 1 M überspringen, um die folgenden 4 M je 1 Reliefstäbchen häkeln, dann um die übersprungene M 1 vierfaches Reliefstäbchen, sodass dieses vor den 4 Reliefstäbchen liegt.

5er-Zopf nach rechts (aus 1 vierfachen Reliefstäbchen und 4 Reliefstäbchen): 4 M überspringen, um die folgende M vierfaches Reliefstäbchen häkeln, dann um die übersprungenen 4 M je 1 Reliefstäbchen, sodass diese hinter dem vierfachen Reliefstäbchen liegen.

4er-Zopf nach links (aus 1 dreifachen Reliefstäbchen und 3 Reliefstäbchen): 1 M überspringen, um die folgenden 3 M je 1 Reliefstäbchen häkeln, dann um die übersprungene M 1 dreifaches Reliefstäbchen, sodass dieses vor den 3 Reliefstäbchen liegt.

4er-Zopf nach rechts (aus 1 dreifachen Reliefstäbchen und 3 Reliefstäbchen): 3 M überspringen, um die folgende M 1 dreifaches Reliefstäbchen häkeln, dann um die übersprungenen 3 M je 1 Reliefstäbchen, sodass diese hinter dem dreifachen Reliefstäbchen liegen.

3er-Zopf nach links (aus 1 doppelten Reliefstäbchen und 2 Reliefstäbchen): 1 M überspringen, um die folgenden 2 M je 1 Reliefstäbchen, dann um die übersprungene M 1 doppeltes Reliefstäbchen, sodass dieses vor den 3 Reliefstäbchen liegt.

3er-Zopf nach rechts (aus 1 doppelten Reliefstäbchen und 2 Reliefstäbchen): 2 M überspringen, um die folgende M 1 doppeltes Reliefstäbchen, dann um die übersprungenen 2 M je 1 Reliefstäbchen, sodass diese hinter dem dreifachen Reliefstäbchen liegen.

Hinweis: Bei allen Zöpfen liegt jeweils 1 doppeltes, dreifaches oder vierfaches Reliefstäbchen vor den übrigen Reliefstäbchen des Zopfes.

HÄKELN NACH MUSTERBESCHREIBUNG

1. Reihe (Rückreihe): Stäbchen häkeln, dabei das 1. Stäbchen in die 4. M ab der Nadel arbeiten.
2. Reihe (Hinreihe): 3 Wende-Luftm, 1 Stäbchen, * **5er-Zopf nach rechts**, **5er-Zopf nach links**, 1 Reliefstäbchen, 1 Stäbchen, 1 Reliefstäbchen, 1 Stäbchen, 1 Reliefstäbchen, ab * stets wiederholen, **5er-Zopf nach rechts**, **5er-Zopf nach links**, 2 Stäbchen.
3. Reihe (und alle folgenden Rückreihen): 3 Wende-Luftm, 1 Stäbchen, 11 Reliefstäbchen von hinten, * 1 Stäbchen, 1 Reliefstäbchen von hinten, 1 Stäbchen, 11 Reliefstäbchen von hinten, 1 Stäbchen, ab * stets wiederholen, 1 Stäbchen.
4. Reihe: 3 Wende-Luftm, 1 Stäbchen, * 1 Reliefstäbchen, **4er-Zopf nach rechts**, **4er-Zopf nach links**, 2 Reliefstäbchen, 1 Stäbchen, 1 Reliefstäbchen, 1 Stäbchen, 1 Reliefstäbchen, ab * stets wiederholen, 1 Reliefstäbchen, **4er-Zopf nach rechts**, **4er-Zopf nach links**, 1 Reliefstäbchen, 2 Stäbchen.
6. Reihe: 3 Wende-Luftm, 1 Stäbchen, * 2 Reliefstäbchen, **3er-Zopf nach rechts**, **3er-Zopf nach links**, 3 Reliefstäbchen, 1 Stäbchen, 1 Reliefstäbchen, 1 Stäbchen, 1 Reliefstäbchen, ab * stets wiederholen, 2 Reliefstäbchen, **3er-Zopf nach rechts**, **3er-Zopf nach links**, 2 Reliefstäbchen, 2 Stäbchen.

Die 1.–7. Reihe einmal arbeiten, dann die 2.–7. Reihe stets wiederholen.

HÄKELN NACH DER HÄKELSCHRIFT

In der Häkelschrift sind Hin- und Rückreihen notiert.

In den Hinreihen mit den M vor dem rechten Pfeil beginnen, den Rapport zwischen den Pfeilen stets wiederholen und mit den M nach dem linken Pfeil enden.
In den Rückreihen die M entsprechend von links nach rechts lesen.

Die 1.–7. Reihe einmal arbeiten, dann die 2.–7. Reine stets wiederholen.

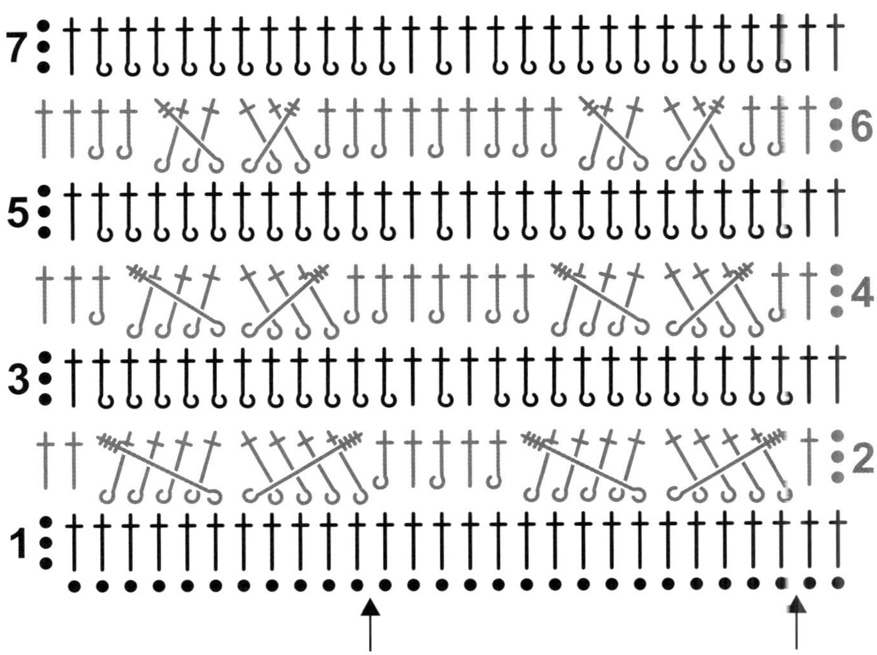

Zeichenerklärung

- • = 1 Luftm
- = 1 Stäbchen
- = 1 Reliefstäbchen
- = 1 Reliefstäbchen von hinten
- = 1 doppeltes Reliefstäbchen
- = 1 dreifaches Reliefstäbchen
- = 1 vierfaches Reliefstäbchen

Breiter Tannenbaumzopf

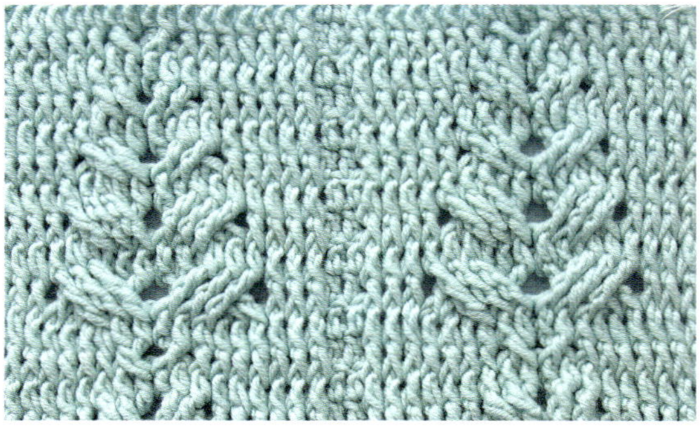

Schwierigkeitsgrad: mittel
Kategorie: Für Streifenmuster bestens geeignet

M-Zahl teilbar durch 20 + 1 M + 3 Wende-Luftm. Die Wende-Luftm dienen zum Aufsteigen in die nächste Reihe und ersetzen das 1. Stäbchen.

Doppeltes Reliefstäbchen: 2 Umschläge auf die Nadel nehmen, mit der Häkelnadel von vorne um das nächste Stäbchen herumstechen, den Faden holen (= 4 Schlingen auf der Nadel), * den Faden holen und durch 2 Schlingen auf der Nadel ziehen, ab * wiederholen, bis alle Schlingen abgemascht sind.

Dreifaches Reliefstäbchen: 3 Umschläge auf die Nadel nehmen, mit der Häkelnadel von vorne um das nächste Stäbchen herumstechen, den Faden holen (= 5 Schlingen auf der Nadel), * den Faden holen und durch 2 Schlingen auf der Nadel ziehen, ab * wiederholen, bis alle Schlingen abgemascht sind.

6er-Zopf nach links (aus dreifachen Reliefstäbchen): 3 M überspringen, um die folgenden 3 M je 1 dreifaches Reliefstäbchen häkeln, dann um die 3 zuvor übersprungenen M je 1 dreifaches Reliefstäbchen, sodass diese vor den 3 ersten dreifachen Reliefstächen liegen.

6er-Zopf nach rechts (aus dreifachen Reliefstäbchen): 3 M überspringen, um die folgenden 3 M je 1 dreifaches Reliefstäbchen häkeln, dann um die 3 eben übersprungenen M je 1 dreifaches Reliefstäbchen, sodass diese hinter den 3 ersten dreifachen Reliefstäbchen liegen.

5er-Zopf nach links (aus dreifachen Reliefstäbchen): 3 M überspringen, um die folgenden 2 M je 1 dreifaches Reliefstäbchen häkeln, dann um die 3 übersprungenen M je 1 dreifaches Reliefstäbchen, sodass diese vor den 2 ersten dreifachen Reliefstäbchen liegen.

5er-Zopf nach rechts (aus 5 dreifachen Reliefstäbchen): 2 M überspringen, um die folgenden 3 M je 1 dreifaches Reliefstäbchen häkeln, dann um die 2 übersprungenen M je 1 Reliefstäbchen, sodass diese hinter den 3 ersten dreifachen Reliefstäbchen liegen.

4er-Zopf nach links (aus doppelten Reliefstäbchen): 2 M überspringen, um die folgenden 2 M je 1 doppeltes Reliefstäbchen häkeln, dann um die übersprungenen 2 M je 1 doppeltes Reliefstäbchen, sodass diese vor den ersten 2 doppelten Reliefstäbchen liegen.

4er-Zopf nach rechts (aus doppelten Reliefstäbchen): 2 M überspringen, um die folgenden 2 M je 1 doppeltes Reliefstäbchen häkeln, dann um die übersprungenen 2 M je 1 doppeltes Reliefstäbchen, sodass diese hinter den ersten 2 doppelten Reliefstäbchen liegen.

3er-Zopf nach links (aus 1 doppelten Reliefstäbchen und 2 Reliefstäbchen): 2 M überspringen, 1 doppeltes Reliefstäbchen häkeln, dann um die übersprungenen 2 M je 1 Reliefstäbchen, sodass diese vor dem doppelten Reliefstäbchen liegen.

3er-Zopf nach rechts (aus 1 doppelten Reliefstäbchen und 2 Reliefstäbchen): 1 M überspringen, um die folgenden 2 M je 1 Reliefstäbchen häkeln, dann um die übersprungene M 1 doppeltes Reliefstäbchen, sodass dieses hinter den Reliefstäbchen liegt.

HÄKELN NACH MUSTERBESCHREIBUNG

1. Reihe (Rückreihe): Stäbchen häkeln, dabei das 1. Stäbchen in die 4. M ab der Nadel arbeiten.
2. Reihe (Hinreihe): * 3 Wende-Luftm, 1 Stäbchen, 3 Reliefstäbchen, **6er-Zopf nach rechts**, **6er-Zopf nach links**, 3 Reliefstäbchen, 1 Stäbchen, ab * stets wiederholen, 1 Stäbchen.
3. Reihe (und alle folgenden Rückreihen): 3 Wende-Luftm, * 1 Stäbchen, 18 Reliefstäbchen von hinten, 1 Stäbchen, ab * stets wiederholen.
4. Reihe: * 3 Wende-Luftm, 4 Reliefstäbchen, **5er-Zopf nach rechts**, **5er-Zopf nach links**, 4 Reliefstäbchen, 1 Stäbchen, ab * stets wiederholen, 1 Stäbchen.
6. Reihe: 3 Wende-Luftm, * 1 Stäbchen, 5 Reliefstäbchen, **3er-Zopf nach rechts**, **3er-Zopf nach links**, 5 Reliefstäbchen, 1 Stäbchen, ab * stets wiederholen, 1 Stäbchen.
8. Reihe: 3 Wende-Luftm, * 1 Stäbchen, 6 Reliefstäbchen, **3er-Zopf nach rechts**, **3er-Zopf nach links**, 6 Reliefstäbchen, 1 Stäbchen; ab *stets wiederholen, 1 Stäbchen.
10. Reihe: 3 Wende-Luftm, * 1 Stäbchen, **2er-Zopf nach rechts**, **2er-Zopf nach links**, 7 Reliefstäbchen, 1 Stäbchen; ab *stets wiederholen, 1 Stäbchen.

Die 1.–11. Reihe einmal arbeiten, dann die 2.–11. Reihe stets wiederholen.

Zeichenerklärung

- • = 1 Luftm
- † = 1 Stäbchen
- = 1 Reliefstäbchen
- = 1 Reliefstäbchen von hinten
- = 1 doppeltes Reliefstäbchen
- = 1 dreifaches Reliefstäbchen

HÄKELN NACH DER HÄKELSCHRIFT

In der Häkelschrift sind Hin- und Rückreihen notiert.

In den Hinreihen mit den M vor dem rechten Pfeil beginnen, den Rapport zwischen den Pfeilen stets wiederholen und mit den M nach dem linken Pfeil enden.
In den Rückreihen die M entsprechend von links nach rechts lesen.

Die 1.–11. Reihe einmal arbeiten, dann die 2.–11. Reihe stets wiederholen.

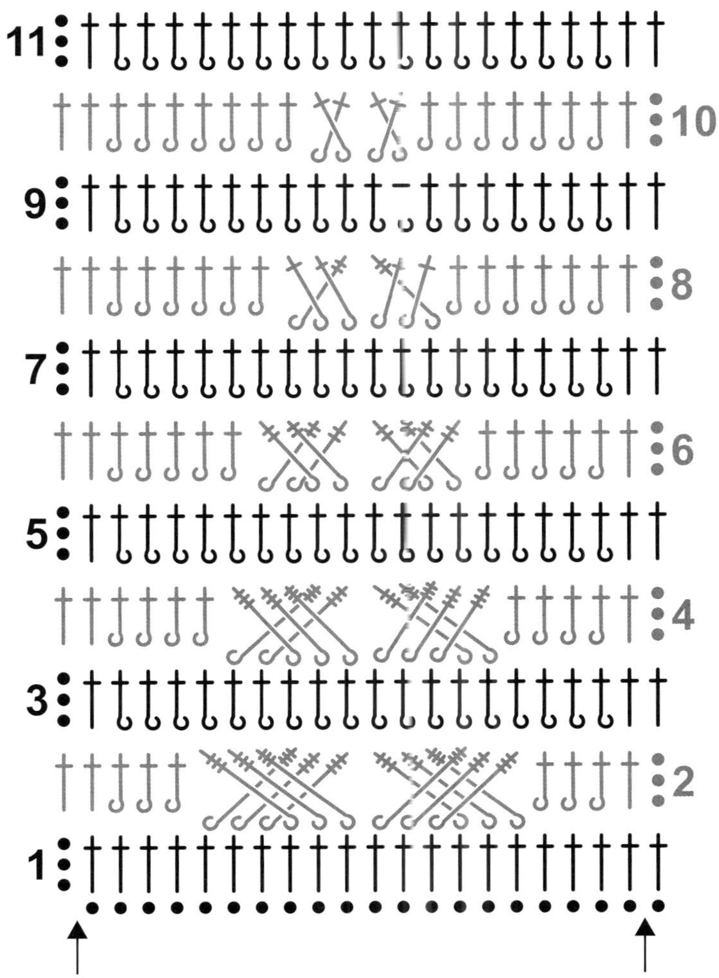

Flächiges Zopfmuster mit Noppen

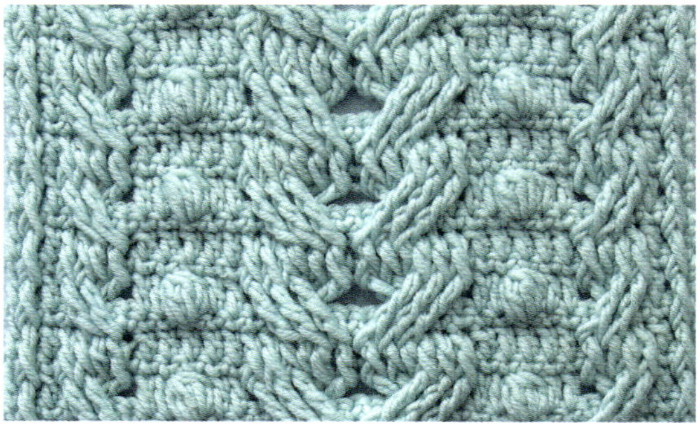

Schwierigkeitsgrad: anspruchsvoll
Kategorie: Flächendeckendes Muster aus verschiedenen Zöpfen und Noppen

M-Zahl teilbar durch 33 + 2 M + 3 Wende-Luftm. Die 3 Wende-Luftm am Beginn einer Hinreihe dienen zum Aufsteigen in die nächste Reihe und ersetzen das 1. Stäbchen. 1 Wende-Luftm am Beginn einer Rückreihe dient nur zum Aufsteigen in die nächste Reihe, sie ersetzt nicht die 1. M.

Doppeltes Reliefstäbchen: 2 Umschläge auf die Nadel nehmen, mit der Häkelnadel von vorne um das nächste Stäbchen herumstechen, den Faden holen (= 4 Schlingen auf der Nadel), * den Faden holen und durch 2 Schlingen auf der Nadel ziehen, ab * wiederholen, bis alle Schlingen abgemascht sind.

Dreifaches Reliefstäbchen: 3 Umschläge auf die Nadel nehmen, mit der Häkelnadel von vorne um das nächste Stäbchen herumstechen, den Faden holen (= 5 Schlingen auf der Nadel), * den Faden holen und durch 2 Schlingen auf der Nadel ziehen, ab * wiederholen, bis alle Schlingen abgemascht sind.

1 tiefgestochenes Reliefstäbchen: 1 Reliefstäbchen um die M 2 Reihen tiefer (= der letzten Hinreihe) arbeiten. Dies können Stäbchen, Reliefstäbchen, doppelte oder dreifache Reliefstäbchen sein.

Noppe: 5 zusammen abgemaschte Stäbchen in 1 Einstichstelle arbeiten.

4er-Zopf nach links (aus 2 Stäbchen, die in die festen M der letzten Rückreihe gehäkelt werden, und 2 tiefgestochenen doppelten Reliefstäbchen, die um die M der 2 Reihen tieferen Hinreihe gehäkelt werden): 2 M überspringen, in die folgenden 2 M je 1 Stäbchen häkeln, dann um die übersprungenen 2 M 2 Reihen tiefer je 1 doppeltes Reliefstäbchen, sodass diese vor den Stäbchen liegen.

4er-Zopf nach rechts (aus 2 Stäbchen, die in die festen M der letzten Rückreihe gehäkelt werden, und 2 tiefgestochenen doppelten Reliefstäbchen, die um die M der 2 Reihen tieferen Hinreihe gehäkelt werden): 2 M überspringen, um die folgenden 2 M 2 Reihen tiefer je 1 doppeltes Reliefstäbchen häkeln, dann in die übersprungenen 2 festen M je 1 Stäbchen, sodass diese hinter den doppelten Reliefstäbchen liegen.

6er-Zopf nach rechts (aus 3 dreifachen Reliefstäbchen, die in die festen M der letzten Rückreihe gehäkelt werden, und 3 tiefgestochenen dreifachen Reliefstäbchen, die um die M der 2 Reihen tieferen Hinreihe gehäkelt werden): 3 M überspringen, um die folgenden 3 M 2 Reihen tiefer je 1 dreifaches Reliefstäbchen häkeln, dann in die übersprungenen 3 festen M je 1 dreifaches Reliefstäbchen, sodass diese hinter den ersten 3 dreifachen Reliefstäbchen liegen.

6er-Zopf nach links (aus 3 dreifachen Reliefstäbchen, die in die festen M der letzten Rückreihe gehäkelt werden, und 3 tiefgestochenen dreifachen Reliefstäbchen, die um die M der 2 Reihen tieferen Hinreihe gehäkelt werden): 3 M überspringen, in die folgenden 3 festen M je 1 dreifaches Reliefstäbchen häkeln, dann um die übersprungenen 3 M 2 Reihen tiefer je 1 dreifaches Reliefstäbchen, sodass diese vor den ersten 3 Stäbchen liegen.

HÄKELN NACH MUSTERBESCHREIBUNG

1. Reihe (Hinreihe): Stäbchen häkeln, dabei das 1. Stäbchen in die 4. M ab der Nadel arbeiten.
2. Reihe (Rückreihe und alle folgenden Rückreihen): 1 Luftm (nur zum Aufsteigen in die nächste Reihe), feste M arbeiten.
3. Reihe: 3 Wende-Luftm, * 1 tiefgestochenes Reliefstäbchen, 1 Stäbchen, **4er-Zopf nach rechts**, 2 Stäbchen, 1 Noppe, 2 Stäbchen, **6er-Zopf nach rechts**, **6er-Zopf nach links**, 2 Stäbchen, 1 Noppe, 2 Stäbchen, **4er-Zopf nach links**, 1 Stäbchen, ab * stets wiederholen, 1 tiefgestochenes Reliefstäbchen, 1 Stäbchen.
5. Reihe: 3 Wende-Luftm, * 1 tiefgestochenes Reliefstäbchen, 1 Stäbchen, 4 tiefgestochene Reliefstäbchen, 5 Stäbchen, 12 tiefgestochene Reliefstäbchen, 5 Stäbchen, 4 tiefgestochene Reliefstäbchen, 1 Stäbchen, ab * stets wiederholen, 1 tiefgestochenes Reliefstäbchen, 1 Stäbchen.

Die 1.–6. Reihe einmal arbeiten, dann die 3.–6. Reihe stets wiederholen.

HÄKELN NACH DER HÄKELSCHRIFT

In der Häkelschrift sind Hin- und Rückreihen notiert.

In den Hinreihen mit den M vor dem rechten Pfeil beginnen, den Rapport zwischen den Pfeilen stets wiederholen und mit den M nach dem linken Pfeil enden.
In den Rückreihen die M entsprechend von links nach rechts lesen.

Die 1.–6. Reihe einmal arbeiten, dann die 3.–6. Reihe stets wiederholen.

Zeichenerklärung

- • = 1 Luftm
- I = 1 feste Masche
- † = 1 Stäbchen
- = 1 Reliefstäbchen
- = 1 doppeltes Reliefstäbchen
- = 1 dreifaches Reliefstäbchen
- = 1 Noppe (= 5 zusammen abgemaschte Stäbchen in 1 Einstichstelle)
- = der Pfeil zeigt die Einstichstelle der M an

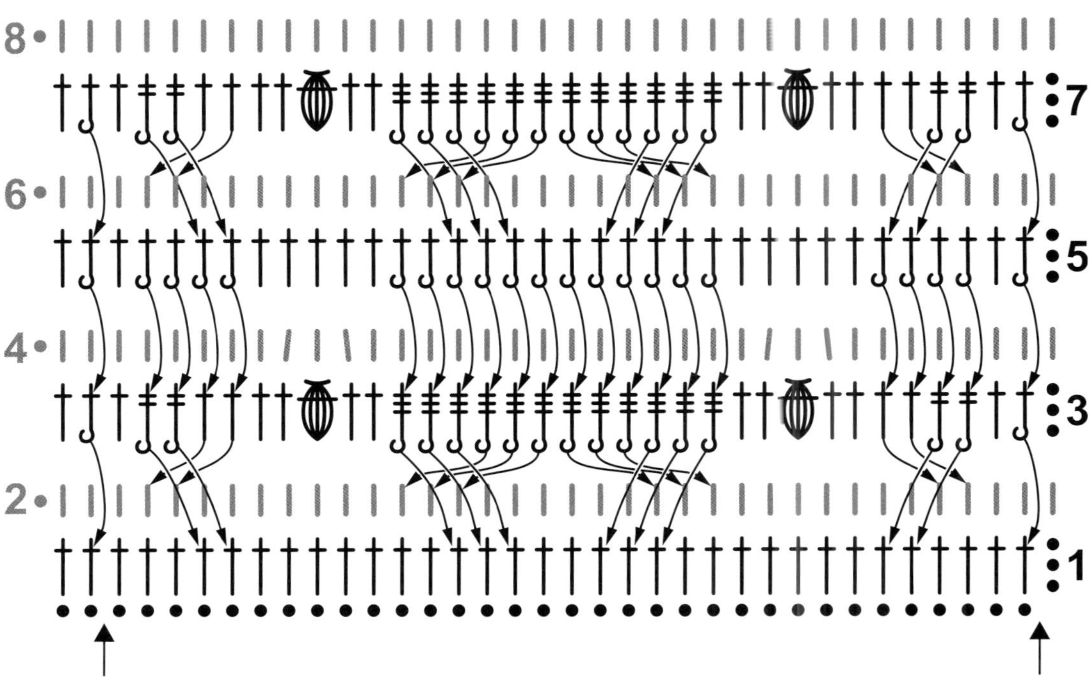

Fischgrätenzopf

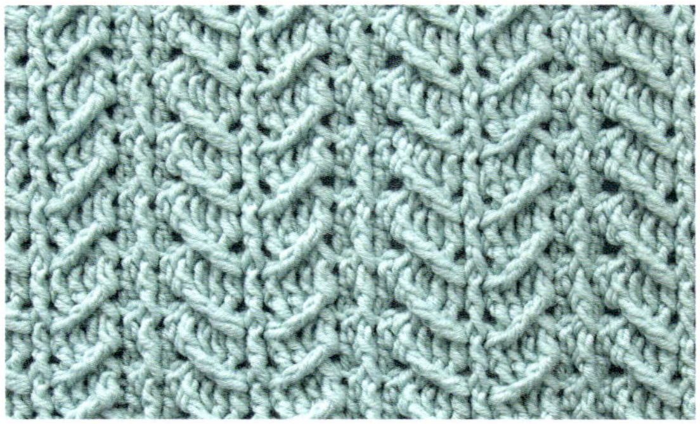

Schwierigkeitsgrad: einfach
Kategorie: Flächendeckendes Streifenmuster

M-Zahl teilbar durch 12 + 3 Wende-Luftm. Die Wende-Luftm dienen zum Aufsteigen in die nächste Reihe und ersetzen das 1. Stäbchen.

Dreifaches Reliefstäbchen: 3 Umschläge auf die Nadel nehmen, mit der Häkelnadel von vorne um das nächste Stäbchen herumstechen, den Faden holen (= 5 Schlingen auf der Nadel), * den Faden holen und durch 2 Schlingen auf der Nadel ziehen, ab * wiederholen, bis alle Schlingen abgemascht sind.

4er-Zopf nach links (aus 3 Reliefstäbchen und 1 dreifachen Reliefstäbchen): 1 M überspringen, um die folgenden 3 M je 1 Reliefstäbchen häkeln, dann um die eben übersprungene M 1 dreifaches Reliefstäbchen, sodass dieses vor den 3 Reliefstäbchen liegt.

4er-Zopf nach rechts (aus 3 Reliefstäbchen und 1 dreifachen Reliefstäbchen): 3 M überspringen, um die folgende M 1 dreifaches Reliefstäbchen häkeln, dann um die 3 eben übersprungenen M je 1 Reliefstäbchen, sodass diese hinter dem dreifachen Reliefstäbchen liegen.

HÄKELN NACH MUSTERBESCHREIBUNG

1. Reihe (Rückreihe): Stäbchen häkeln, dabei das 1. Stäbchen in die 4. M ab der Nadel arbeiten. Die 3 Luftm ersetzen das 1. Stäbchen.
2. Reihe (Hinreihe): 3 Wende-Luftm, 1 Stäbchen, * **4er-Zopf nach rechts**, 1 Reliefstäbchen, **4er-Zopf nach links**, 1 Stäbchen, 1 Reliefstäbchen, 1 Stäbchen, ab * stets wiederholen, **4er-Zopf nach rechts**, 1 Reliefstäbchen, **4er-Zopf nach links**, 2 Stäbchen.
3. Reihe: 3 Wende-Luftm, 1 Stäbchen, 9 Reliefstäbchen von hinten, * 1 Stäbchen, 1 Reliefstäbchen von hinten, 1 Stäbchen, 9 Reliefstäbchen von hinten, ab * stets wiederholen, 2 Stäbchen.

Die 1.–3. Reihe einmal arbeiten, dann die 2. und 3. Reihe stets wiederholen.

HÄKELN NACH DER HÄKELSCHRIFT

In der Häkelschrift sind Hin- und Rückreihen notiert.

In den Hinreihen mit den M vor dem rechten Pfeil beginnen, den Rapport zwischen den Pfeilen stets wiederholen und mit den M nach dem linken Pfeil enden.
In den Rückreihen die M entsprechend von links nach rechts lesen.

Die 1.–3. Reihe einmal arbeiten, dann die 2. und 3. Reihe stets wiederholen.

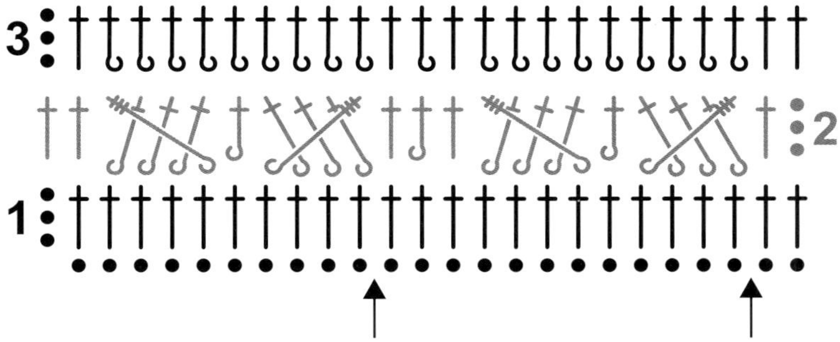

Zeichenerklärung

- • = 1 Luftm
- † = 1 Stäbchen
- = 1 Reliefstäbchen
- = 1 Reliefstäbchen von hinten
- = 1 dreifaches Reliefstäbchen

Zopf-Kombinationen mit 5er Popcorn

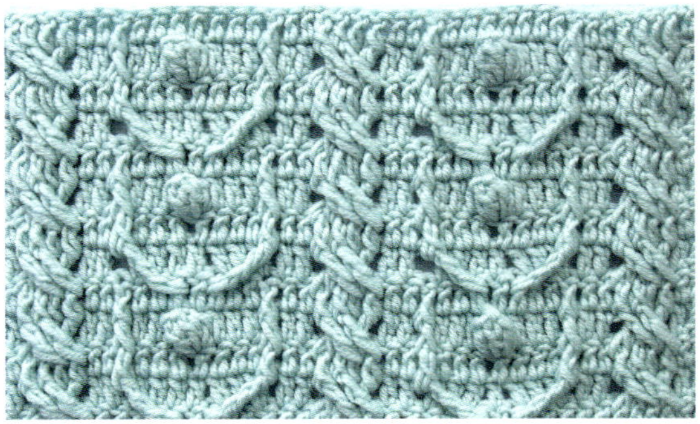

Schwierigkeitsgrad: mittel
Kategorie: 4er Zöpfe mit 5er Popcorn-M

M-Zahl teilbar durch 17 + 7 M + 3 Wende-Luftm. Die Wende-Luftm dienen zum Aufsteigen in die nächste Reihe und ersetzen das 1. Stäbchen.

Doppeltes Reliefstäbchen: 2 Umschläge auf die Nadel nehmen, mit der Häkelnadel von vorne um das nächste Stäbchen herumstechen, den Faden holen (= 4 Schlingen auf der Nadel), * den Faden holen und durch 2 Schlingen auf der Nadel ziehen, ab * wiederholen, bis alle Schlingen abgemascht sind.

Dreifaches Reliefstäbchen: 3 Umschläge auf die Nadel nehmen, mit der Häkelnadel von vorne um das nächste Stäbchen herumstechen, den Faden holen (= 5 Schlingen auf der Nadel), * den Faden holen und durch 2 Schlingen auf der Nadel ziehen, ab * wiederholen, bis alle Schlingen abgemascht sind.

5er-Popcorn (Popcorn-M aus 5 Stäbchen): 5 Stäbchen in 1 M arbeiten, die Nadel aus der Arbeitsschlinge nehmen und von vorne nach hinten in das 1. Stäbchen einstechen, die Arbeitsschlinge wiederaufnehmen und durchziehen.

4er-Zopf A nach links (aus doppelten Reliefstäbchen): 2 M überspringen, um die folgenden 2 M je 1 doppeltes Reliefstäbchen häkeln, dann um die übersprungenen 2 M je 1 doppeltes Reliefstäbchen, sodass diese vor den ersten 2 doppelten Reliefstäbchen liegen.

4er-Zopf A nach rechts (aus doppelten Reliefstäbchen): 2 M überspringen, um die folgenden 2 M je 1 doppeltes Reliefstäbchen häkeln, dann um die übersprungenen 2 M je 1 doppeltes Reliefstäbchen, sodass diese hinter den ersten 2 doppelten Reliefstäbchen liegen.

4er-Zopf B nach links (aus 3 Reliefstäbchen und 1 dreifachen Reliefstäbchen): 1 M überspringen, um die folgenden 3 M je 1 Reliefstäbchen häkeln, dann um die übersprungene M 1 dreifaches Reliefstäbchen, sodass dieses vor den 3 Reliefstäbchen liegt.

4er-Zopf B nach rechts (aus 3 Reliefstäbchen und 1 dreifachen Reliefstäbchen): 3 M überspringen, um die folgende M 1 dreifaches Reliefstäbchen häkeln, dann um die 3 übersprungenen M je 1 Reliefstäbchen, sodass diese hinter dem dreifachen Reliefstäbchen liegen.

HÄKELN NACH MUSTERBESCHREIBUNG

1. Reihe (Rückreihe): Stäbchen häkeln, dabei das 1. Stäbchen in die 4. M ab der Nadel arbeiten.
2. Reihe (Hinreihe): 3 Wende-Luftm (1. Stäbchen), 1 Stäbchen, * **4er-Zopf A nach links**, 2 Stäbchen, **4er-Zopf B nach rechts**, 1 Stäbchen, **4er-Zopf B nach links**, 2 Stäbchen, ab * stets wiederholen, **4er-Zopf A nach links,** 2 Stäbchen.
3. Reihe: 3 Wende-Luftm, 1 Stäbchen, 4 Reliefstäbchen von hinten, * 2 Stäbchen, 1 Reliefstäbchen von hinten, 7 Stäbchen, 1 Reliefstäbchen von hinten, 2 Stäbchen, 4 Reliefstäbchen von hinten, ab * stets wiederholen, 2 Stäbchen.

4. Reihe: 3 Wende-Luftm, 1 Stäbchen, * **4er-Zopf A nach links**, 2 Stäbchen, 1 Reliefstäbchen, 3 Stäbchen, 5er-Popcorn, 3 Stäbchen, 1 Reliefstäbchen, 2 Stäbchen, ab * stets wiederholen, **4er-Zopf A nach links**, 2 Stäbchen.
5. Reihe: Wie die 3. Reihe arbeiten.

Die 1.–5. Reihe einmal arbeiten, dann die 2.–5. Reihe stets wiederholen.

HÄKELN NACH DER HÄKELSCHRIFT

In der Häkelschrift sind Hin- und Rückreihen notiert.

In den Hinreihen mit den M vor dem rechten Pfeil beginnen, den Rapport zwischen den Pfeilen stets wiederholen und mit den M nach dem linken Pfeil enden.
In den Rückreihen die M entsprechend von links nach rechts lesen.

Die 1.–5. Reihe einmal arbeiten, dann die 2.–5. Reihe stets wiederholen.

Zeichenerklärung

- • = 1 Luftm
- † = 1 Stäbchen
- = 1 Reliefstäbchen
- = 1 Reliefstäbchen von hinten
- = 1 doppeltes Reliefstäbchen
- = 1 dreifaches Reliefstäbchen
- = 5er Popcorn-Masche

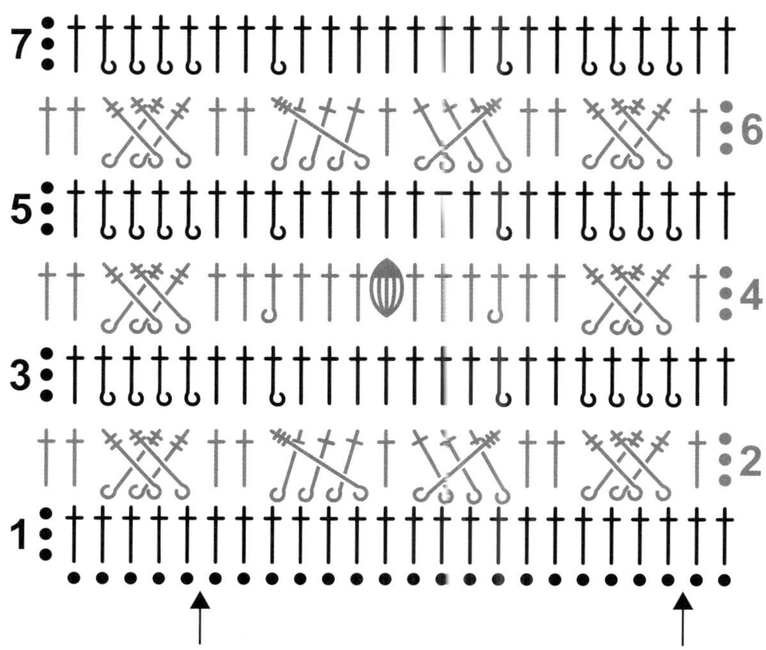

Zopfpfeile

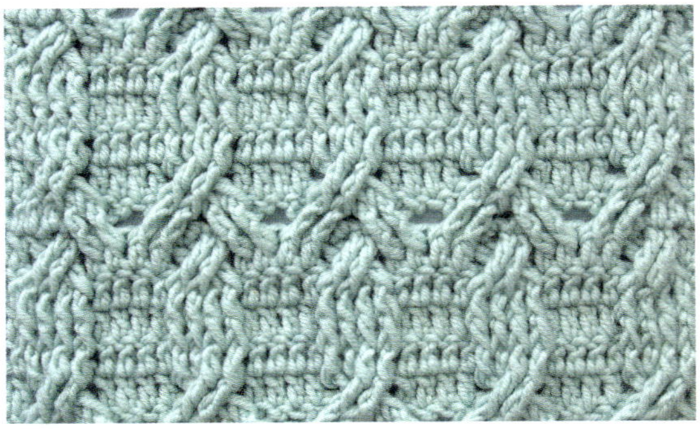

Schwierigkeitsgrad: anspruchsvoll
Kategorie: Flächendeckendes Pfeilmuster aus 4er-Zopf

M-Zahl teilbar durch 16 + 7 M + 3 Wende-Luftm. Die Wende-Luftm dienen zum Aufsteigen in die nächste Reihe und ersetzen das 1. Stäbchen.

Doppeltes Reliefstäbchen von hinten: 2 Umschläge auf die Nadel nehmen, mit der Häkelnadel von hinten um das nächste Stäbchen herumstechen, den Faden holen (= 4 Schlingen auf der Nadel), * den Faden holen und durch 2 Schlingen auf der Nadel ziehen, ab * wiederholen, bis alle Schlingen abgemascht sind.

4er-Zopf A nach links (aus doppelten Stäbchen): 2 M überspringen, in die folgenden 2 M je 1 doppeltes Stäbchen häkeln, dann in die übersprungenen 2 M je 1 doppeltes Stäbchen, sodass diese vor den ersten 2 doppelten Stäbchen liegen.

4er-Zopf A nach rechts (aus doppelten Stäbchen): 2 M überspringen, in die folgenden 2 M je 1 doppeltes Stäbchen häkeln, dann in die übersprungenen 2 M je 1 doppeltes Stäbchen, sodass diese hinter den ersten 2 doppelten Stäbchen liegen.

4er-Zopf B nach links (aus 2 doppelten Stäbchen und 2 doppelten Reliefstäbchen von hinten): 2 M überspringen, um die folgenden 2 M je 1 doppeltes Reliefstäbchen von hinten häkeln, dann in die übersprungenen 2 M je 1 doppeltes Stäbchen, sodass diese vor den ersten 2 doppelten Reliefstäbchen von hinten liegen. **Hinweis:** Diese Zöpfe werden in Rückreihe gearbeitet!

4er-Zopf B nach rechts (aus 2 doppelten Stäbchen und 2 doppelten Reliefstäbchen von hinten): 2 M überspringen, in die folgenden 2 M je 1 doppeltes Stäbchen häkeln, dann um die übersprungenen 2 M je 1 doppeltes Reliefstäbchen von hinten, sodass diese hinter den ersten 2 doppelten Reliefstäbchen liegen. **Hinweis:** Diese Zöpfe werden in Rückreihe gearbeitet!

4er-Zopf C nach rechts (aus doppelten Reliefstäbchen): 2 M überspringen, um die folgenden 2 M je 1 doppeltes Reliefstäbchen häkeln, dann um die übersprungenen 2 M je 1 doppeltes Reliefstäbchen, sodass diese hinter den ersten 2 doppelten Reliefstäbchen liegen.

HÄKELN NACH MUSTERBESCHREIBUNG

1. Reihe (Hinreihe): Das 1. Stäbchen in die 4. M ab der Nadel arbeiten (die 3 Luftm ersetzen das 1. Stäbchen), * 4 Stäbchen, **4er-Zopf nach links**, ab * stets wiederholen, 6 Stäbchen.
2. Reihe (Rückreihe): 3 Wende-Luftm, 3 Stäbchen, * **4er-Zopf B nach links**, **4er-Zopf B nach rechts**, ab * stets wiederholen, 4 Stäbchen.
3. Reihe: 3 Wende-Luftm, 1 Stäbchen, * **4er-Zopf C nach rechts**, 4 Stäbchen, ab * stets wiederholen, **4er-Zopf C nach rechts**, 2 Stäbchen.
4. Reihe: 3 Wende-Luftm, 1 Stäbchen, * 4 Reliefstäbchen von hinten, 4 Stäbchen, ab * stets wiederholen, 4 Reliefstäbchen von hinten, 2 Stäbchen.
5. Reihe: 3 Wende-Luftm, 1 Stäbchen, * 4 Reliefstäbchen, 4 Stäbchen, ab * stets wiederholen, 4 Reliefstäbchen, 2 Stäbchen.
6. Reihe: Wie die 4. Reihe arbeiten.
7. Reihe: 3 Wende-Luftm, 1 Stäbchen, * **4er-Zopf C nach rechts**, 4 Stäbchen, ab * stets wiederholen, **4er-Zopf C nach rechts**, 2 Stäbchen.

Die 1.–7. Reihe einmal arbeiten, dann die 2.–7. Reihe stets wiederholen.

HÄKELN NACH DER HÄKELSCHRIFT

In der Häkelschrift sind Hin- und Rückreihen notiert.

In den Hinreihen mit den M vor dem rechten Pfeil beginnen, den Rapport zwischen den Pfeilen stets wiederholen und mit den M nach dem linken Pfeil enden.
In den Rückreihen die M entsprechend von links nach rechts lesen.

Die 1.–7. Reihe einmal arbeiten, dann die 2.–7. Reihe stets wiederholen.

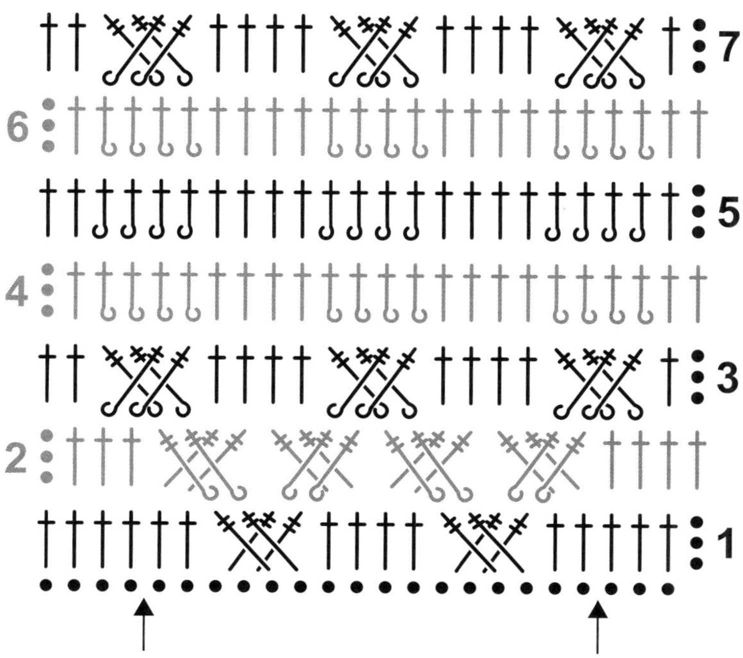

Zeichenerklärung

- • = 1 Luftm
- † = 1 Stäbchen
- = 1 Doppelstäbchen
- = 1 Reliefstäbchen
- = 1 Reliefstäbchen von hinten
- = 1 doppeltes Reliefstäbchen
- = 1 doppeltes Reliefstäbchen von hinten

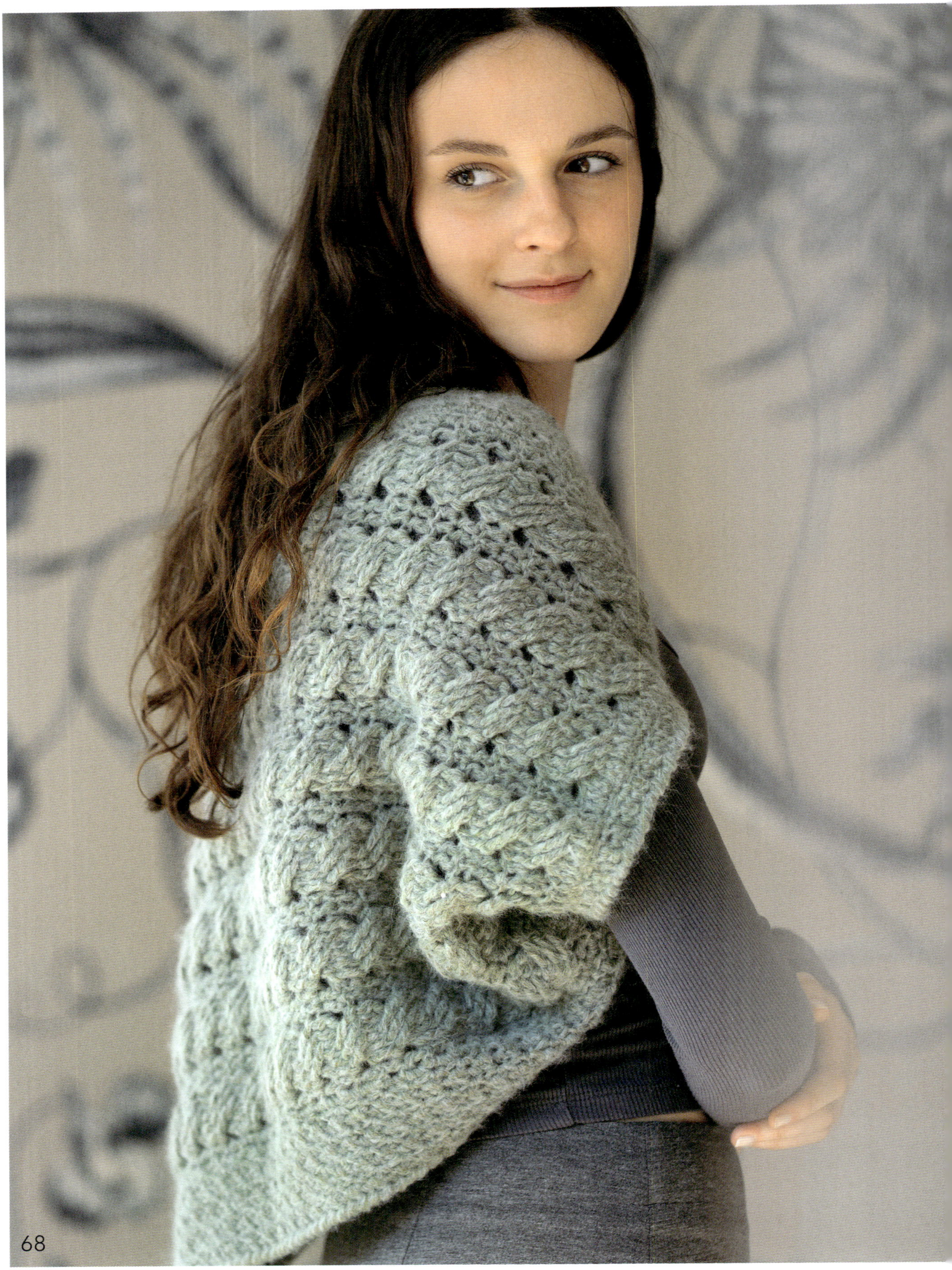

Seelenwärmer

Schwierigkeitsgrad: leicht

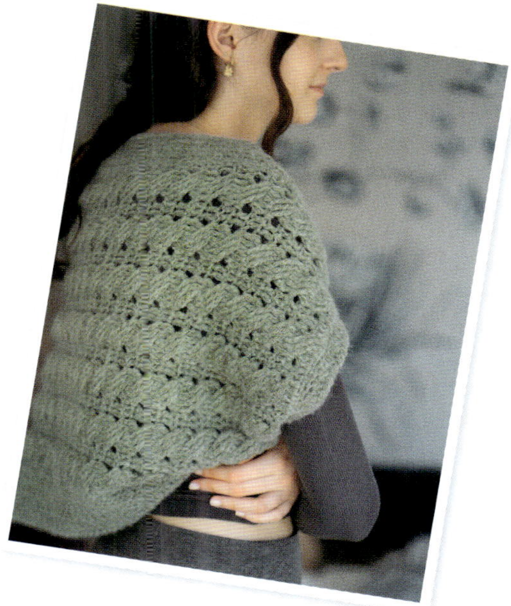

Seelenwärmer werden aus einem Rechteck gefertigt, bei welchem die Seiten zu Ärmeln zusammengenäht werden. Dieser Seelenwärmer ist ein außergewöhnlicher Hingucker. Nicht nur zu Hause, auch im Büro hält er Schultern und Nacken warm. Einen besonderen Reiz erhält er durch sein Zopfmuster von Seite 14.

Größe

85 cm x 50 cm

Material

Lana Grossa Brigitte No. 2 (47 % Alpaka, 45 % Baumwolle, 8 % Schurwolle; LL = 140 m/50 g): 250 g Farbe Graugrün (Fb 18); Häkelnadel 5 mm.

Besondere Maschen

Dreifaches Reliefstäbchen: (siehe Seite 9) 3 Umschläge auf die Nadel nehmen, mit der Häkelnadel von vorne um das nächste Stäbchen herumstechen, den Faden holen (= 5 Schlingen auf der Nadel), * den Faden holen und durch 2 Schlingen auf der Nadel ziehen, ab * wiederholen, bis alle Schlingen abgemascht sind.

Krebsm: (siehe Seite 10) Feste M von links nach rechts arbeiten, dazu nach der letzten Reihe nicht wenden und mit 1 Luftm in die nächste R aufsteigen. * Mit dem Faden hinter der Arbeit die Nadel von vorne nach hinten in die nächste M auf der rechten Seite einstechen, den Faden um die Häkelnadel legen und durch die M ziehen (= 2 Schlingen auf der Nadel). Den Faden wieder um die Nadel legen und durch die Schlingen ziehen, um die M zu vollenden. Ab * stets wiederholen, dabei stets von links nach rechts arbeiten.

Muster

Zopfmuster: M-Zahl teilbar durch 8 + 1 M + 3 Wende-Luftm. Die Wende-Luftm dienen zum Aufsteigen in die nächste Reihe und ersetzen das 1. Stäbchen.

Nach der Häkelschrift arbeiten. Es sind Hin- und Rückreihen notiert. In den Hinreihen mit den M vor dem rechten Pfeil beginnen, den Rapport zwischen den Pfeilen stets wiederholen und mit den M nach dem linken Pfeil enden. In den Rückreihen die M entsprechend von links nach rechts lesen. Die 1.–3. Reihe einmal arbeiten, dann die 2. und 3. Reihe stets wiederholen.

Bordüre: M-Zahl teilbar durch 2 + 1 M + 1 Wende-Luftm. **1. Reihe (Hinreihe):** feste M. **2. Reihe (Rückreihe):** 1 Wende-Luftm, * 1 feste M, mit 1 Luftm 1 M überspringen, ab * stets wiederholen, 1 feste M. **3. Reihe (Hinreihe):** 1 Wende-Luftm, * 1 feste M, 1 Stäbchen um die Luftm der Vorreihe, ab * stets wiederholen, 1 feste M. Die 1.–3. Reihe einmal arbeiten, dann die 2. und 3. Reihe stets wiederholen.

Maschenprobe

Im Zopfmuster mit Häkelnadel 5 mm: 16 M und 7,5 R = 10 cm x 10 cm.

So wird's gemacht

57 Luftm + 3 Wende-Luftm anschlagen und 61 Reihen im Zopfmuster nach der Häkelschrift arbeiten. Das gehäkelte Rechteck misst nun ca. 80 cm x 36 cm.

Dann zunächst an beiden langen Seiten jeweils 9 Reihen der Bordüre anhäkeln. Anschließend an beiden schmalen Seiten je 3 Reihen der Bordüre anhäkeln.

Fertigstellen

Das Häkelstück mit der rechte Seite nach unten legen und längs zur Hälfte falten, sodass die beiden langen Kanten aufeinander liegen. Die langen Kanten an beiden Seiten jeweils über eine Länge von ca. 7 cm im Matratzenstich schließen. Anschließend alle Kanten mit je 1 Runde Krebsm umhäkeln.

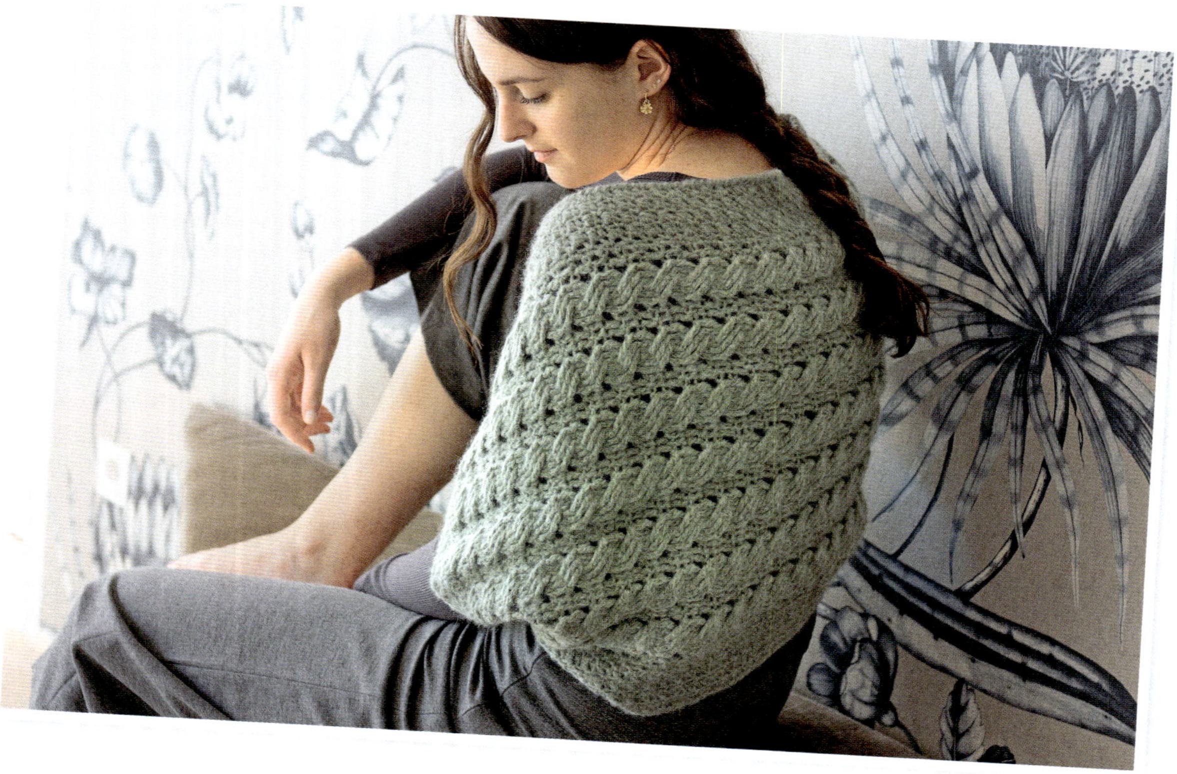

Zeichenerklärung

- • = 1 Luftm
- † = 1 Stäbchen
- ⸸ = 1 Reliefstäbchen von hinten
- ǂ = 1 dreifaches Reliefstäbchen

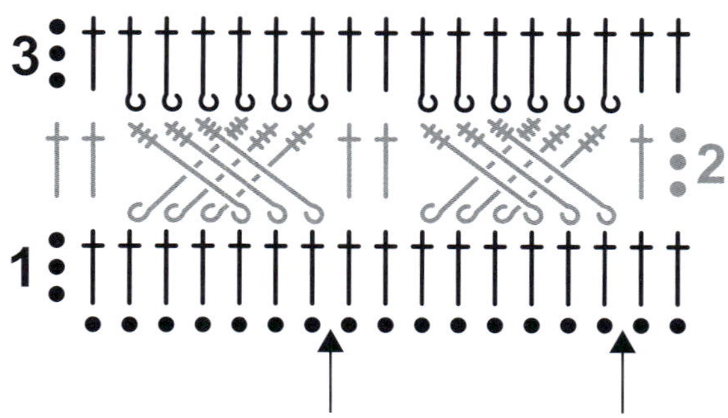

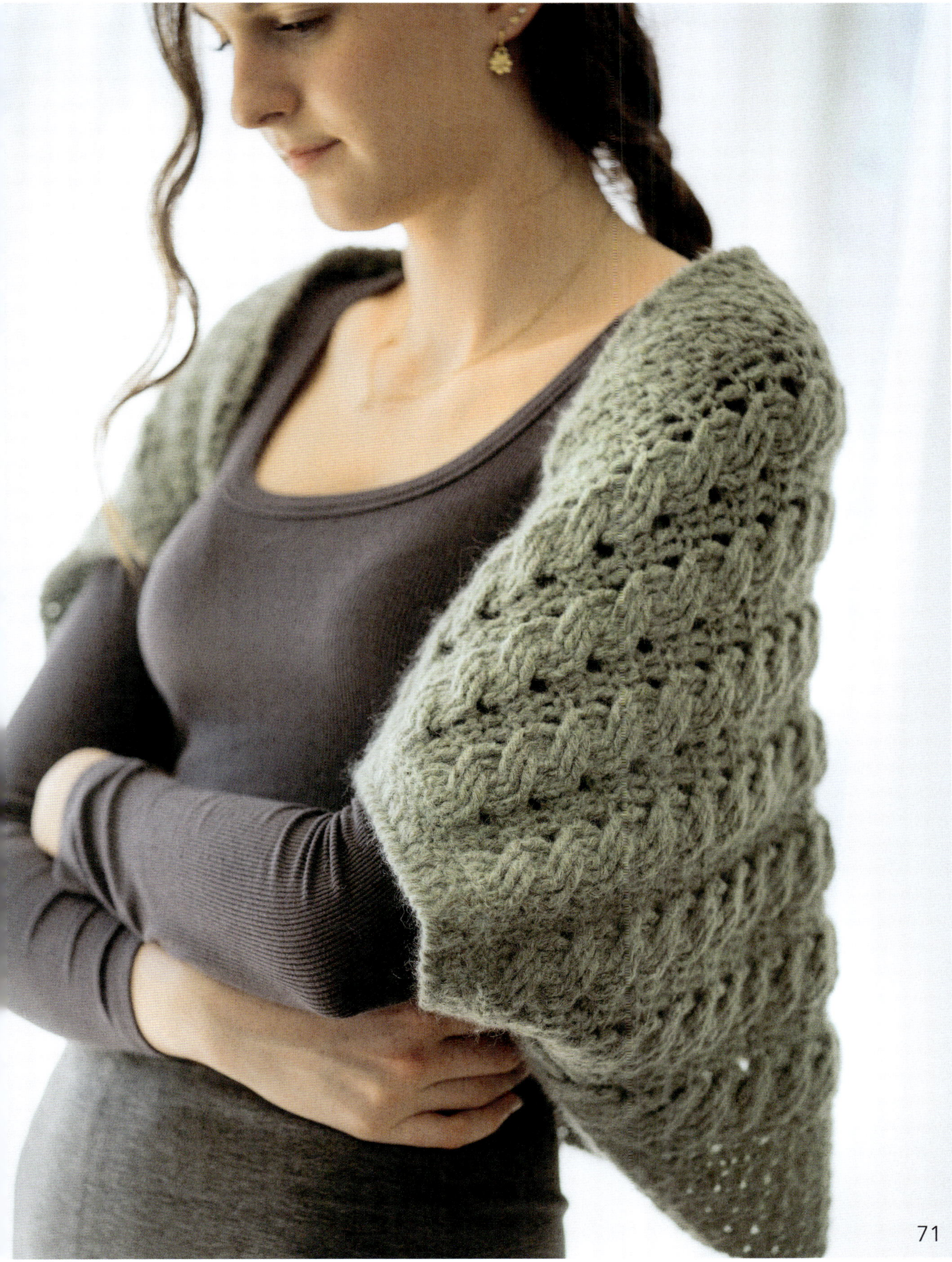

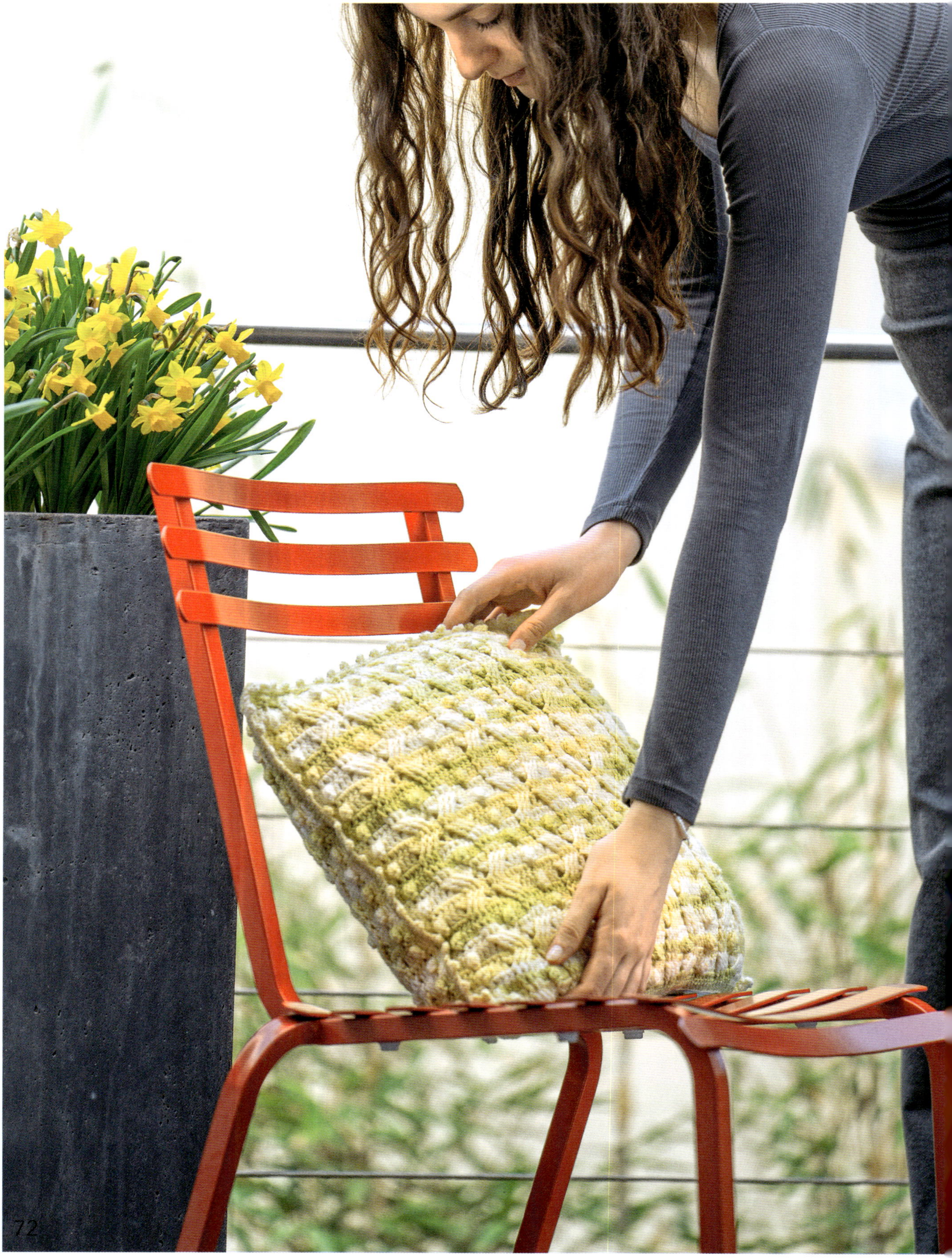

Kissen

Schwierigkeitsgrad: mittel

Kissen kann man nicht genug haben. Dieses hübsche Kissen mit dem Zopfmuster von Seite 16 ist ein Blickfang für jedes Sofa und auch hervorragend als Geschenk für einen besonders lieben Menschen bestens geeignet.

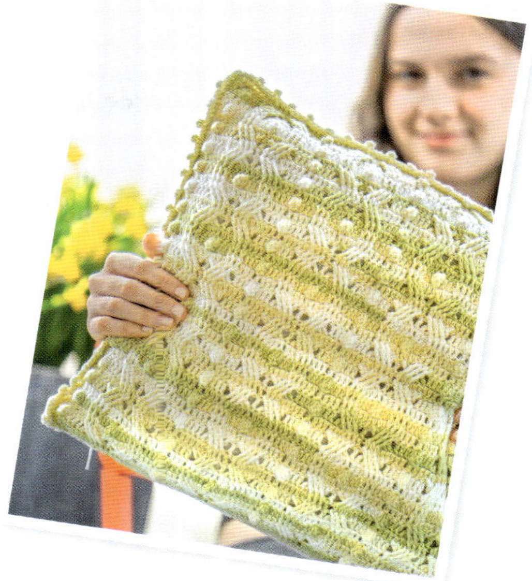

Größe

40 cm x 40cm

Material

Lana Grossa Soft Cotton Dégrradé (70 % Baumwolle, 30 % Polyacryl; LL = 140 m/50 g): 300 g Creme/Blassgelb/Zitrusgelb (Fb 107); Häkelnadel 2,5 mm; Prym Strickreißverschluss, weiß, 30 cm; Kissen Inlett 40 cm x 40 cm.

Besondere Maschen

Dreifaches Reliefstäbchen (siehe Seite 9): 3 Umschläge auf die Nadel nehmen, mit der Häkelnadel von vorne um das nächste Stäbchen herumstechen, den Faden holen (= 5 Schlingen auf der Nadel), * den Faden holen und durch 2 Schlingen auf der Nadel ziehen, ab * wiederholen, bis alle Schlingen abgemascht sind.

Reliefstäbchen von hinten (siehe Seite 9): Das Reliefstäbchen von hinten um die M der Vorreihe häkeln: mit der Häkelnadel von hinten nach vorne in die Lücke zwischen 2 M einstechen und nach der M wieder ausstechen.

5er-Popcorn (= Popcorn-M aus 5 Stäbchen): 5 Stäbchen in die nächste M arbeiten, die Häkelnadel aus der Arbeitsschlinge ziehen, in das Abmaschglied des 1. der 5 Stäbchen einstechen, die Arbeitsschlinge wieder auf die Nadel nehmen und durch die M ziehen, den Faden noch einmal holen und durch die letzte M ziehen, um die Popcorn-M zu fixieren.

Muster

Zopfmuster: M-Zahl teilbar durch 20 + 6 M + 3 Wende-Luftm. Die Wende-Luftm dienen zum Aufsteigen in die nächste Reihe und ersetzen das 1. Stäbchen.

Nach der Häkelschrift arbeiten. Es sind Hin- und Rückreihen notiert. In den Hinreihen mit den M vor dem rechten Pfeil beginnen, den Rapport zwischen den Pfeilen stets wiederholen und mit den M nach dem linken Pfeil enden. In den Rückreihen die M entsprechend von links nach rechts lesen. Die 1.–7. Reihe einmal arbeiten, dann die 2.–7. Reihe stets wiederholen.

Abschlussborte: * 1 feste M, 5 Luftm, 1 Kettm in die erste der 5 Luftm, 1 M überspringen, 2 feste M, ab * stets wiederholen.

Maschenprobe

Im Zopfmuster mit Häkelnadel 2,5 mm: 21 M und 9 Reihen = 10 cm x 10 cm.

So wird's gemacht

Für jede der beiden Kissenseiten jeweils 86 + 3 Wende-Luftm anschlagen und 37 Reihen im Zopfmuster nach der Häkelschrift arbeiten. Die beiden Quadrate links auf links aufeinanderlegen und 3 Seiten mit festen M zusammenhäkeln, dabei die untere Seite offenlassen. Dann den Reißverschluss einnähen und die beiden noch offenen Nähte rechts und links vom Reißverschluss schließen. Die Abschlussborte anhäkeln, dabei an der rechten unteren Ecke beginnen und an der linken unteren Ecke enden und die Seite mit dem Reißverschluss auslassen.

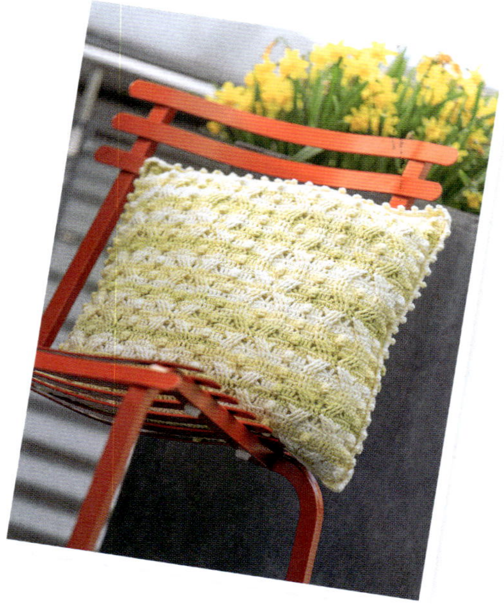

Fertigstellen
Das Inlett einlegen und Freude am Kissen haben!

Zeichenerklärung

- • = 1 Luftm
- † = 1 Stäbchen
- = 1 Reliefstäbchen
- = 1 Reliefstäbchen von hinten
- = 1 dreifaches Reliefstäbchen
- = 1 Popcorn-M aus 5 Stäbchen

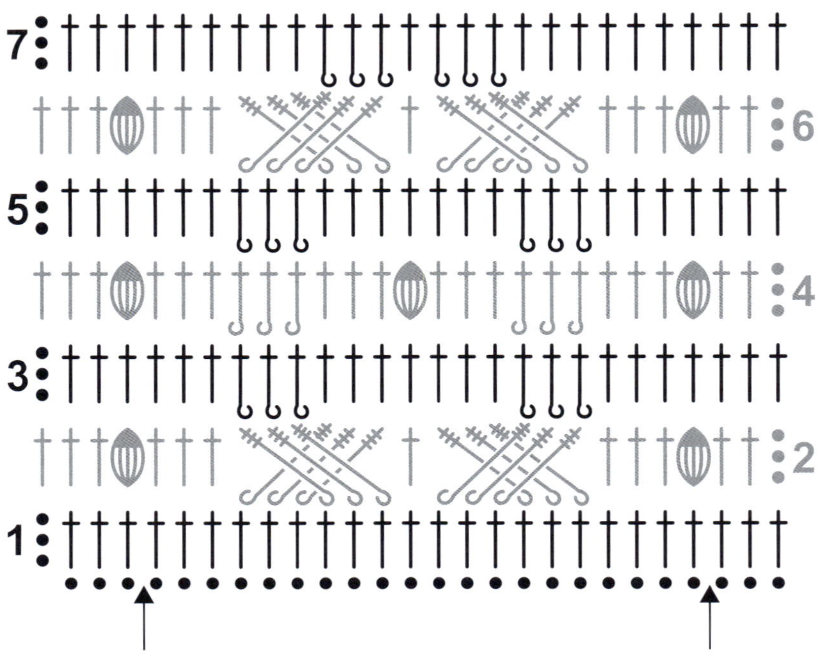

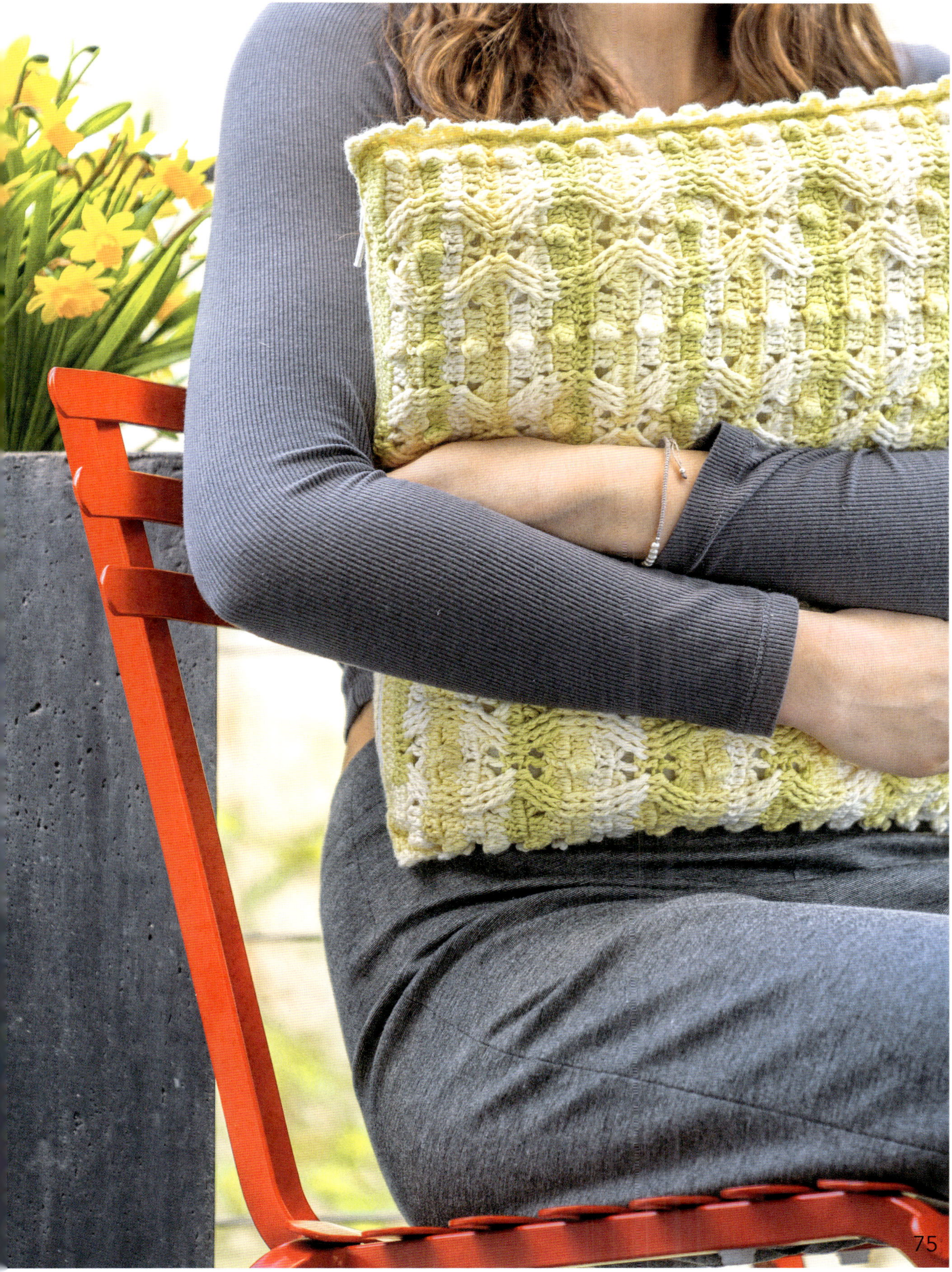

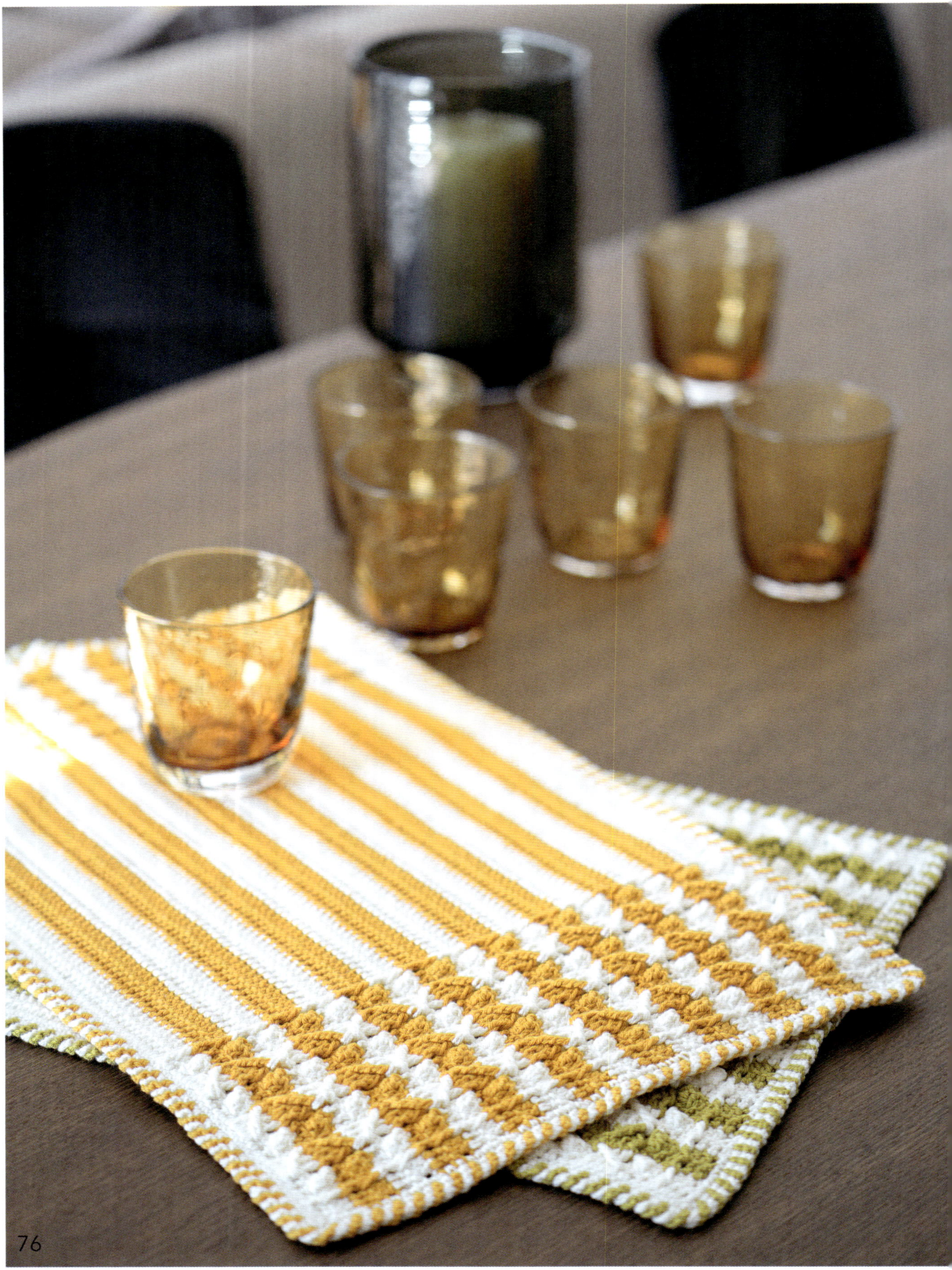

Tischset

Schwierigkeitsgrad: mittel

Bei einer kleinen Kaffeepause mit der besten Freundin werden diese Tischsets für Bewunderung sorgen. Sie werden in rechteckiger Form mit dem Zopfmuster von Seite 18 gehäkelt und sind in den tollen Farben ein Blickfang auf jedem Tisch.

Größe

50 cm x 32 cm

Material

Lana Grossa Cotone (100 % Baumwolle; LL = 125 m/50 g): 200 g Rohweiß (Fb 28), 100 g Goldgelb (Fb 38) und 100 g in Senfgelb (Fb 95); Häkelnadel 2,5 mm.

Besondere Maschen

Dreifaches Reliefstäbchen (siehe Seite 9): 3 Umschläge auf die Nadel nehmen, mit der Häkelnadel von vorne um das nächste Stäbchen herumstechen, den Faden holen (= 5 Schlingen auf der Nadel), * den Faden holen und durch 2 Schlingen auf der Nadel ziehen, ab * wiederholen, bis alle Schlingen abgemascht sind.

Reliefstäbchen von hinten (siehe Seite 9): Das Reliefstäbchen von hinten um die M der Vorreihe häkeln: mit der Häkelnadel von hinten nach vorne in die Lücke zwischen 2 M einstechen und nach der M wieder ausstechen.

4er-Popcorn (= Popcorn-M aus 4 Stäbchen): 4 Stäbchen in die nächste M arbeiten, die Häkelnadel aus der Arbeitsschlinge ziehen, in das Abmaschglied des 1. der 4 Stäbchen einstechen, die Arbeitsschlinge wieder auf die Nadel nehmen und durch die 1. M der Vierergruppe ziehen, den Faden noch einmal holen und durch die letzte M ziehen, um die Popcorn-M zu fixieren.

Muster

Tischsetmuster: M-Zahl = 109 M + 3 Wende-Luftm. Die Wende-Luftm dienen zum Aufsteigen in die nächste Reihe und ersetzen das 1. Stäbchen.

Nach der Häkelschrift arbeiten. Es sind Hin- und Rückreihen notiert. <u>In den Hinreihen</u> mit den M vor dem rechten Pfeil beginnen, Rapport 1 über 7 M 3x arbeiten, 1 M bis zum nächsten Pfeil, dann 61 Stäbchen und 1 M bis zum nächsten Pfeil häkeln, Rapport 2 über 4 M 4x arbeiten und mit den M nach dem linken Pfeil enden. <u>In den Rückreihen</u> die M entsprechend von links nach rechts lesen. Die 1.–5. Reihe einmal arbeiten, dann die 2.–5. Reihe stets wiederholen.

Farbfolge: 2 Reihen in Rohweiß, 2 Reihen in der Kontrastfarbe im Wechsel arbeiten. Für ein Tischset Goldgelb, für das andere Tischset Senfgelb als Kontrastfarbe verwenden.

Zweifarbige Borte: (Farbe **A** = Rohweiß, Farbe **B** = Kontrastfarbe Goldgelb oder Senfgelb) Mit **A** an einer beliebigen Stelle mit 1 festen M und 3 Luftm anschlingen, die Häkelnadel aus der Schlinge ziehen, mit 1 Kettm in **B** an der nächsten festen M neu anschlingen, 1 feste M und 3 Luftm häkeln, die Häkelnadel aus der Schlinge in **B** ziehen und wieder in die Luftm in **A** einführen. * Die Luftm in **B** nach vorne legen und in die folgende M 1 feste M und 3 Luftm in **A** arbeiten, die Nadel aus der Schlinge in **A** ziehen und wieder in die Schlinge in **B** einführen, nun die Luftm in **A** nach vorne legen und in die folgende M 1 feste M und 3 Luftm in **B** häkeln, die Nadel aus der Schlinge in **B** ziehen und wieder in die Schlinge in **A** einführen, ab * stets wiederholen.

Maschenprobe

Im Zopfmuster mit Häkelnadel 2,5 mm: 22 M und 11 Reihen = 10 cm x 10 cm.

So wird's gemacht

109 Luftm + 3 Wende-Luftm in Rohweiß anschlagen und 35 Reihen im Tischsetmuster in der Farbfolge arbeiten. Dann die Arbeit beenden.

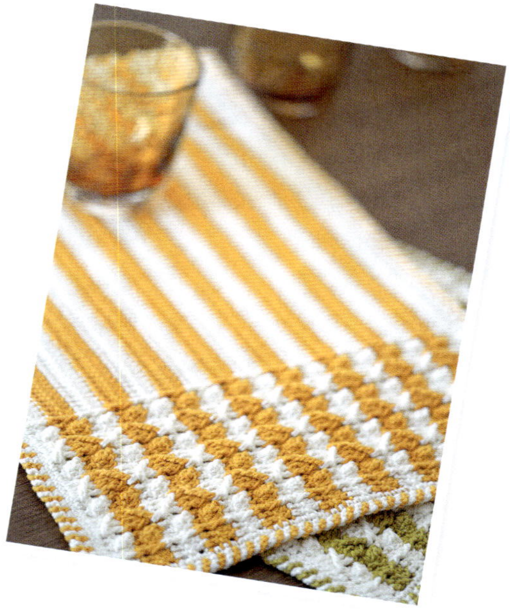

Fertigstellen

Jedes Tischset erst mit einer Runde festen M in Rohweiß und dann mit der zweifarbigen Borte umhäkeln.

Zeichenerklärung

- • = 1 Luftm
- † = 1 Stäbchen
- = 1 Reliefstäbchen
- = 1 Reliefstäbchen von hinten
- = 1 dreifaches Reliefstäbchen
- = 1 Popcorn-M aus 4 Stäbchen

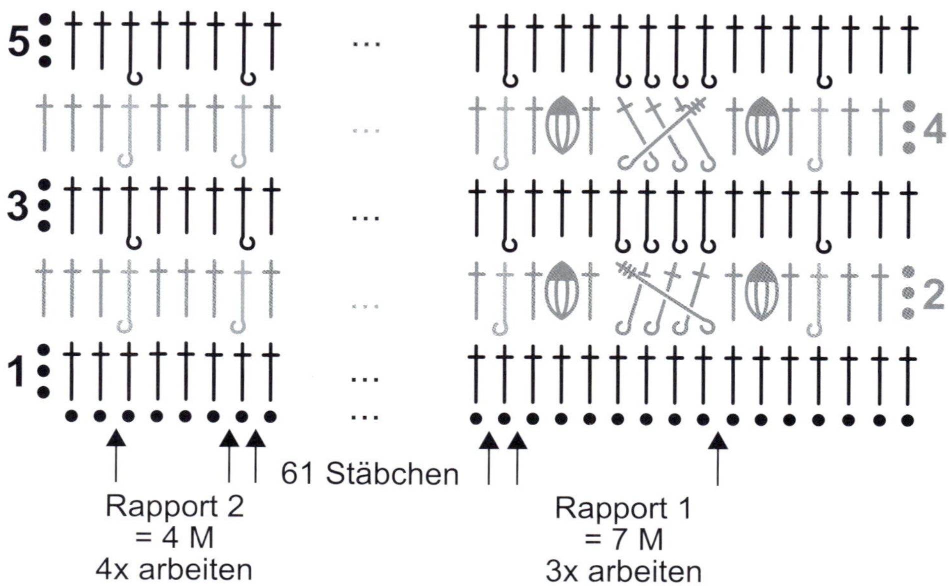

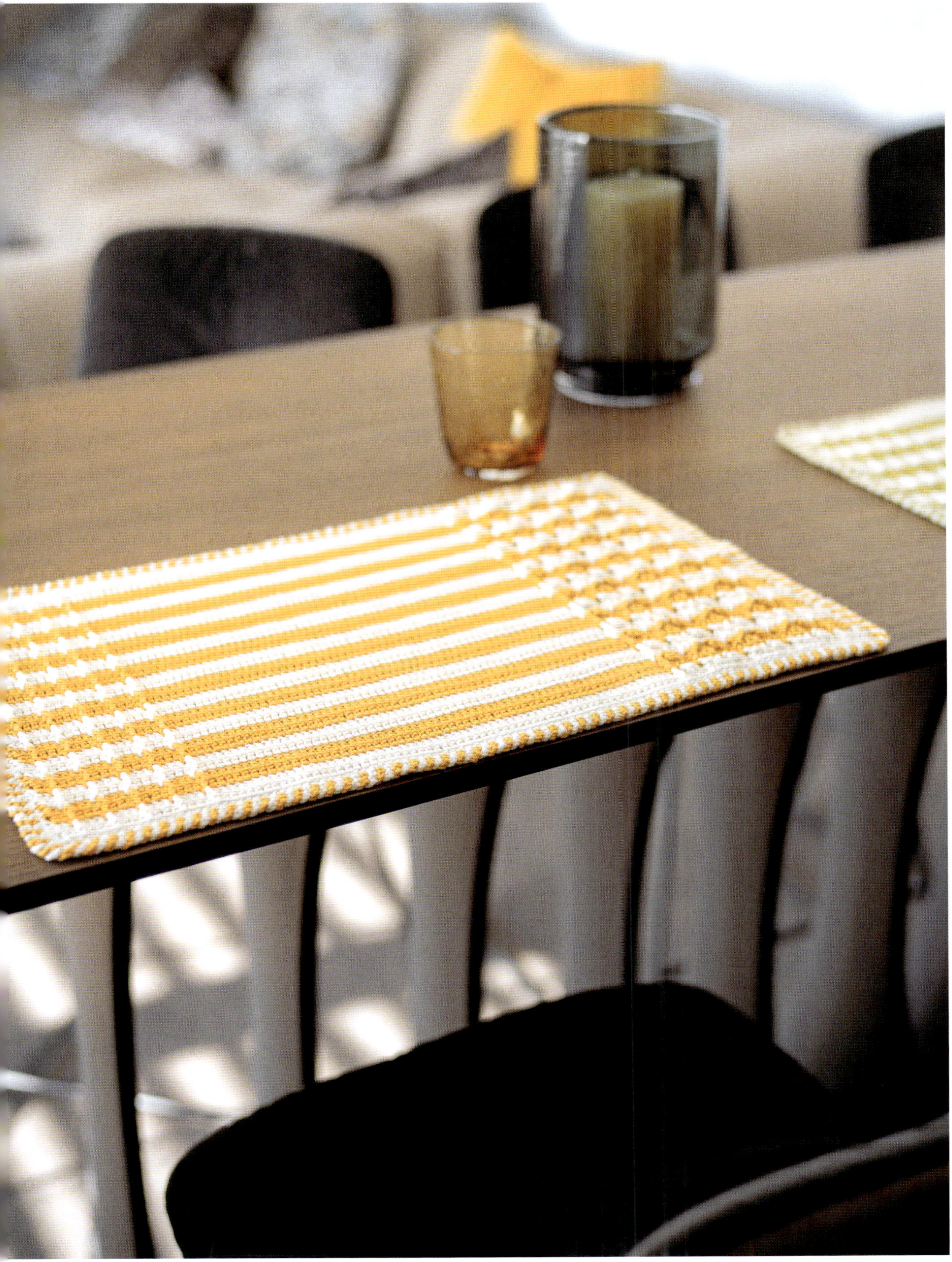

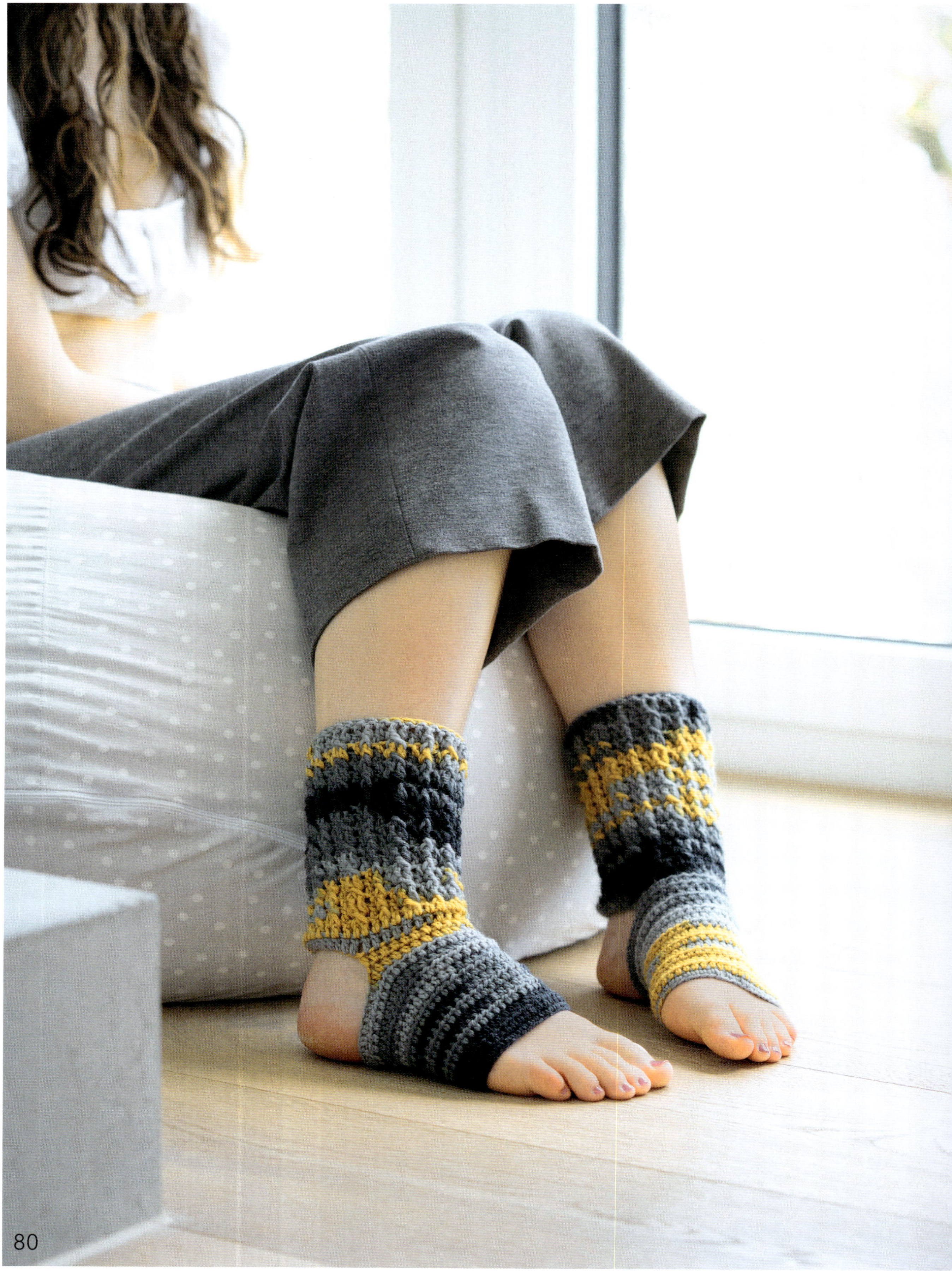

Yoga - Socken

Schwierigkeitsgrad: leicht

Mit diesen Yoga-Socken sind Sie für ihre Übungen bestens ausgerüstet. Das schöne Zopfmuster von Seite 20 bringt das gewisse Etwas mit. Vielleicht machen Sie auch ihrer Freundin eine Freude damit.

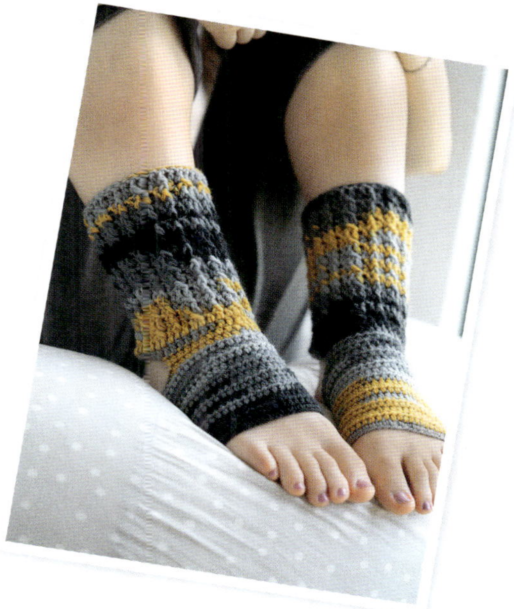

Größe

Einheitsgröße

Material

Buttinette Woll Butt Socke 6-fädig Color (75 % Schurwolle, 25 % Polyamid; LL = 390 m/150 g): 150 g in Ocker Color (Bestell-Nr. 99.103.037); Häkelnadel 3,5 mm.

Besondere Maschen

Reliefstäbchen von hinten (siehe Seite 9): Das Reliefstäbchen von hinten um die M der Vorrunde häkeln: mit der Häkelnadel von hinten nach vorne in die Lücke zwischen 2 M einstechen und nach der M wieder ausstechen.

Doppelte feste M (siehe Seite 10): In das linke senkrechte M-Glied der zuvor gehäkelten festen M einstechen, dann in die folgende Einstichstelle einstechen und den Faden durchholen (= 3 Schlingen auf der Nadel), 1 Umschlag auf die Nadel nehmen und alle 3 Schlingen zusammen abmaschen.

Muster

Zopfmuster: M-Zahl teilbar durch 5. Nach der Häkelschrift arbeiten. Es sind alle gewendeten Runden gezeichnet. Die kleinen Pfeile in den Runden geben die Häkelrichtung an. Nach dem Wenden mit den 3 Wende-Luftm und der/den M vor dem ersten Pfeil (je nach Richtung) beginnen, den Rapport stets wiederholen, mit der/den M nach dem letzten Pfeil enden und mit 1 Kettm in die 3. Wende-Luftm zur Runde schließen. Die 17.–19. Runde einmal arbeiten, dann die 18. und 19. Runde stets wiederholen.

Maschenprobe

Im Zopfmuster mit Häkelnadel 3 mm: 18 M und 10 Runden = 10 cm x 10 cm.

So wird's gemacht:

40 Luftm anschlagen, mit 1 Kettm zur Runde schließen und in gewendeten Runden arbeiten, dabei jede Runde mit Wende-Luftm und einem Richtungswechsel beginnen und mit 1 Kettm beenden.

1. Runde (Rückrunde): 2 Wende-Luftm, 39 feste M, mit 1 Kettm zur Runde schließen.
2.–14. Runde: 2 Wende-Luftm, 39 halbe Stäbchen, mit 1 Kettm zur Runde schließen. Dann den Faden abschneiden und in der folgenden Runde neu ansetzen.
15. Runde (Rückrunde): 10 M auslassen, an der 11. M neu anschlingen, 1 Luftm, 19 Stäbchen, 10 Luftm, mit 1 Kettm in die 1. Luftm zur Runde schließen.
16. Runde (Hinrunde): 3 Wende-Luftm, 39 Stäbchen, mit 1 Kettm zur Runde schließen.
17. Runde (Rückrunde): 3 Wende-Luftm, 39 Stäbchen, mit 1 Kettm zur Runde schließen. Nun weiter im Zopfmuster nach der Häkelschrift arbeiten. Die 17. Runde ist in der Häkelschrift der besseren Übersichtlichkeit halber noch mit notiert. Für den Schaft die 18. und 19. Runde insgesamt 9x arbeiten = 18 Runden. Als Abschluss noch 1 Runde doppelte feste M häkeln.

Den **zweiten Yoga-Socken** ebenso arbeiten.

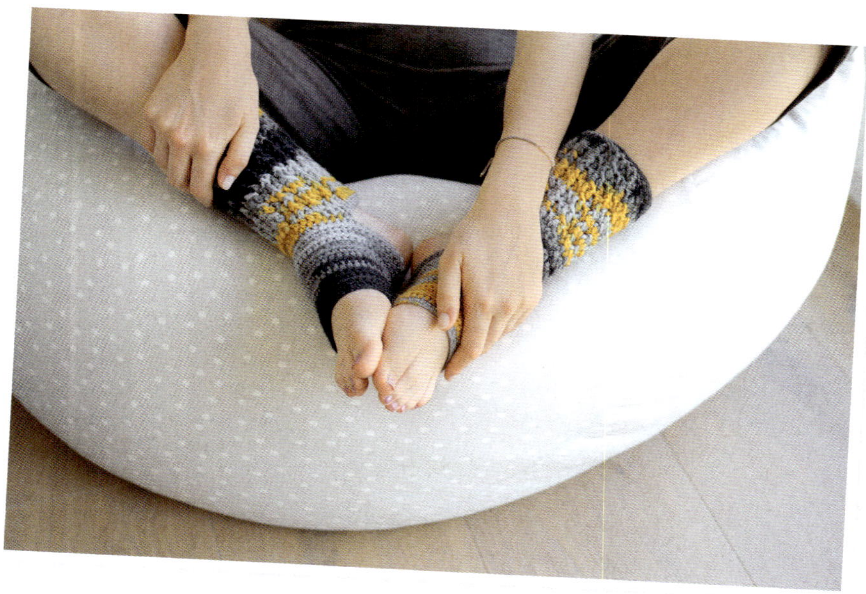

Zeichenerklärung

- • = 1 Luftm
- ⌢ = 1 Kettm
- † = 1 Stäbchen
- † = 1 Reliefstäbchen
- † = 1 Reliefstäbchen von hinten

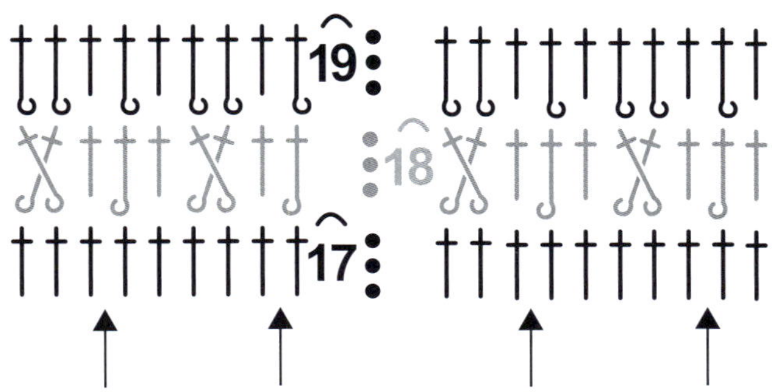

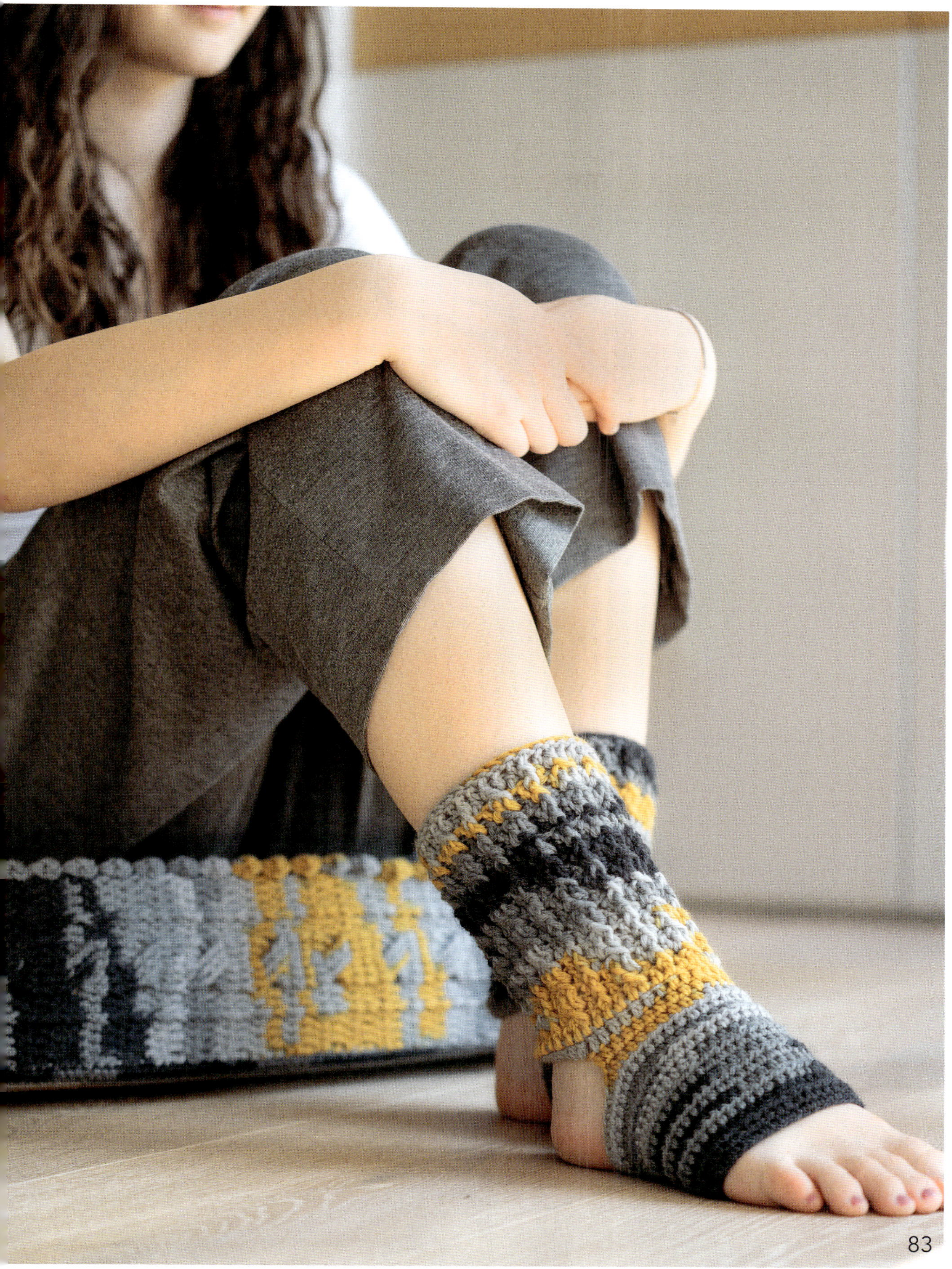

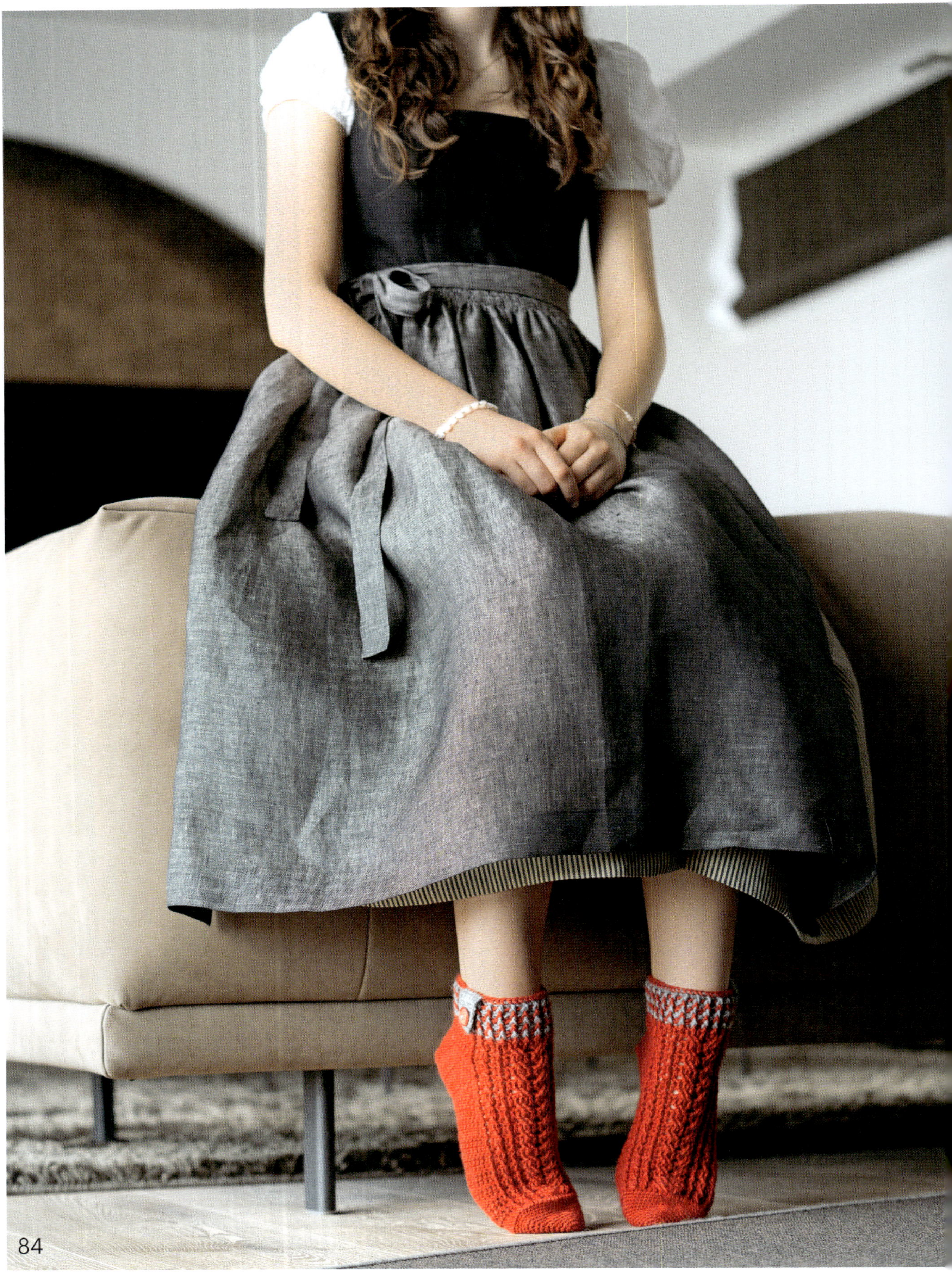

Häkelsocken

Schwierigkeitsgrad: anspruchsvoll

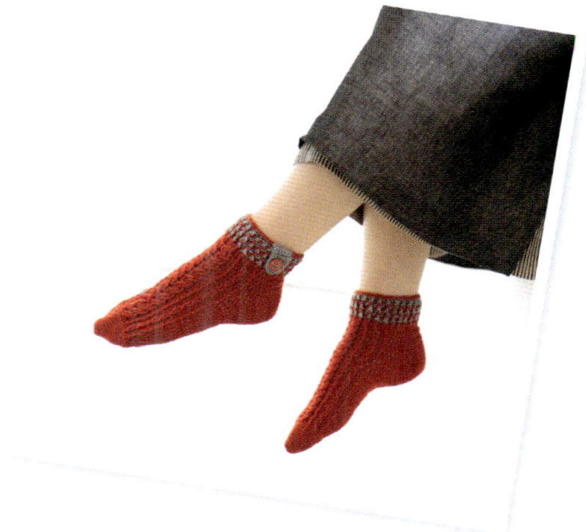

Was gibt es Schöneres, als sich nach einem anstrengenden Arbeitstag zu Hause die Schuhe von den Füßen zu streifen und es sich auf dem Sofa bequem zu machen? Die gemütlichen Socken im Zopfmuster von Seite 22 sind perfekt dafür! Das Häkeln macht großen Spaß und geht zudem schnell von der Hand.

Größe

Schuhgröße 37/38 und 39/40

Die Angaben für Größe 37/38 stehen vor den Klammern, die für Größe 39/40 in den Klammern. Ist nur eine Angabe gemacht, gilt diese für beide Größen.

Material

Lana Grossa Meilenweit (80 % Wolle, 20 % Polyamid; LL = 420 m/100 g): je 100 g Rot (Fb 1332) und 100 g (oder ein Rest) Grau meliert (Fb 1103); Häkelnadel 3 mm; 2 Zierknöpfe; Maschenmarkierer.

Besondere Maschen

Reliefstäbchen von hinten (siehe Seite 9): Das Reliefstäbchen von hinten um die M der Vorrunde häkeln: mit der Häkelnadel von hinten nach vorne in die Lücke zwischen 2 M einstechen und nach der M wieder ausstechen.
Doppelte feste M (siehe Seite 10): In das linke senkrechte Maschenglied der zuvor gehäkelten festen M einstechen, dann in die folgende Einstichstelle einstechen und den Faden durchholen, es liegen 3 Schlingen auf der Nadel, 1 Umschlag auf die Nadel nehmen und alle 3 Schlingen zusammen abmaschen.

Muster

Zopfmuster: Motiv über 22 (24) M. Nach der Häkelschrift arbeiten. Es sind alle Runden notiert. Für Größe 37/38 einmal die 22 M zwischen den Pfeilen arbeiten, für Größe 39/40 einmal die 24 M notierten M einschließlich der M vor und nach den Pfeilen arbeiten. Die 1.–3. Runde einmal arbeiten, dann die 2. und 3. Runde stets wiederholen.

Maschenprobe

Stäbchen mit Nadel 2,5 mm: 20 M und 12 Runden = 10 cm x 10 cm.

So wird's gemacht

Die Socken an der Spitze beginnen und bis zum Bündchen häkeln. Der Rundenübergang befindet sich in der unteren Mitte.

Spitze: 1 Fadenring legen und feste M in Spiralrunden arbeiten, dabei wie folgt zunehmen:
1. Runde: 6 feste M in den Fadenring = 6 M.
2. Runde: In jede M 2 feste M häkeln= 12 M.
3. Runde: 2 feste M, in die 2 folgenden M jeweils (2 feste M in 1 M), 4 feste M, in die 2 folgenden M jeweils (2 feste M in 1 M), 2 feste M =16 M. Die Mitte zwischen 2 aufeinanderfolgende Zunahmen jeweils mit 1 Faden markieren.
4.-9. (10.) Runde: Feste M häkeln, dabei jeweils an beiden Seiten beider Markierungen je 1 M zunehmen (= 2 feste M in 1 M) = 40 (44) M.
10. (11.) Runde: Feste M häkeln.
11. (12.) Runde: Feste M häkeln, dabei jeweils an beiden Seiten beider Markierungen je 1 M zunehmen = 44 (48) M.
12. (13.) Runde: Feste M häkeln.

Fuß: Nun in gewendeten Runden weiterarbeiten, dazu mit 3 Luftm in jede neue Runde aufsteigen und die M mit 1 Kettm in die 3. Steige-Luftm zur Runde schließen. Der Rundenübergang liegt in der Sohlenmitte. Die seitlichen Markierungen weiterführen, so bleiben die M für Sohle und Oberfuß übersichtlich getrennt. **1. Runde (Rückrunde):** Wenden, 3 Wende-Luftm, 10 (11) Stäbchen, 22 (24) M Zopfmuster, 11 (12) Stäbchen, mit 1 Kettm in die 3. Wende-Luftm zur Runde schließen = 44 (48) M. In dieser Mustereinteilung bis zur 16. Runde (Hinrunde) (17. Runde (Rückrunde)) arbeiten.

Spickel: Für die Spickel-Zunahmen das 2. Stäbchen und das vorletzte Stäbchen der Sohle jeweils mit einem Maschenmarkierer kennzeichnen, die Kontrastfäden an beiden Seiten zur besseren Übersicht weiterführen. **1.-4. (5.) Spickel-Runde:** In der Mustereinteilung weiterarbeiten, dabei jeweils vor und nach den beiden markierten Stäbchen je 1 Stäbchen zunehmen (= 2 Stäbchen in 1 M) = 60 (68) M. Die M-Zahl für den Oberfuß verändert sich dabei nicht. Nach der letzten Spickel-Runde den Faden abschneiden und vernähen.

Ferse: Mit 1 Kettm am 7.-letzten (8.-letzten) Stäbchen der letzten Spickel-Runde neu anschlingen und für die Ferse nun feste M in Reihen häkeln:
1. Reihe (Rückreihe): 1 Luftm (zählt nicht als M), je 1 feste M in die mittleren 14 (16) Stäbchen der Sohle, dabei mit der letzten festen M 1 Stäbchen abmaschen (= in die 14. (16.) M einstechen, 1 Schlinge durchholen, in das folgende Stäbchen einstechen, 1 Schlinge durchholen, mit 1 neuen Umschlag alle 3 auf der Nadel liegenden Schlingen zusammen abmaschen) = 14 (16) M.
2.-18. (14.) Reihe: 1 Luftm, je 1 feste M in die folgenden 14 (16) festen M, dabei mit der letzten festen M 1 Stäbchen abmaschen. Es wird in allen Reihen über die gleiche Anzahl an M gehäkelt! Nach der letzten Reihe verbleiben an beiden Seiten der Ferse noch 5 Stäbchen. Den Faden abschneiden und vernähen.
Schaft: Den Faden mit 1 Kettm auf der Innenseite der Arbeit an der 8. (9.) festen M der Ferse neu anschlingen und mit einer Rückrunde beginnen.

1. Runde (Rückrunde): 3 Wende-Luftm (ersetzen das 1. Stäbchen) für die 1. Hälfte der Rückseite je 1 Stäbchen in die 5 (6) festen M der Ferse, für den Übergang zu den Spickel-M 3 zusammen abgemaschte Stäbchen arbeiten (einmal in die letzte feste M der Ferse, einmal in das letzte Stäbchen der letzten Spickel-Runde und einmal in das folgende Stäbchen einstechen), je 1 Stäbchen in die folgenden 4 Stäbchen, für die Vorderseite über die folgenden 22 (24) M das Zopfmuster weiterführen, für die 2. Hälfte der Rückseite je 1 Stäbchen in die nächsten 4 Stäbchen, für den Übergang zu den Fersen-M 3 zusammen abgemaschte Stäbchen arbeiten (einmal in das folgende Stäbchen, einmal in das letzte abgehäkelte Stäbchen der letzten Spickel-Runde und einmal in die 1. feste M der Ferse einstechen), je 1 Stäbchen in die letzten 6 (7) festen M, mit 1 Kettm in die 3. Wende-Luftm zur Runde schließen = 48 (44) M.
2.-8. (10.) Runde: Wenden, 3 Wende-Luftm, 10 (11) Stäbchen, 22 (24) M im Zopfmuster, 11 (12) Stäbchen, mit 1 Kettm zur Runde schließen = 44 (48) M.

Bündchen:
1. Runde: Wenden, 3 Wende-Luftm, jetzt abwechselnd 1 Reliefstäbchen von hinten und 1 Reliefstäbchen um die M der Vorrunde häkeln, mit 1 Kettm zur Runde schließen.
2.-6. Runde: Wie die 1. Runde arbeiten, jedoch abwechselnd 1 Runde in Grau und 1 Runde in Rot häkeln.
7. Runde: In Rot doppelte feste M häkeln und mit 1 Kettm zur Rundes schließen.

Fertigstellen
An der seitlichen Mitte des Bündchens für den kleinen Riegel neu anschlingen und 6 festen M häkeln.

1.-6. Reihe: Feste M häkeln.
7. Reihe: 5 feste M, 1 M auslassen.
8. Reihe: 4 feste M, 1 M auslassen.
9. Reihe: 3 feste M zusammen abmaschen, 1 feste M, 1 M auslassen.
10. Reihe: 3 feste M zusammen abmaschen. Den Faden etwas länger abschneiden und damit den Knopf annähen. Den **zweiten Socken** ebenso arbeiten, nur den grauen Riegel gegengleich anhäkeln

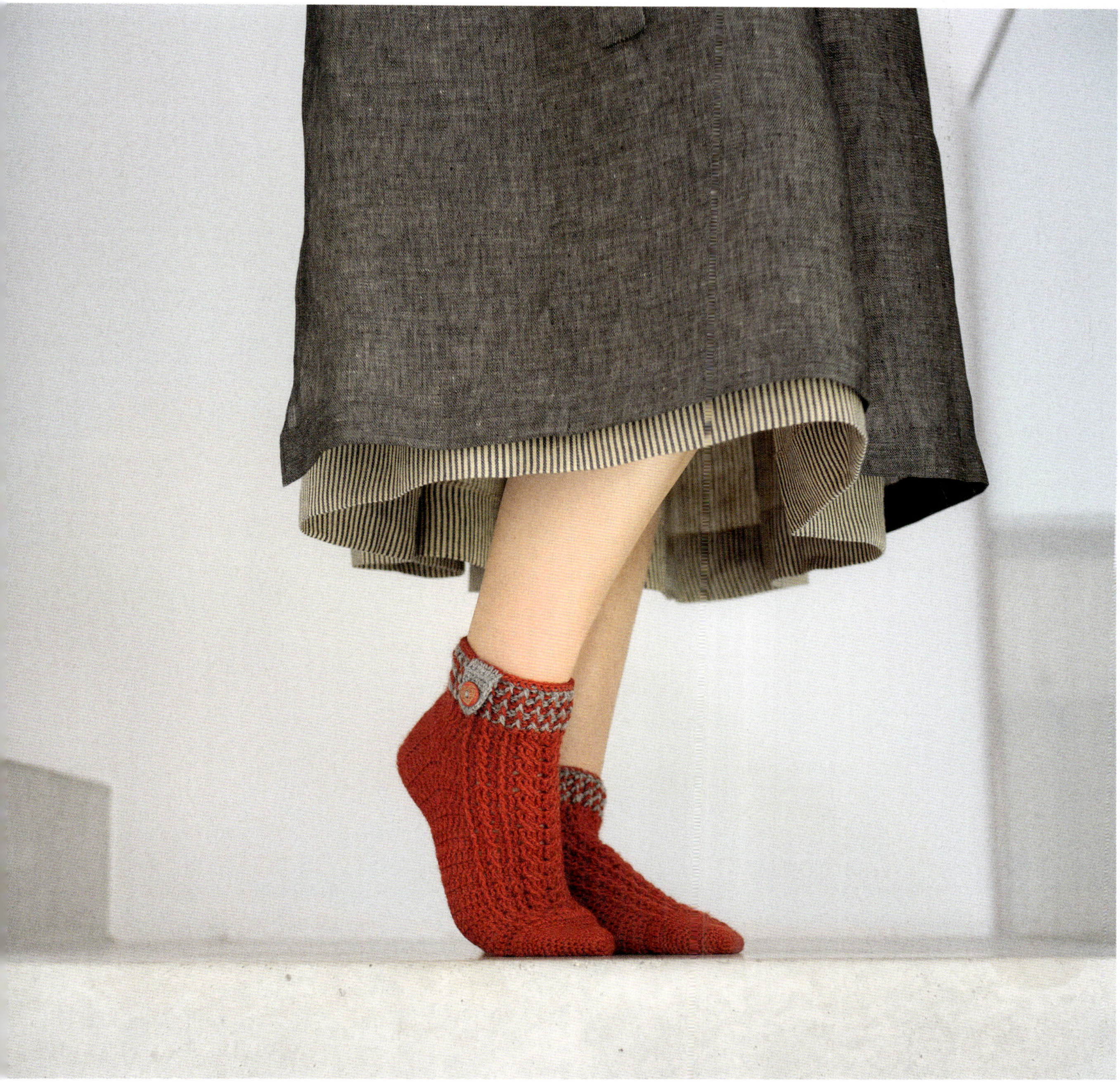

Zeichenerklärung

- = 1 Stäbchen
- = 1 Reliefstäbchen
- = 1 Reliefstäbchen von hinten
- = 1 doppeltes Reliefstäbchen

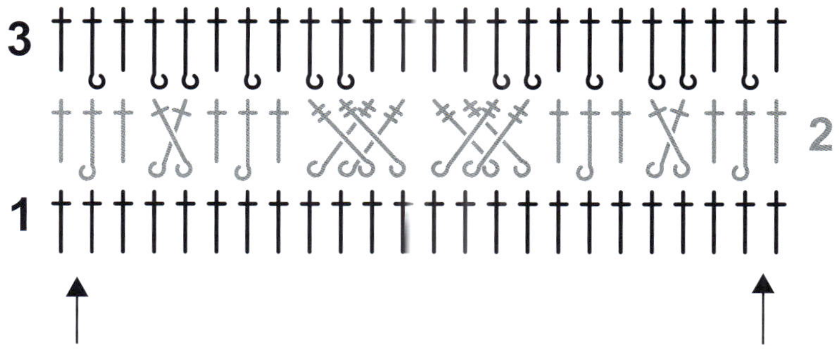

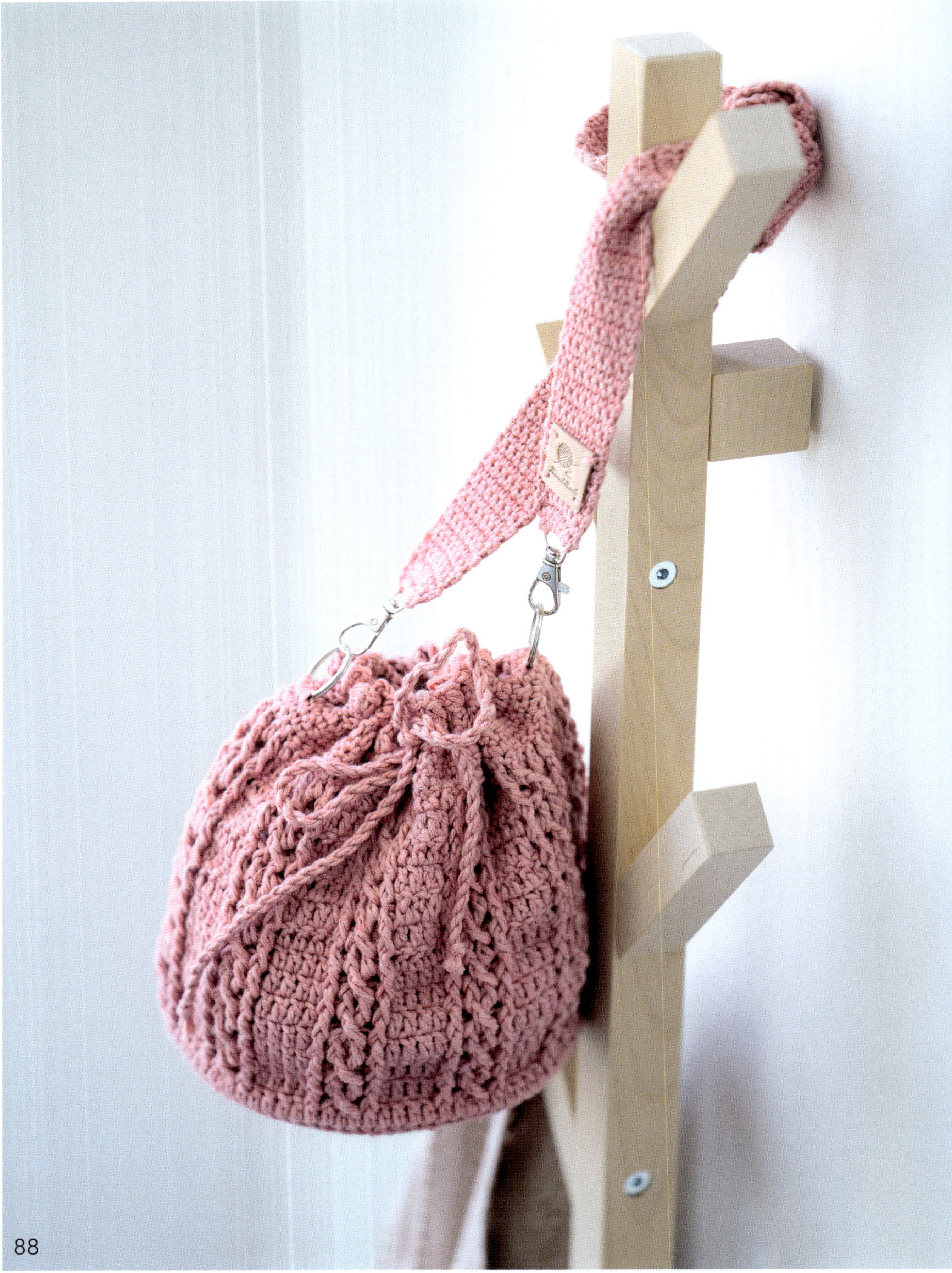

Kleiner Beutel

Schwierigkeitsgrad: leicht

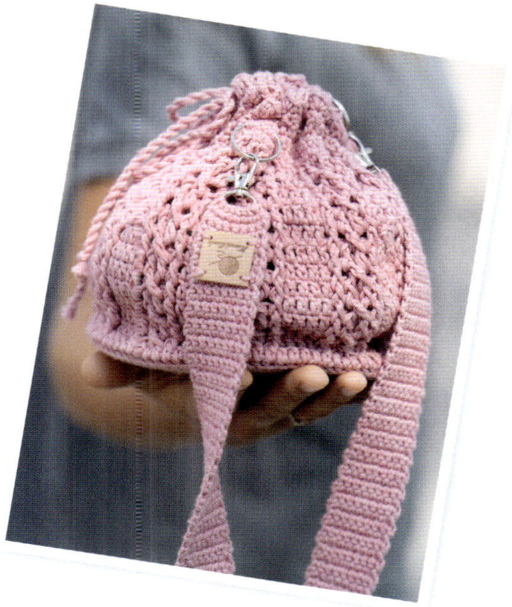

Dieser kleine Beutel hat alles, um aufzufallen! Er ist ein schönes Accessoire und passt mit dem Zopfmuster von Seite 15 sogar hervorragend zum Dirndl.

Größe

ca. 14 cm im Durchmesser und 17 cm hoch

Material

Lana Grossa Brigitte No. 4 (80 % Baumwolle, 20 % Alpaka; LL = 110 m/50 g): 150 g Rosa (Fb 006); je eine Häkelnadel 2,5 mm und 3 mm; 2 Karabinerhaken, 3,2 cm; 2 Schlüsselringe mit 2,5 cm Durchmesser, 1 Lederlabel; Moosgummi zum Verstärken des Beutelbodens.

Besondere Maschen

Doppeltes Reliefstäbchen (siehe Seite 9): 2 Umschläge auf die Nadel nehmen, mit der Häkelnadel von vorne um das nächste Stäbchen herumstechen, den Faden holen (= 4 Schlingen auf der Nadel), * den Faden holen und durch 2 Schlingen auf der Nadel ziehen, ab * wiederholen, bis alle Schlingen abgemascht sind.

Relief-feste-M: Von hinten nach vorne und wieder nach hinten um die darunterliegende M herumstechen und 1 feste M aufhäkeln.

Reliefstäbchen von hinten (siehe Seite 9): Das Reliefstäbchen von hinten um die M der Vorrunde häkeln: mit der Häkelnadel von hinten nach vorne in die Lücke zwischen 2 M einstechen und nach der M wieder ausstechen.

Muster

Zopfmuster: M-Zahl teilbar durch 9. Nach der Häkelschrift arbeiten. Es sind alle gewendeten Runden gezeichnet. Die kleinen Pfeile in den Runden geben die Häkelrichtung an. Nach dem Wenden mit den 3 Wende-Luftm und der/den M vor dem ersten Pfeil (je nach Richtung) beginnen, den Rapport stets wiederholen, mit der/den M nach dem letzten Pfeil enden und mit 1 Kettm in die 3. Wende-Luftm zur Runde schließen. Die 1.–3. Runde einmal arbeiten, dann die 2. und 3. Runde stets wiederholen.

Lochmuster-Runde: (M-Zahl teilbar durch 3) * 2 Stäbchen, mit 1 Luftm 1 M übergehen, ab * stets wiederholen. Durch die Löcher dieser Runde wird anschließend die Kordel gezogen.

Abschlusskante (M-Zahl teilbar durch 3) * [1 feste M, 1 halbes Stäbchen, 1 Stäbchen] in 1 M, 1 M übergehen, 1 feste M, ab * stets wiederholen.

Maschenprobe

Im Zopfmuster mit Häkelnadel 3 mm: 21 M und 11 Runden = 10 cm x 10 cm.

So wird's gemacht

Der Beutel beginnt am Boden mit einem Fadenring und wird in geschlossenen Runden gehäkelt. Jede Runde mit 1 Steige-Luftm beginnen und mit 1 Kettm in die 1. feste M enden.

Für ein **Bodenteil (2x arbeiten)** einen Fadenring legen und mit Häkelnadel 3 mm arbeiten.

1. Runde: 6 feste M in den Ring häkeln = 6 M.
2. Runde: 2 feste M in jede M = 12 M.
3. Runde: 2 feste M in jede M = 24 M.
4. Runde: * 3 feste M, 2 feste M in 1 M, ab * 6x arbeiten = 30 M.
5. Runde: * 2 feste M, 2 feste in 1 M, ab * 10x arbeiten = 40 M.
6. Runde: * 4 feste M, 2 feste M in 1 M, ab * 8x arbeiten = 48 M.
7. Runde: feste M = 48 M.
8. Runde: * 5 feste M, 2 feste M in 1 M, ab * 8x arbeiten = 56 M.
9. Runde: * 6 feste M, 2 feste M in 1 M, ab * 8x arbeiten = 64 M.
10. Runde: * 7 feste M, 2 feste M in 1 M, ab * 8x arbeiten = 72 M.
11. Runde: * 8 feste M, 2 feste M in 1 M, ab * 8x arbeiten = 80 M.
12. Runde: * 7 feste M, 2 feste M in 1 M, ab * 10x arbeiten = 90 M.
13. Runde: Feste M = 90 M.

Das **zweite Bodenteil** ebenso arbeiten.

Aus Moosgummi einen Kreis in der Größe der Bodenteile ausschneiden, als Verstärkung zwischen die beiden Bodenteile legen und die Bodenteile mit festen M zusammenhäkeln. Dann eine Runde Relief-feste-M häkeln.

Für den **Taschenkörper** 15 gewendete Runden im Zopfmuster häkeln, dabei mit einer Rückrunde beginnen. Jede Runde mit 3 Wende-Luftm beginnen (ersetzen das 1. Stäbchen) und mit 1 Kettm in die 3. Wende-Luftm beenden.

Anschließend 3 Runden feste M häkeln, dabei in der 2. Runde die Schlüsselringe an beiden Seiten mit einhäkeln. Dann 1 Lochmuster-Runde, 1 Runde feste M und anschließend die Abschlusskante häkeln.

Fertigstellen
Den Taschenhenkel aus 2 Teilen häkeln und dann miteinander vernähen.

Für einen **Henkel (2x arbeiten)** in einen Karabinerhaken 8 feste M mit Häkelnadel 2,5 mm einhäkeln und ca. 50 cm feste M häkeln. Den zweiten Henkel genauso arbeiten und beide Henkel an den kurzen Enden miteinander vernähen. Die Karabinerhaken in die Schlüsselringe einklinken.

Aus dem Garn eine Kordel von ca. 60 cm Länge drehen, durch die Stäbchenrunde ziehen und den Beutel damit schließen.

Zeichenerklärung

• = 1 Luftm
⌢ = 1 Kettm
† = 1 Stäbchen
† = 1 Reliefstäbchen
† = 1 Reliefstäbchen von hinten
‡ = 1 doppeltes Reliefstäbchen

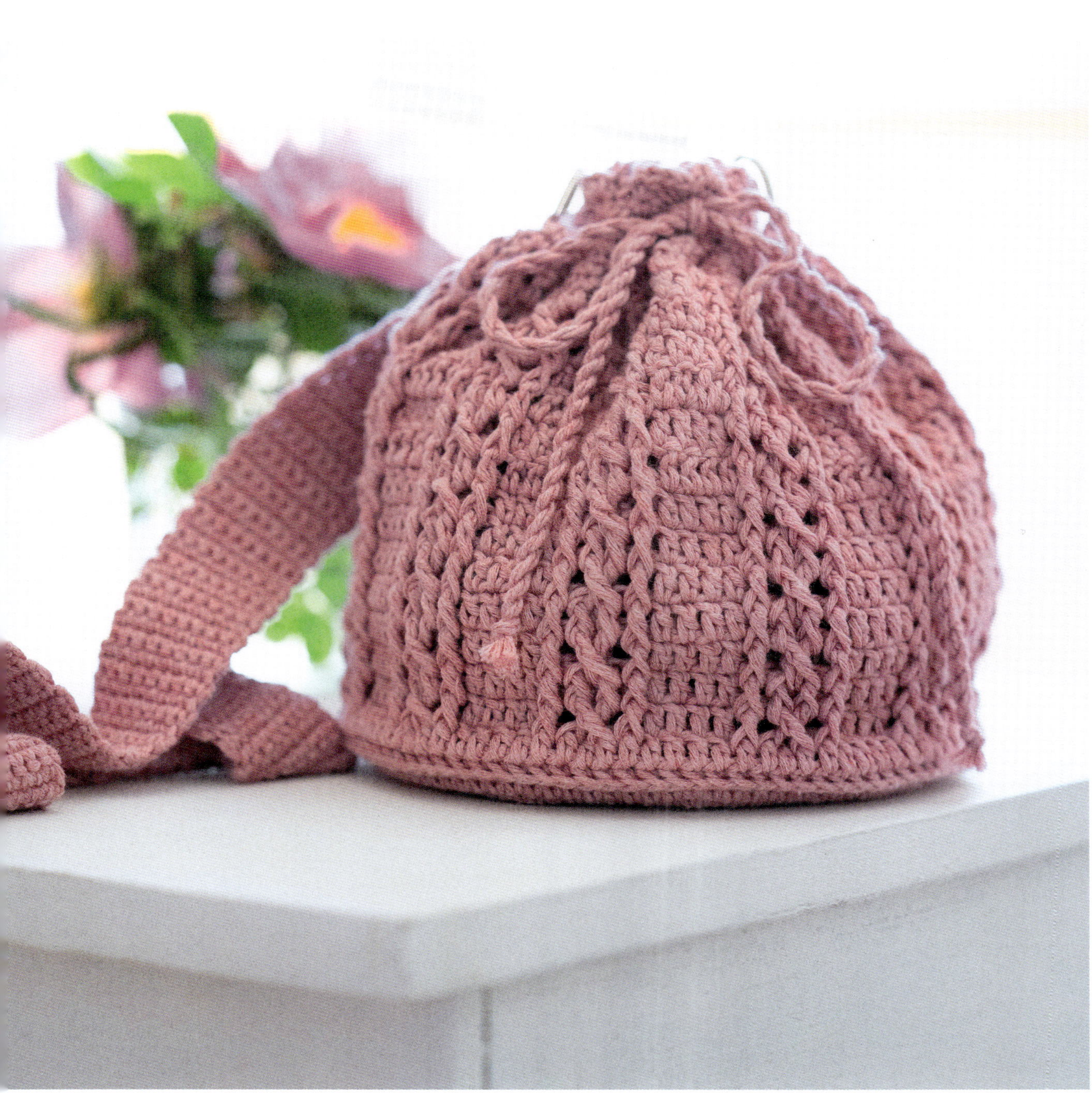

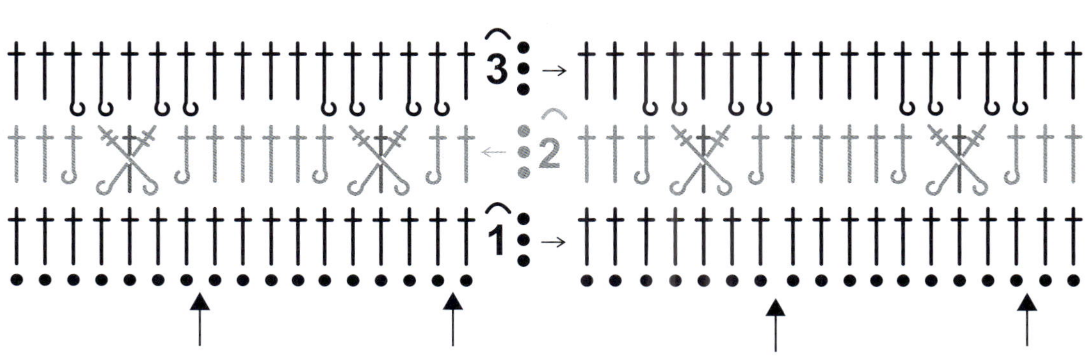
3
2
1

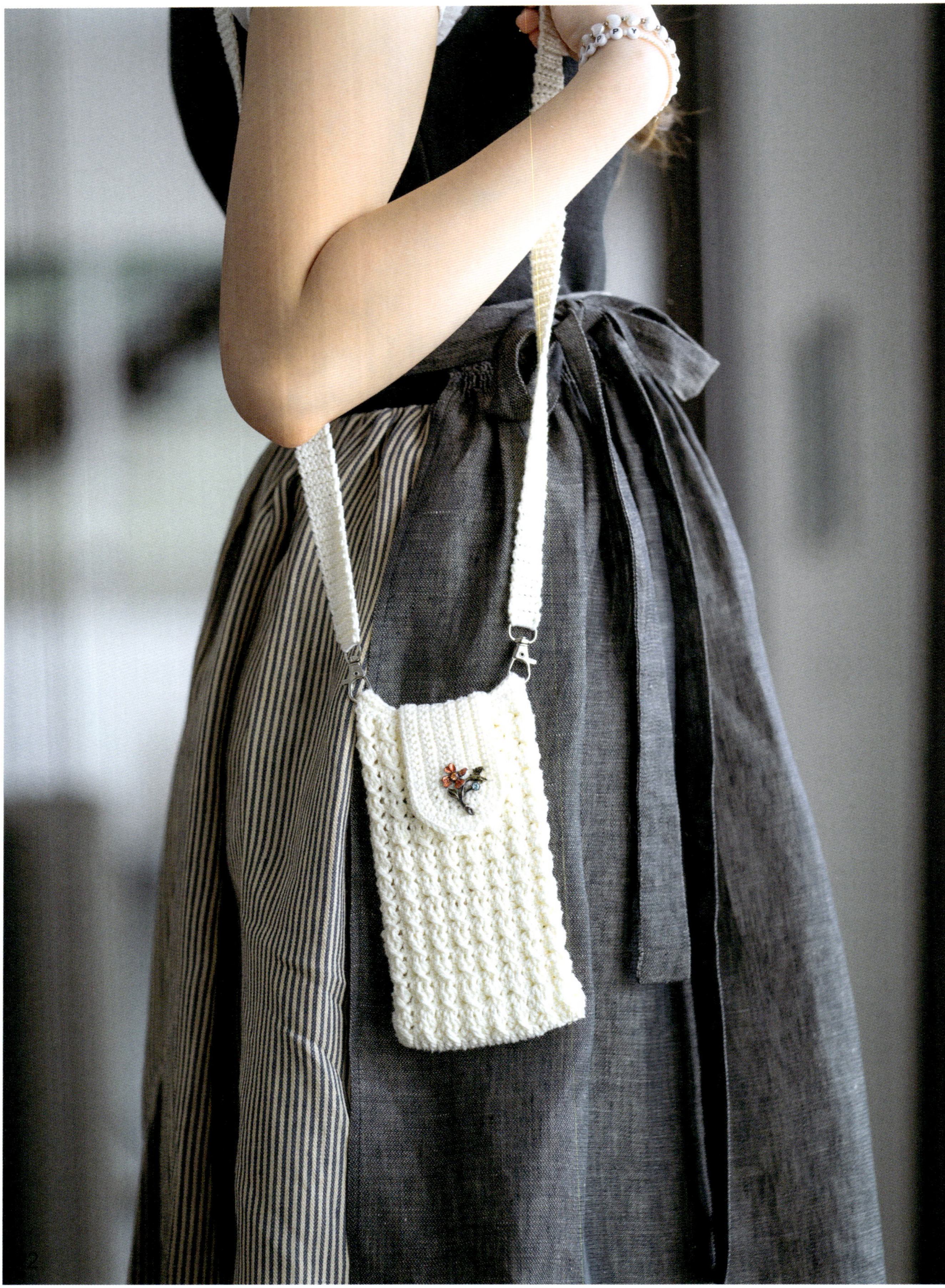

Handytäschchen

Schwierigkeitsgrad: leicht

Eine selbstgemachte Handytasche ist immer wieder ein hübsches Accessoire, man kann nie genug davon haben. Einfach in verschiedenen Farben mit dem schönen Zopfmuster von Seite 21 häkeln und der Fantasie freien Lauf lassen. Auch für die Freundin ein schönes Geschenk. Viel Spaß dabei!

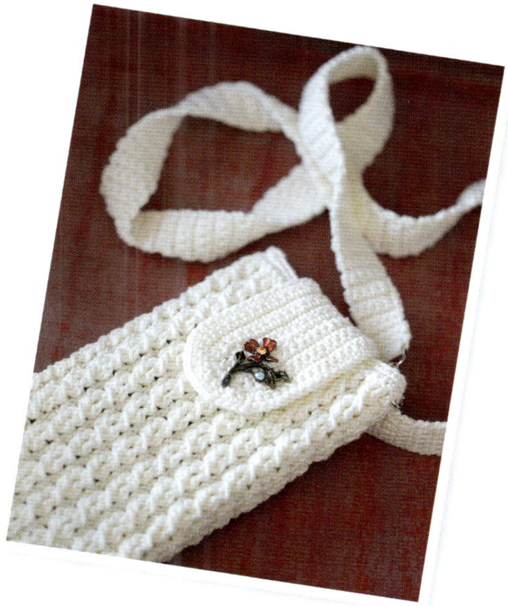

Größe

ca. 19 cm x 11 cm

Material

Lana Grossa Cotone (100 % Baumwolle; LL= 125 m/50 g): 100 g Rohweiß (Fb 28); Häkelnadel 2,5 mm; 1 Magnetverschluss zum Annähen; 2 Karabinerhaken, 3,2 cm ; 1 Dekoblume zum Annähen von Jim Knopf.

Besondere Maschen

Reliefstäbchen von hinten (siehe Seite 9): Das Reliefstäbchen von hinten um die M der Vorrunde häkeln: mit der Häkelnadel von hinten nach vorne in die Lücke zwischen 2 M einstechen und nach der M wieder ausstechen.

Muster

Zopfmuster: M-Zahl teilbar durch 3. Nach der Häkelschrift arbeiten. Es sind alle gewendeten Runden gezeichnet. Die kleinen Pfeile in den Runden geben die Häkelrichtung an. Nach dem Wenden mit den 3 Wende-Luftm und den M vor dem ersten Pfeil beginnen, den Rapport stets wiederholen, mit den M nach dem letzten Pfeil enden und mit 1 Kettm in die 3. Wende-Luftm zur Runde schließen. Die 1.–3. Runde einmal arbeiten, dann die 2. und 3. Runde stets wiederholen.

Maschenprobe

Im Zopfmuster mit Häkelnadel 2,5 mm: 23 M und 14 Runden = 10 cm x 10 cm.

So wird's gemacht

25 Luftm + 3 Wende-Luftm anschlagen und im Zopfmuster in gewendeten Runden arbeiten: die 3 Wende-Luftm ersetzen das 1. Stäbchen, 24 Stäbchen, in die 25. M der Luftm-Kette 3 Stäbchen häkeln, die Luftm-Kette um 180° drehen und nun auch die Unterseite behäkeln: 24 Luftm, in die 1. Wende-Luftm 2 Stäbchen, dann mit 1 Kettm in die 3. Wende-Luftm zur Runde schließen = 54 M. Diese Runde entspricht bereits der 1. Runde der Häkelschrift. Über diese 54 M nun in gewendeten Runden weiter nach der Häkelschrift arbeiten. In einer Höhe von 19 cm (oder alternativ in gewünschter Höhe) noch 2 Runden feste M häkeln.

Für die **Verschlusslasche** 15 Luftm anschlagen.

1. Reihe: 1 Steige-Luftm (zählt nicht als M), 14 feste M, in die nächste M 5 feste M, die Luftm-Kette um 180° drehen und die Unterseite mit 14 festen M behäkeln, wenden.

2. Reihe: 1 Steige-Luftm, 14 feste M, 5x je 2 feste M in 1 M, 14 feste M = 38 M.
3. Reihe: 1 Luftm, 38 feste M.
4. Reihe: 1 Luftm, 14 feste M, 2x [2 feste M in 1 M, 3 feste M], 2 feste M in 1 M, 15 feste M = 41 M.
5. Reihe: 1 Luftm, 14 feste M, 4x [2 feste M in 1 M, 2 feste M], 2 feste M in 1 M, 14 feste M = 46 M.
6. Reihe: 1 Luftm, 14 feste M, 6x [2 feste M, 2 feste M in 1 M], 14 feste M = 52 M.

Für den **Henkel (2x)** jeweils an einen Karabinerhaken 5 feste M anhäkeln und über ca. 50 cm feste M in Hin- und Rückreihen häkeln. Den **zweiten Henkel** ebenso arbeiten. Die zwei Teile an den kurzen Enden zusammennähen.

Fertigstellen

Den Magnetverschluss und die Dekoblume annähen und den Henkel an beiden Seiten um die obere Kante aus festen M einhängen.

Zeichenerklärung

- • = 1 Luftm
- ⌢ = 1 Kettm
- † = 1 Stäbchen
- ʈ = 1 Reliefstäbchen
- ƫ = 1 Reliefstäbchen von hinten

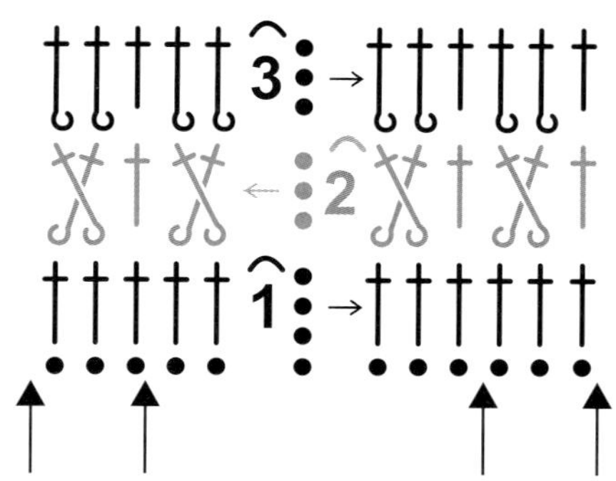

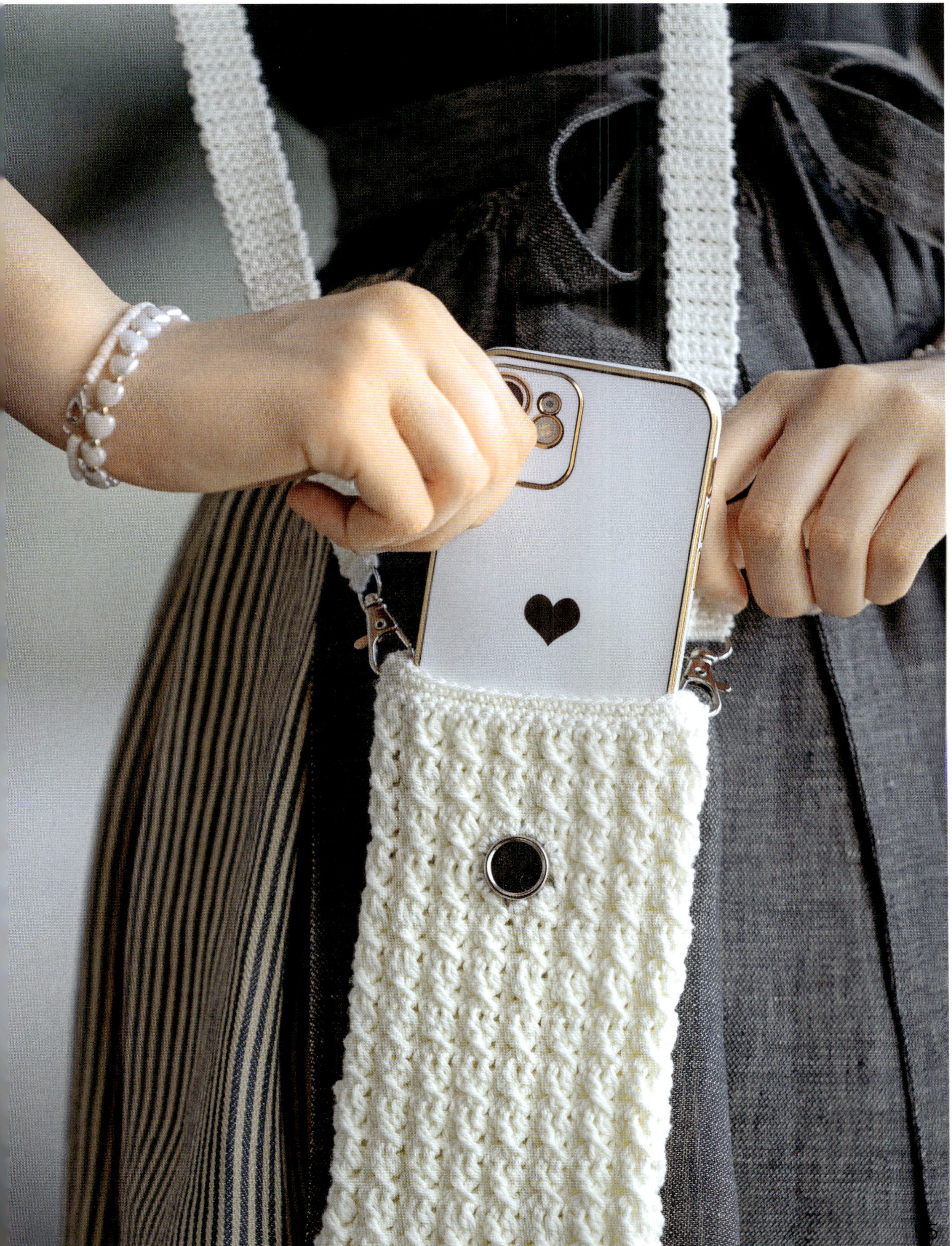

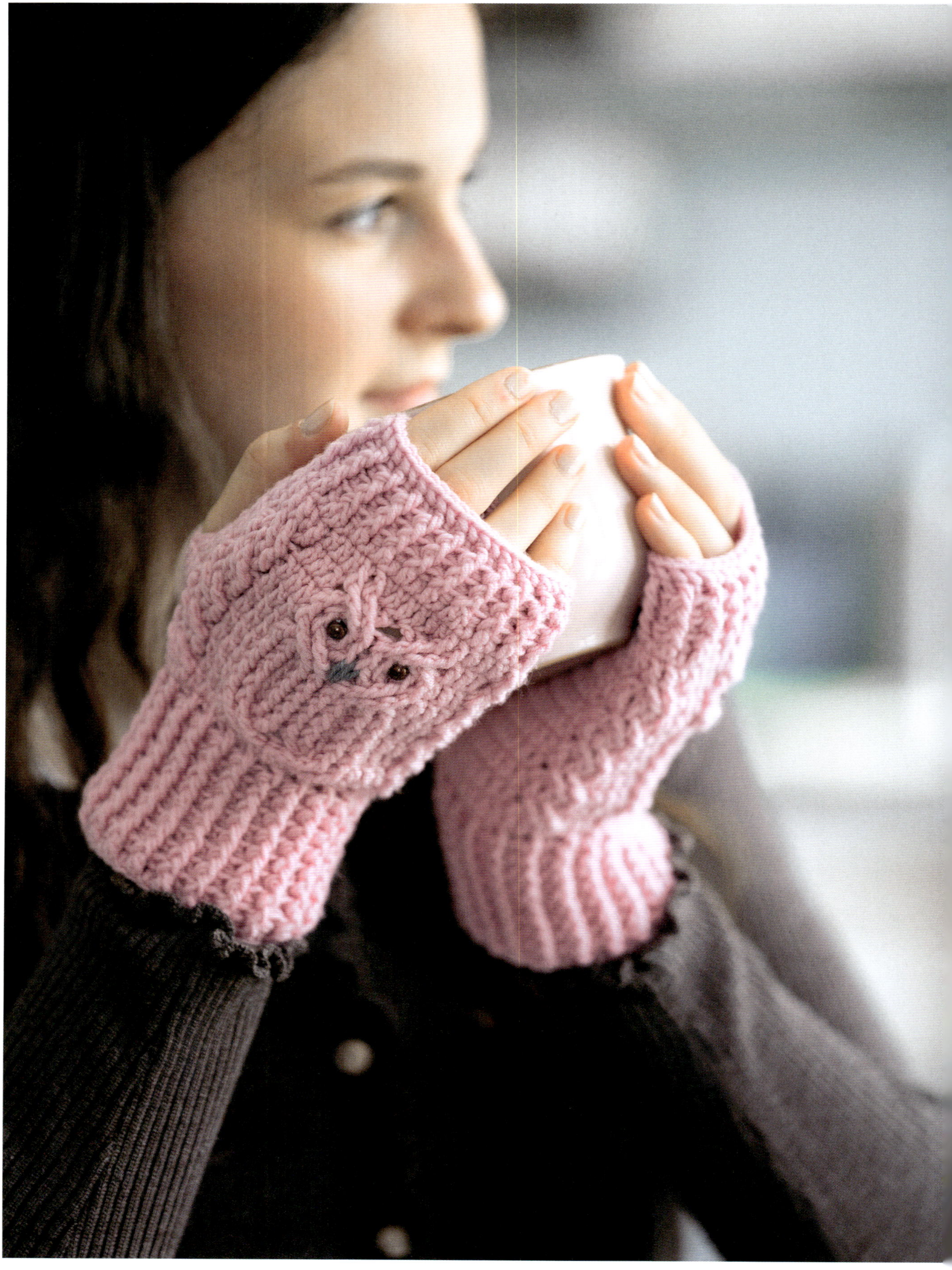

Handstulpen

Schwierigkeitsgrad: mittel

Diese Handstulpen sind ein praktisches und wunderschönes Accessoire. Der Eulenzopf von Seite 24 verleiht ihnen einen besonderen Pfiff.

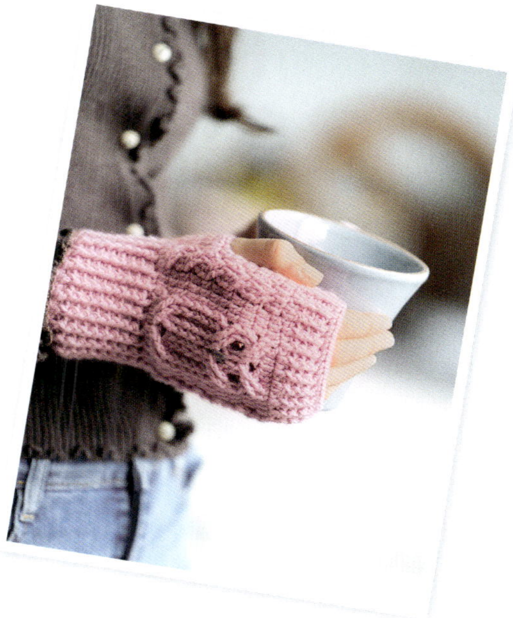

Größe

Einheitsgröße

Material

Lana Grossa Cool Wool (100 % Schurwolle (Merino); LL = 160 m/50 g): 100 g Flieder (Fb 15); je eine Häkelnadel in 2,5 mm und 3 mm; 4 braune Perlen mit 8 mm Durchmesser; Rest Garn in Grau für Schnabel.

Besondere Maschen

Dreifaches Reliefstäbchen (siehe Seite 9): 3 Umschläge auf die Nadel nehmen, mit der Häkelnadel von vorne um das nächste Stäbchen herumstechen, den Faden holen (= 5 Schlingen auf der Nadel), * den Faden holen und durch 2 Schlingen auf der Nadel ziehen, ab * wiederholen, bis alle Schlingen abgemascht sind.
Reliefstäbchen von hinten (siehe Seite 9): Das Reliefstäbchen von hinten um die M der Vorrunde häkeln: mit der Häkelnadel von hinten nach vorne in die Lücke zwischen 2 M einstechen und nach der M wieder ausstechen.
4er-Zopf nach links (aus doppelten Reliefstäbchen): 2 M überspringen, um die folgenden 2 M je 1 doppeltes Reliefstäbchen häkeln, dann um die übersprungenen 2 M je 1 doppeltes Reliefstäbchen, sodass diese vor den ersten 2 doppelten Reliefstäbchen liegen.

Muster

Bündchenmuster: 1 Reliefstäbchen und 1 Reliefstäbchen von hinten im Wechsel arbeiten.
Eulenzopf: Motiv über 10 M. Nach der Häkelschrift arbeiten. Es sind alle Runden gezeichnet. Die 10 M des Motivs einmal arbeiten, die Anleitung beschreibt die Position des Motivs. Die 11.–20. Runde einmal arbeiten.

Maschenprobe

Im Eulenzopfmuster mit Häkelnadel 3 mm: 21 M und 11 Runden = 10 cm x 10 cm.

So wird's gemacht

42 Luftm mit der Häkelnadel 3 mm anschlagen, mit 1 Kettm zur Runde schließen und in geschlossenen Runden arbeiten.

1. Runde: 3 Steige-Luftm (ersetzen das 1. Stäbchen), 41 Stäbchen, mit 1 Kettm zur Runde schließen = 42 M.
2. Runde: 3 Steige-Luftm, * 1 Reliefstäbchen, 1 Reliefstäbchen von hinten, ab * stets wiederholen, mit 1 Kettm zur Runde schließen = 42 M.
3. bis 9. Runde: Wie die 2. Runde arbeiten = 42 M.
10. Runde: 3 Steige-Luftm, * 9 Stäbchen, 2 Stäbchen in 1 M, ab * 4x arbeiten, 1 Stäbchen = 46 M.
11. Runde: 3 Steige-Luftm, 10 Stäbchen, **4er-Zopf nach links**, 3 Stäbchen, 10 M Eulenzopf nach der Häkelschrift, 3 Stäbchen, **4er-Zopf nach links**, 11 Stäbchen, mit 1 Kettm zur Runde schließen.
12. Runde: 3 Steige-Luftm, 10 Stäbchen, 4 Reliefstäbchen, 3 Stäbchen, 10 M Eulenzopf, 3 Stäbchen, 4 Reliefstäbchen, 11 Stäbchen, mit 1 Kettm zur Runde schließen.
13. Runde: Wie die 11. Runde arbeiten.
14. Runde: Wie die 12. Runde arbeiten.
15. Runde (rechte Hand): 3 Steige-Luftm, 10 Stäbchen, **4er-Zopf nach links**, 3 Stäbchen, 10 M Eulenzopf nach der Häkelschrift, 3 Stäbchen, **4er-Zopf nach links**, 3 Stäbchen, mit 6 Luftm 6 M überspringen, 2 Stäbchen, mit 1 Kettm zur Runde schließen.
15. Runde (linke Hand): 3 Steige-Luftm, 1 Stäbchen, mit 6 Luftm 6 M überspringen, 3 Stäbchen, **4er-Zopf nach links**, 3 Stäbchen, 10 M Eulenzopf nach der Häkelschrift, 3 Stäbchen, **4er-Zopf nach links**, 11 Stäbchen, mit 1 Kettm zur Runde schließen.
16. Runde: Wie die 12. Runde arbeiten.
17. Runde: Wie die 11. Runde arbeiten.
18. Runde: Wie die 12. Runde arbeiten.
19. Runde: Wie die 11. Runde arbeiten.
20. Runde: Wie die 12. Runde arbeiten.
21. Runde: 3 Steige-Luftm, * 9 Stäbchen, 2 Stäbchen zusammen abmaschen, ab * 4x arbeiten, 1 Stäbchen, mit 1 Kettm zur Runde schließen = 42 M.
22.–24. Runde: Im Bündchenmuster arbeiten.
25. Runde: Mit der Häkelnadel 2,5 mm 1 Steige-Luftm, dann feste M häkeln, mit 1 Kettm zur Runde schließen. Dann die Arbeit beenden.

Fertigstellen
Mit einem Faden in Grau den Schnabel aufsticken und die Perlen als Augen annähen.

Zeichenerklärung

† = 1 Stäbchen
ɟ = 1 Reliefstäbchen
ǂ = 1 dreifaches Reliefstäbchen

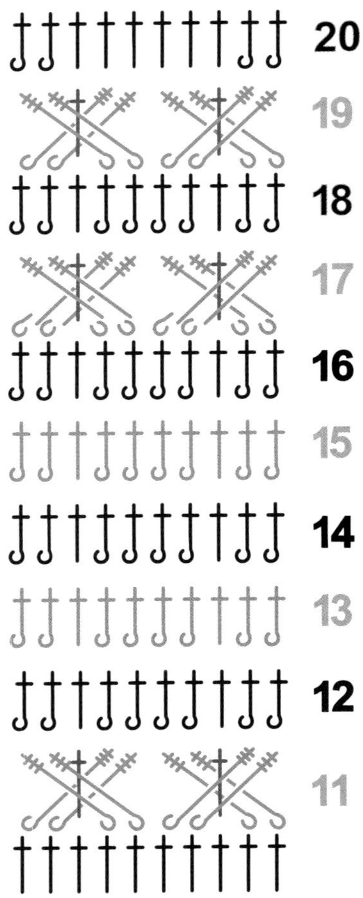

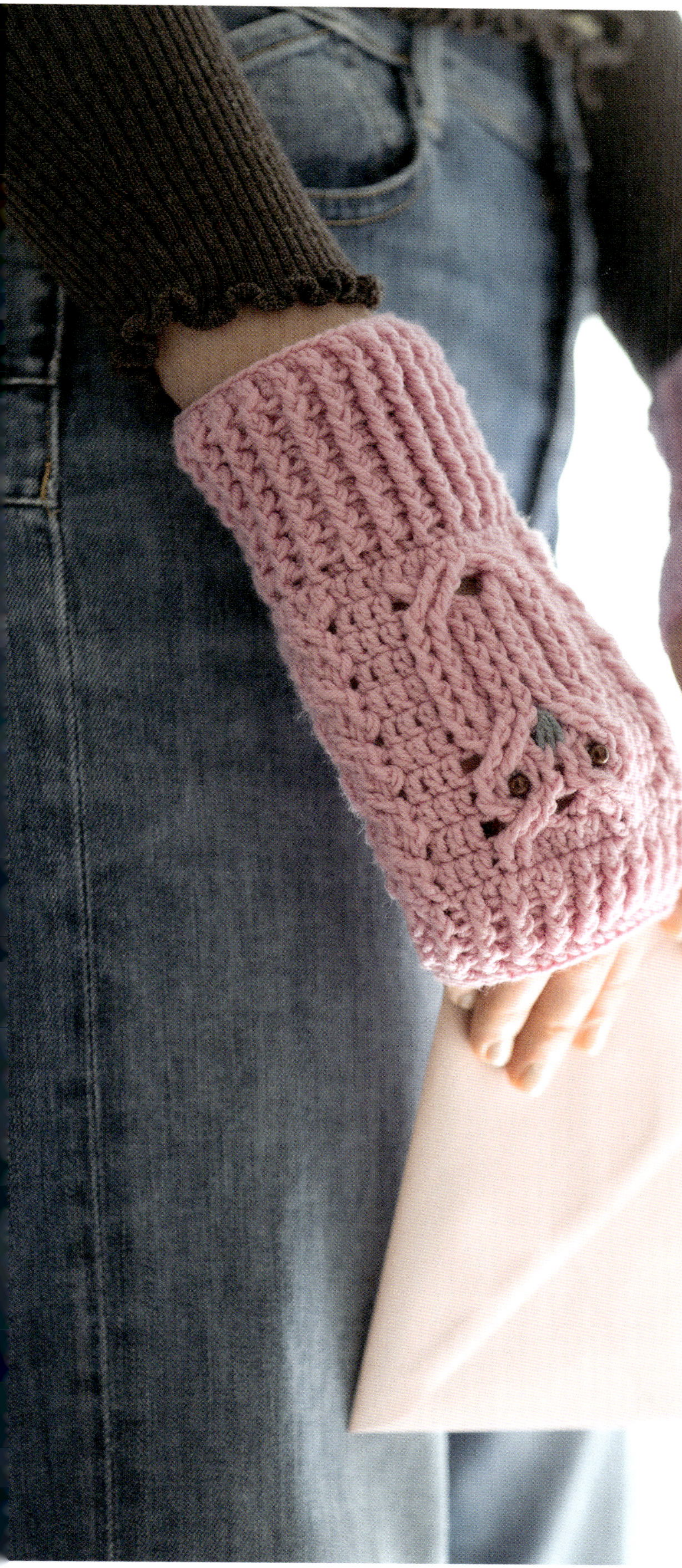

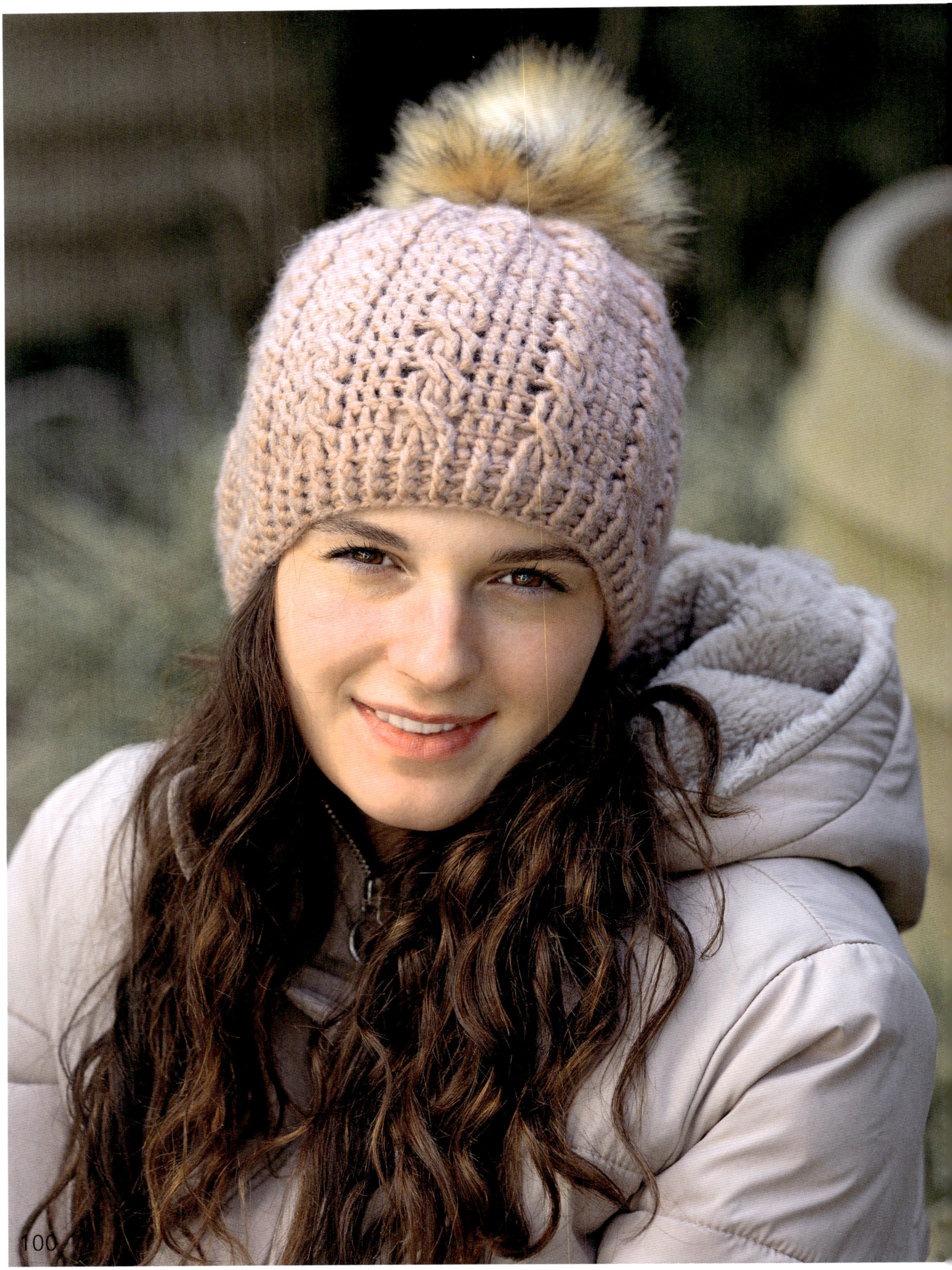

Pudelmütze

Schwierigkeitsgrad: mittel

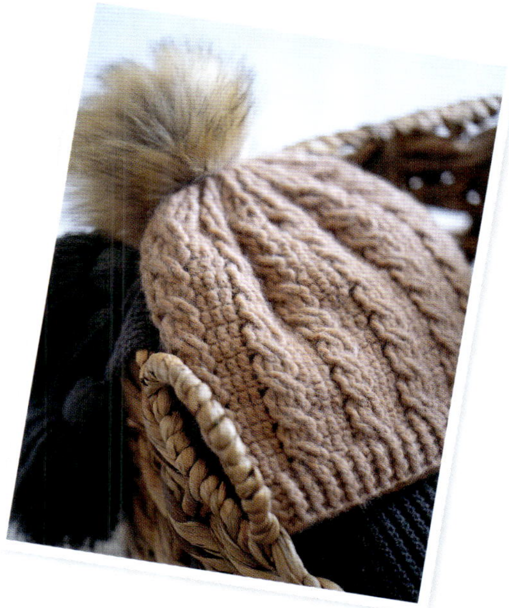

Längst sind die Zeiten vorbei, in denen Mützen nur Wind und Wetter trotzten. Pudelmützen mit einem thronenden Pompon erobern die Straßen und Skipartys. Der Kunstfell- Pompon ist der Blickfang der Mütze im Zopfmuster von Seite 26.

Größe

Kopfumfang 55 - 58 cm

Material

Lana Grossa Brigitte No. 2 (47 % Alpaka, 45 % Baumwolle, 8 % Schurwolle; LL = 140 m/50 g): 100 g Rosenholz (Fb 43); Häkelnadel 5 mm; 1 Fellimitat-Bommel; 1 Knopf mit 15 mm Durchmesser.

Besondere Maschen

Doppeltes Reliefstäbchen (siehe Seite 9): 2 Umschläge auf die Nadel nehmen, mit der Häkelnadel von vorne um das nächste Stäbchen herumstechen, den Faden holen (= 4 Schlingen auf der Nadel), * den Faden holen und durch 2 Schlingen auf der Nadel ziehen, ab * wiederholen, bis alle Schlingen abgemascht sind.

Muster

Zopfmuster: M-Zahl teilbar durch 7. Nach der Häkelschrift arbeiten. Es sind alle geschlossenen Runden gezeichnet. In jeder Runde mit den 3 Steige-Luftm und den M vor dem ersten Pfeil beginnen, den Rapport von 7 M stets wiederholen, mit den M nach dem letzten Pfeil enden und mit 1 Kettm in die 3. Steige-Luftm zur Runde schließen. Die 1.–3. Runde einmal arbeiten, denn die 2. und 3. Runde stets wiederholen.

Bündchenmuster (M-Zahl teilbar durch 2): 3 Steige-Luftm, 1 Reliefstäbchen von hinten, * 1 Reliefstäbchen und 1 Reliefstäbchen von hinten, ab * im Wechsel häkeln, mit 1 Kettm zur Runde schließen.

Maschenprobe

Im Zopfmuster mit Häkelnadel 5 mm: 16 M und 11 Runden = 10 cm x 10 cm.

So wird's gemacht

Die Mütze wird in geschlossenen Runden von oben nach unten gehäkelt. Jede Runde beginnt mit 3 Luftm und endet mit einer Kettm in die 3. Steige-Luftm.

Einen Fadenring legen.

1. Runde: 3 Luftm (ersetzen das 1. Stäbchen) und 11 Stäbchen in den Fadenring häkeln, mit 1 Kettm in die 3. Steige-Luftm zur Runde schließen = 12 M.
2. Runde: 3 Steige-Luftm, 1 Reliefstäbchen in die 1. Steige-Luftm, dann um jede M 2 Reliefstäbchen häkeln, mit 1 Kettm zur Runde schließen = 24 M.
3. Runde: 3 Steige-Luftm, 2 Reliefstäbchen in 1 M, * 1 Reliefstäbchen, 2 Reliefstäbchen in 1 M, ab * 11x wiederholen, mit 1 Kettm zur Runde schließen = 36 M.
4. Runde: 3 Steige-Luftm, 1 Reliefstäbchen, 2 Reliefstäbchen in 1 M, * 2 Reliefstäbchen, 2 Reliefstäbchen in 1 M, ab * 11x wiederholen, mit 1 Kettm zur Runde schließen = 48 M.
5. Runde: 3 Steige-Luftm, 2 Reliefstäbchen, 2 Reliefstäbchen in 1 M, * 3 Reliefstäbchen, 2 Reliefstäbchen in 1 M, ab * 11x wiederholen, mit 1 Kettm zur Runde schließen = 60 M.
6. Runde: 3 Steige-Luftm, 3 Reliefstäbchen, 2 Reliefstäbchen in 1 M, * 4 Reliefstäbchen, 2 Reliefstäbchen in 1 M, ab * 11x wiederholen, mit 1 Kettm zur Runde schließen = 72 M.
7. Runde: 3 Steige-Luftm, 4 Reliefstäbchen, 2 Reliefstäbchen in 1 M, * 5 Reliefstäbchen, 2 Reliefstäbchen in 1 M, ab * 11x wiederholen, mit 1 Kettm zur Runde schließen = 84 M. Nun werden keine weiteren Zunahmen mehr gearbeitet.
8.–27. Runde: 20 Runden im Zopfmuster nach der Häkelschrift arbeiten.
28.–30. Runde: Im Bündchenmuster arbeiten.

Fertigstellen
Den Fellimitat-Bommel oben auf die Mütze nähen, dabei den Knopf von innen gegennähen.

Zeichenerklärung

- • = 1 Luftm
- ⌒ = 1 Kettm
- † = 1 Stäbchen
- ⌡ = 1 Reliefstäbchen
- ‡ = 1 doppeltes Reliefstäbchen

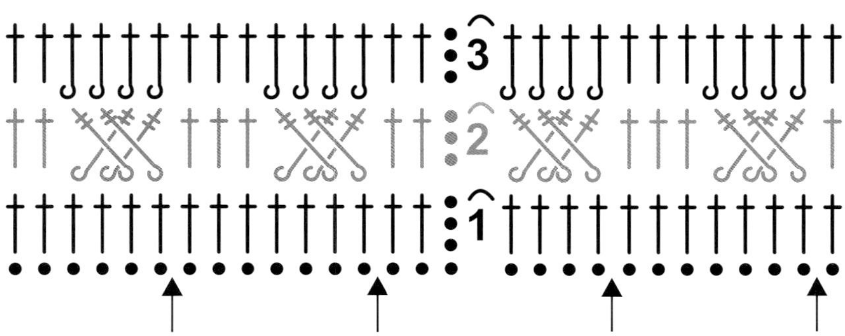

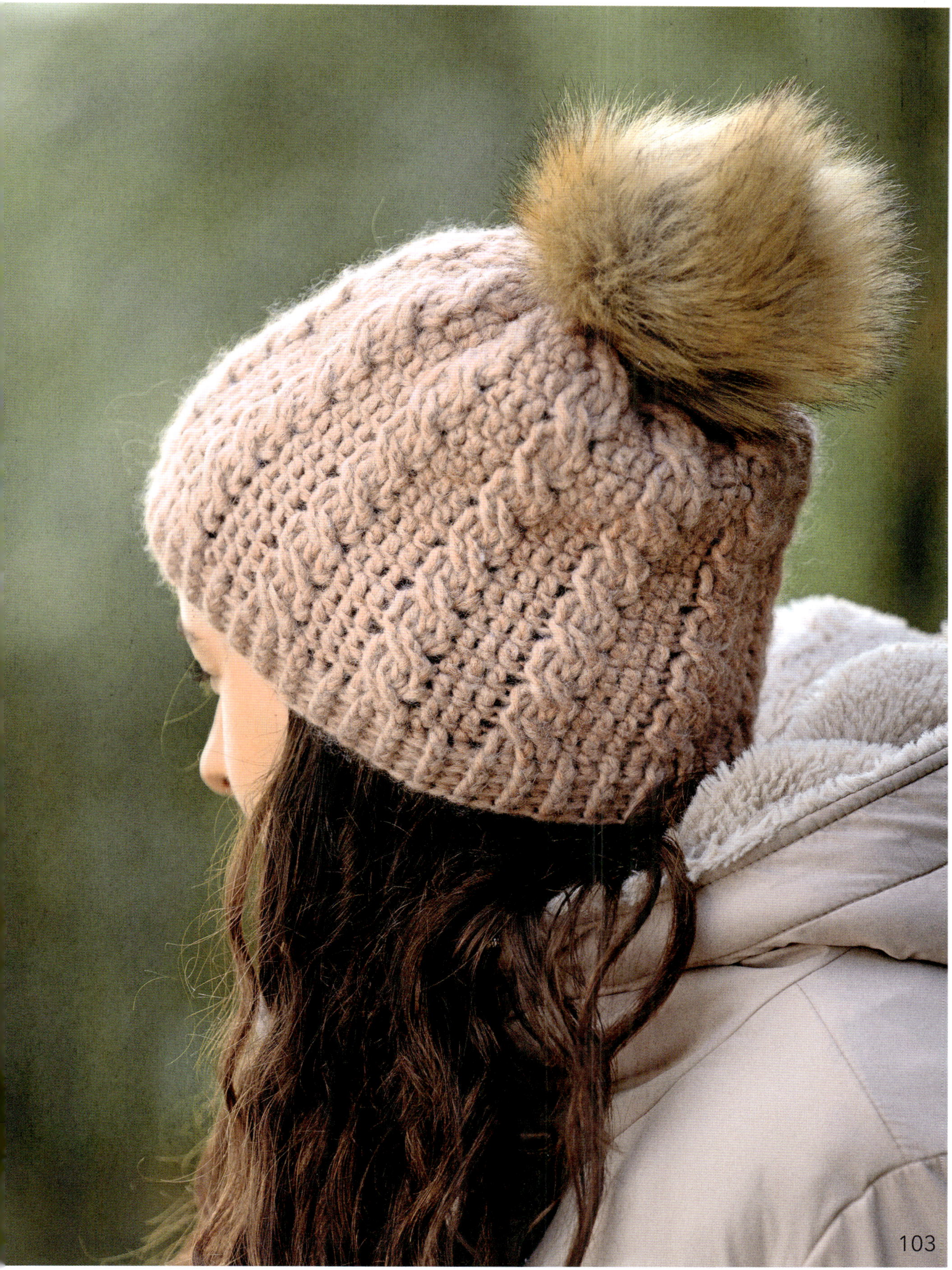

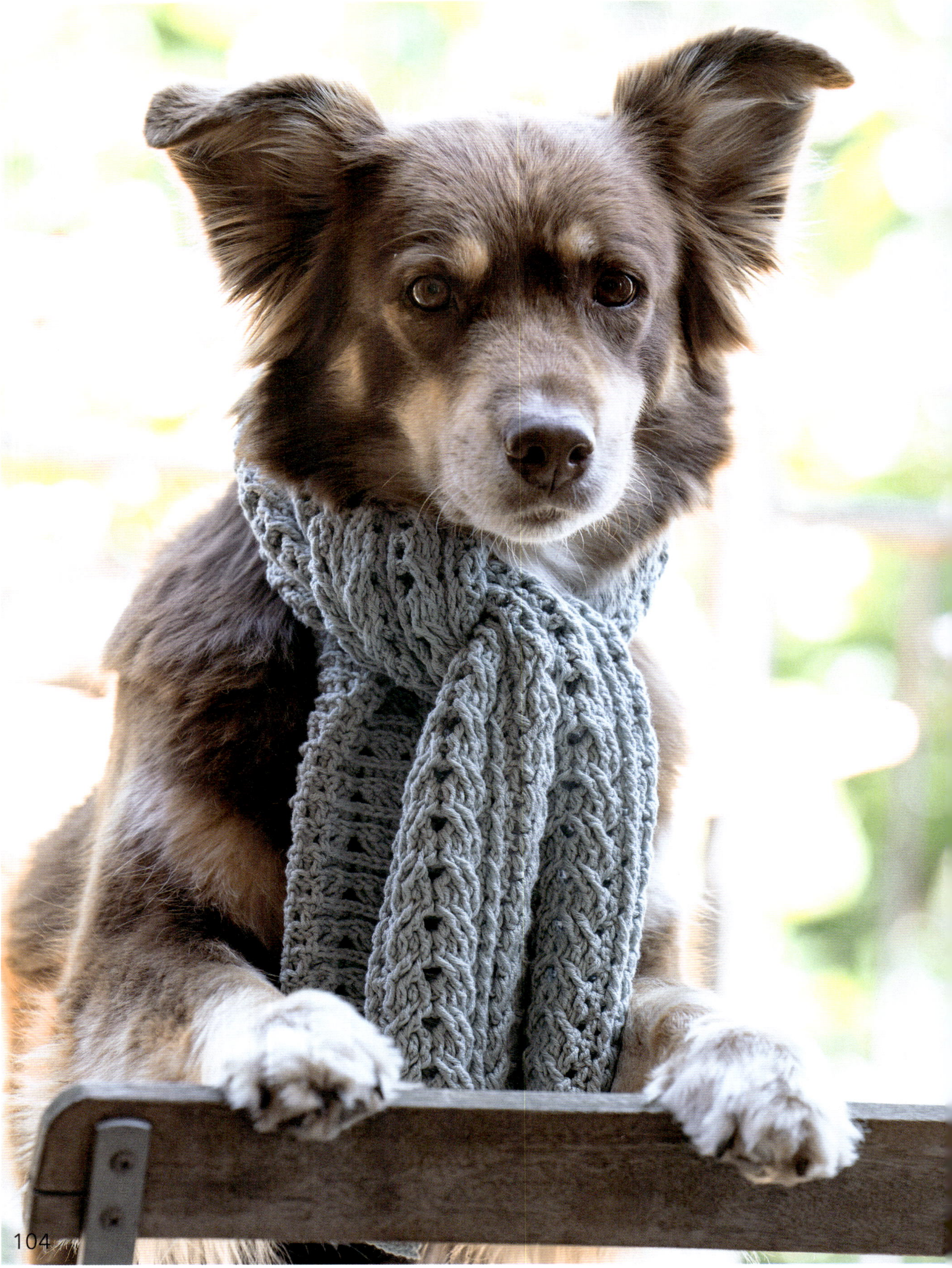

Schal im Zopfmuster

Schwierigkeitsgrad: mittel

Ein Schal ist nicht nur in der kalten Jahreszeit beliebt und auch immer ein willkommenes Geschenk. Machen sie ihren Lieben oder Freunden eine Freude mit diesem selbstgehäkelten Schal im Zopfmuster von Seite 27.

Größe

23 cm x 120 cm, die Länge kann individuell gewählt werden

Material

Lana Grossa Elastico (96 % Baumwolle, 4% Polyester (elité); LL = 160 m/50 g): 300 g Helltürkis (Fb 55); Häkelnadel 4 mm.

Besondere Maschen

Doppeltes Reliefstäbchen (siehe Seite 9): 2 Umschläge auf die Nadel nehmen, mit der Häkelnadel von vorne um das nächste Stäbchen herumstechen, den Faden holen (= 4 Schlingen auf der Nadel), * den Faden holen und durch 2 Schlingen auf der Nadel ziehen, ab * wiederholen, bis alle Schlingen abgemascht sind.

Muster

Zopfmuster: M-Zahl teilbar durch 11 + 2 M + 3 Wende-Luftm. Die Wende-Luftm dienen zum Aufsteigen in die nächste Reihe und ersetzen das 1. Stäbchen.

Nach der Häkelschrift arbeiten. Es sind Hin-Rückreihen notiert. In den Hinreihen mit den M vor dem rechten Pfeil beginnen, den Rapport zwischen den Pfeilen stets wiederholen und mit den M nach dem linken Pfeil enden. In den Rückreihen die M entsprechend von links nach rechts lesen. Die 1.–3. Reihe einmal arbeiten, dann die 2. und 3. Reihe stets wiederholen.

Maschenprobe

Im Zopfmuster mit Häkelnadel 4 mm: 21 M und 11 Reihen = 10 cm x 10 cm.

So wird's gemacht:

46 Luftm + 3 Wende-Luftm anschlagen und im Zopfmuster nach der Häkelschrift arbeiten. In einer Länge von 120 cm die Arbeit beenden.

Fertigstellen

Die beiden schmalen Seiten des Schals mit je 1 Reihe feste M als Abschluss behäkeln und die Arbeitsfäden vernähen.

Zeichenerklärung

- • = 1 Luftm
- † = 1 Stäbchen
- = 1 Reliefstäbchen
- = 1 Reliefstäbchen von hinten
- = 1 doppeltes Reliefstäbchen

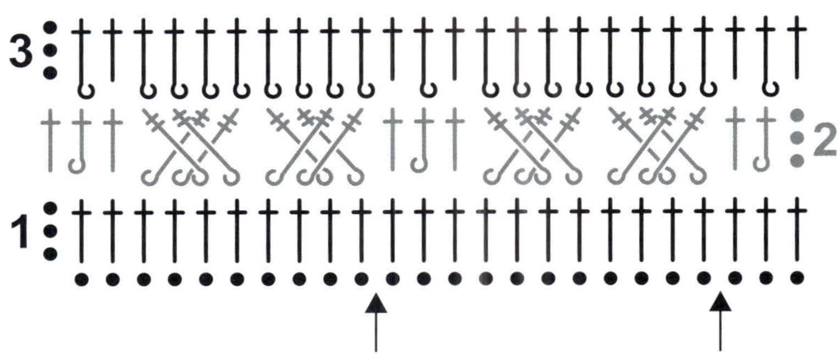

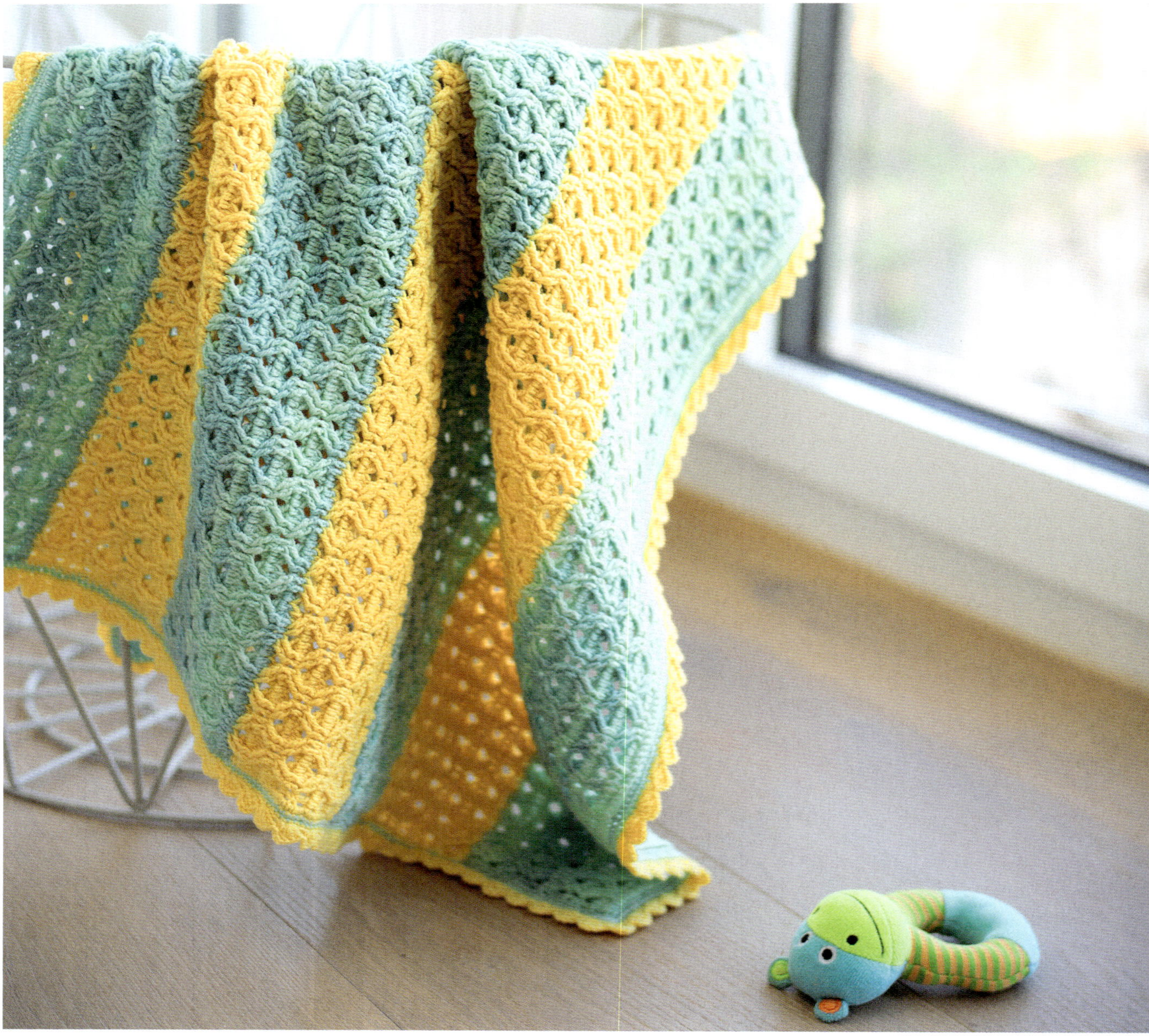

Zeichenerklärung

- • = 1 Luftm
- † = 1 Stäbchen
- ⱡ = 1 Reliefstäbchen von hinten
- ǂ = 1 doppeltes Reliefstäbchen

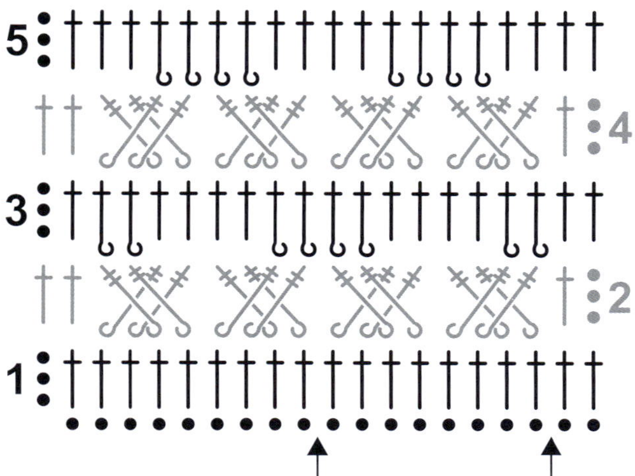

Babydecke

Schwierigkeitsgrad: anspruchsvoll

Wo ein Baby zu Hause ist, wird eine Babydecke gebraucht. Wie oft schläft das Baby überraschend ein. Dann möchte man es leise zudecken, damit es schön weiterschläft. Babydecken sind vielseitig einsetzbar, ob im Auto, im Kinderwagen oder zum Kuscheln auf dem Sofa. Diese Decke im hübschen Zopfmuster von Seite 28 ist auf jeden Fall ein willkommenes Geschenk zur Geburt.

Größe

70 cm x 73 cm

Material

Lana Grossa Cool Wool Baby (100 % Schurwolle (Merino extrafine); LL = 220 m/50 g): 250 g Gelb (Fb 273) und Lana Grossa Cool Wool Baby Dégradé (100 % Schurwolle (Merino extrafine); LL = 220 m/50 g): 250 g Weißgrün/Pastelltürkis/Lichtgrün (Fb 502); Häkelnadel 2,5 mm.

Besondere Maschen

Reliefstäbchen von hinten (siehe Seite 9): Das Reliefstäbchen von hinten um die M der Vorrunde häkeln: mit der Häkelnadel von hinten nach vorne in die Lücke zwischen 2 M einstechen und nach der M wieder ausstechen.

Doppeltes Reliefstäbchen (siehe Seite 9): 2 Umschläge auf die Nadel nehmen, mit der Häkelnadel von vorne um das nächste Stäbchen herumstechen, den Faden holen (= 4 Schlingen auf der Nadel), * den Faden holen und durch 2 Schlingen auf der Nadel ziehen, ab * wiederholen, bis alle Schlingen abgemascht sind.

Muster

Zopfmuster: M-Zahl teilbar durch 8 + 3 M + 3 Wende-Luftm. Die Wende-Luftm dienen zum Aufsteigen in die nächste Reihe und ersetzen das 1. Stäbchen.

Nach der Häkelschrift arbeiten. Es sind Hin- und Rückreihen notiert. In den Hinreihen mit den M vor dem rechten Pfeil beginnen, den Rapport zwischen den Pfeilen stets wiederholen und mit den M nach dem linken Pfeil enden. In den Rückreihen die M entsprechend von links nach rechts lesen. Die 1.–6. Reihe einmal arbeiten, dann die 3.–6. Reihe stets wiederholen.

Farbfolge: 13 Reihen in Dégradé, 2x [12 Reihen in Gelb, 12 Reihen in Dégradé], 12 Reihen in Gelb, 13 Reihen in Dégradé, ab * stets wiederholen = 86 Reihen.
Bortenmuster: * (1 feste M, 3 Luftm, 3 Stäbchen) in 1 M häkeln, 3 M überspringen, ab * stets wiederholen.

Maschenprobe

Im Zopfmuster mit Häkelnadel 2,5 mm: 24 M und 12 Runden = 10 cm x 10 cm.

So wird's gemacht:

179 Luftm + 3 Wende-Luftm in Dégradé anschlagen und 86 Reihen im Zopfmuster in der Farbfolge arbeiten. Dann die Arbeit beenden.

Die Decke ringsum mit festen M in Runden umhäkeln, dabei in jede Eck-M jeweils 3 feste M arbeiten und **in der 1. Runde** jeweils in der Farbe der zu umhäkelnden Farbstreifen arbeiten, **in der 2. Runde** alle M in Dégradé und **in der 3. Runde** alle M in Gelb häkeln. Dann in Gelb 1 Runde im Bortenmuster arbeiten.

Fertigstellen
Die Babydecke spannen und unter einem feuchten Tuch trocknen lassen. So erhält sie eine schöne Form.

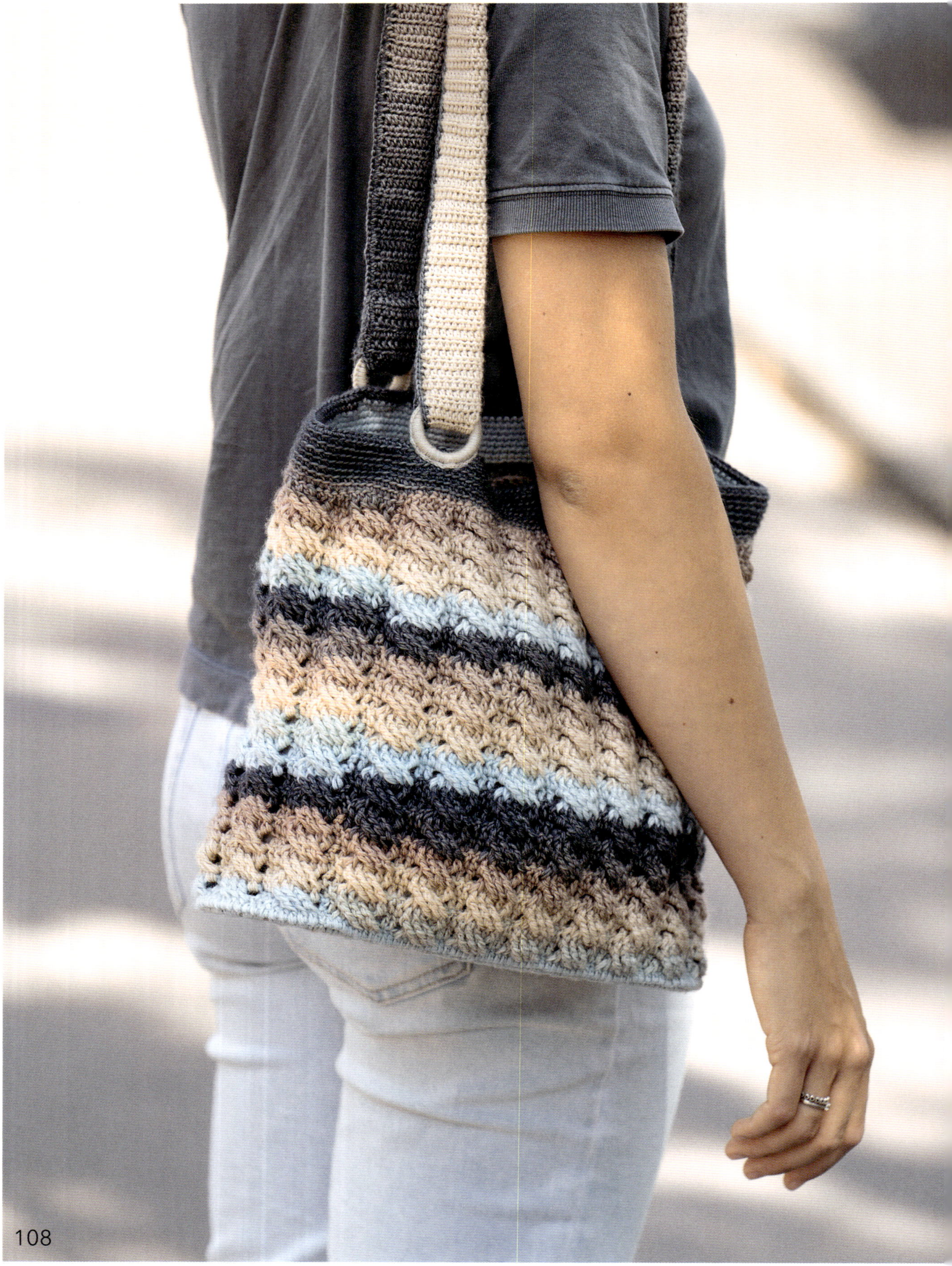

Schultertasche

Schwierigkeitsgrad: anspruchsvoll

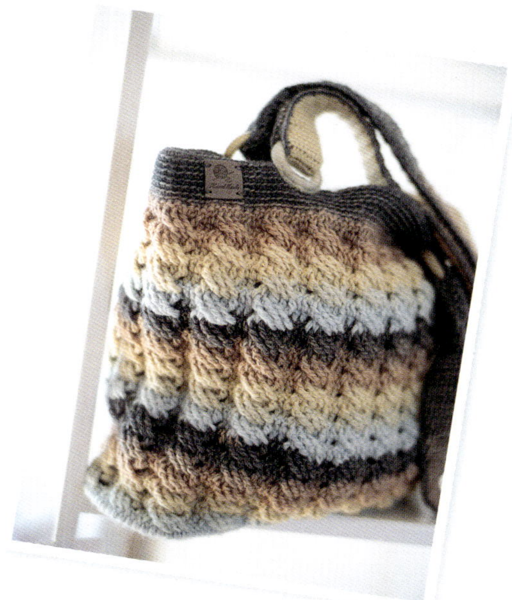

Diese hübsche Schultertasche ist ein idealer Begleiter für einen Stadtbummel mit der besten Freundin. Durch das schöne Zopfmuster von Seite 14 und den wundervollen Farbverlauf zieht sie so manche Blicke auf sich.

Größe

35 cm x 30 cm x 10 cm

Material

Lana Grossa Meilenweit Merino Hand-Dyed 50 Special (80 % Schurwolle (Merino), 20 % Polyamid; LL = 210 m/50 g): 400 g Aam Panna (Fb 202); je eine Häkelnadel 2,5 mm und 3,5 mm; Taschenboden oval aus Leder in Taube mit 54 Löchern (30 cm x 10 cm); 4 Häkelringe mit 39 mm Durchmesser; 1 Lederlabel zum Aufnähen; 2 m Gurtband, 25 mm breit.

Besondere Maschen

Dreifaches Reliefstäbchen (siehe Seite 9): 3 Umschläge auf die Nadel nehmen, mit der Häkelnadel von vorne um das nächste Stäbchen herumstechen, den Faden holen (= 5 Schlingen auf der Nadel), * den Faden holen und durch 2 Schlingen auf der Nadel ziehen, ab * wiederholen, bis alle Schlingen abgemascht sind.

Muster

Zopfmuster: M-Zahl teilbar durch 8. Nach der Häkelschrift arbeiten. Es sind alle gewendeten Runden gezeichnet. Die kleinen Pfeile in den Runden geben die Häkelrichtung an. Nach dem Wenden mit den 3 Wende-Luftm und der/den M vor dem ersten Pfeil (je nach Richtung) beginnen, den Rapport stets wiederholen, mit der/den M nach dem letzten Pfeil enden und mit 1 Kettm in die 3. Wende-Luftm zur Runde schließen. Die 1.–3. Runde einmal arbeiten, dann die 2. und 3. Runde stets wiederholen.

Maschenprobe

Im Zopfmuster doppelfädig mit Häkelnadel 3,5 mm: 25 M und 10 Runden = 10 cm x 10 cm.

So wird's gemacht

Den Taschenboden mit 54 vorgestanzten Löchern doppelfädig mit der Häkelnadel 3,5 mm umhäkeln, dazu * in die ersten 26 Löcher jeweils 3 feste M in 1 Loch häkeln, in das nächste Loch 2 feste M häkeln, ab * noch einmal wiederholen, mit 1 Kettm zur Runde schließen = 160 M. Nun 29 gewendete Runden im Zopfmuster nach der Häkelschrift arbeiten. Die 1. Runde ist dabei eine Rückrunde. Jede Runde mit 1 Kettm schließen, wenden und mit 3 Wende-Luftm in die nächste Runde aufsteigen.

30. Runde (Hinrunde): Feste M häkeln und in Spiralrunden weiterarbeiten, also die Runden nicht mehr wenden und auch nicht mehr mit einer Kettm zur Runde schließen.
31. Runde: Feste M häkeln, dabei nur in das hintere M-Glied einstechen = 160 M.
32. Runde: * 18 feste M, 2 feste M zusammen abmaschen, * 8x arbeiten = 152 M.
33.-37. Runde: Feste M häkeln, dabei nur in das hintere M-Glied einstechen = 152 M.
38.-45. Runde: Feste M häkeln, dabei für den Taschenbund wieder in beide M-Glieder einstechen.
Für die Henkel: Die Häkelringe einfädig mit Häkelnadel 2,5 mm mit festen M umhäkeln. Für die Henkel einfädig mit Häkelnadel 2,5 mm 18 Luftm + 2 Wende-Luftm anschlagen und 140 Reihen halbe Stäbchen arbeiten.

Fertigstellen

Den Taschenbund nach innen umschlagen und festnähen. Die umhäkelten Ringe am Taschenbund positionieren und festnähen. Die Henkel zusammenklappen, das Gurtband einlegen und mit festen M zusammenhäkeln. Dann die Henkel durch die Ringe stecken und befestigen. Zum Schluss noch das Lederlabel annähen und die Tasche ist perfekt.

Zeichenerklärung

- • = 1 Luftm
- ⌢ = 1 Kettm
- † = 1 Stäbchen
- (Reliefstäbchen-Symbol) = 1 Reliefstäbchen
- (dreifaches Reliefstäbchen-Symbol) = 1 dreifaches Reliefstäbchen

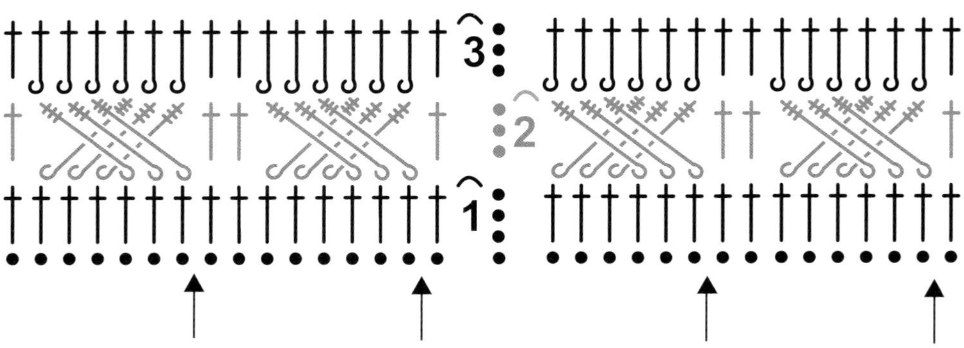

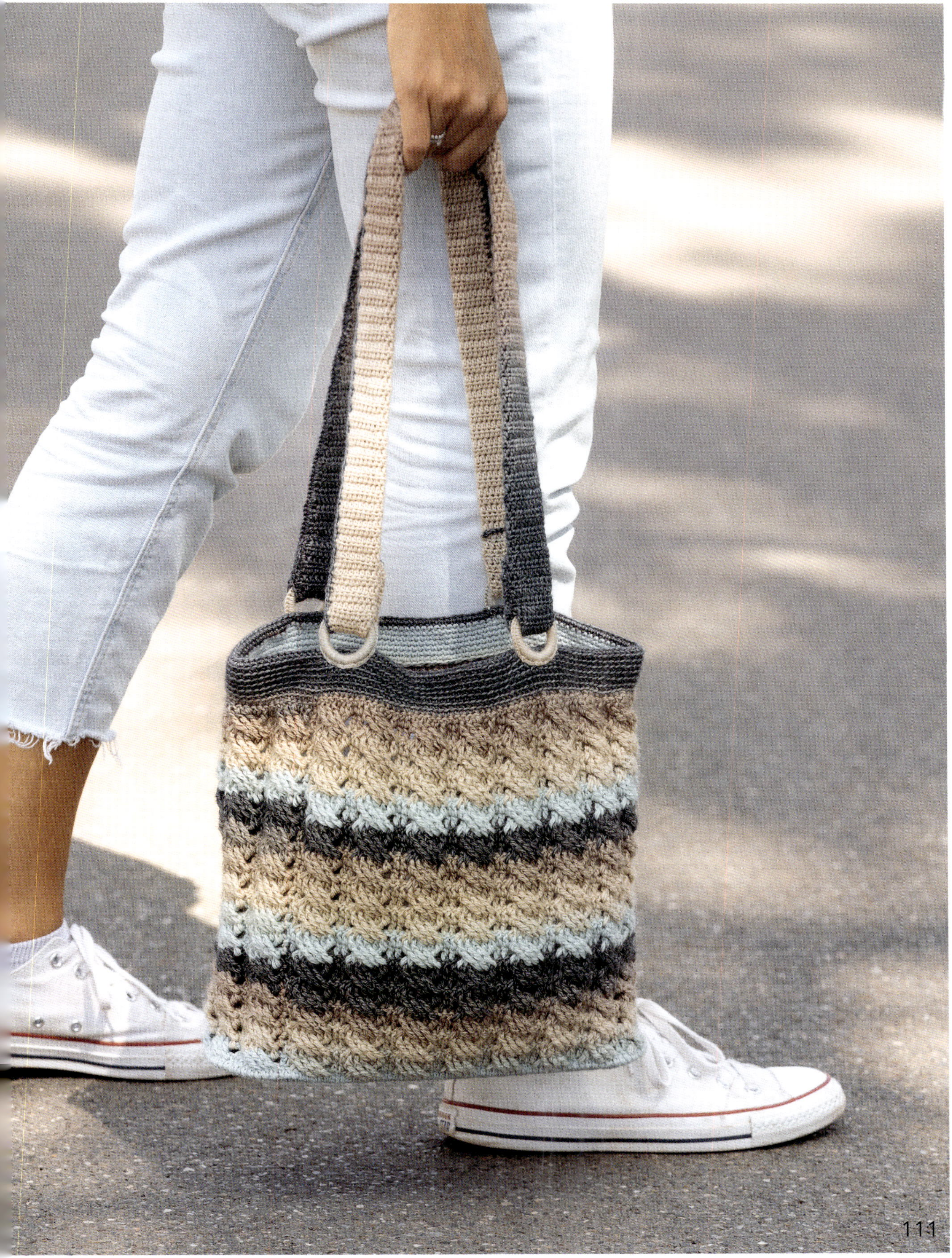

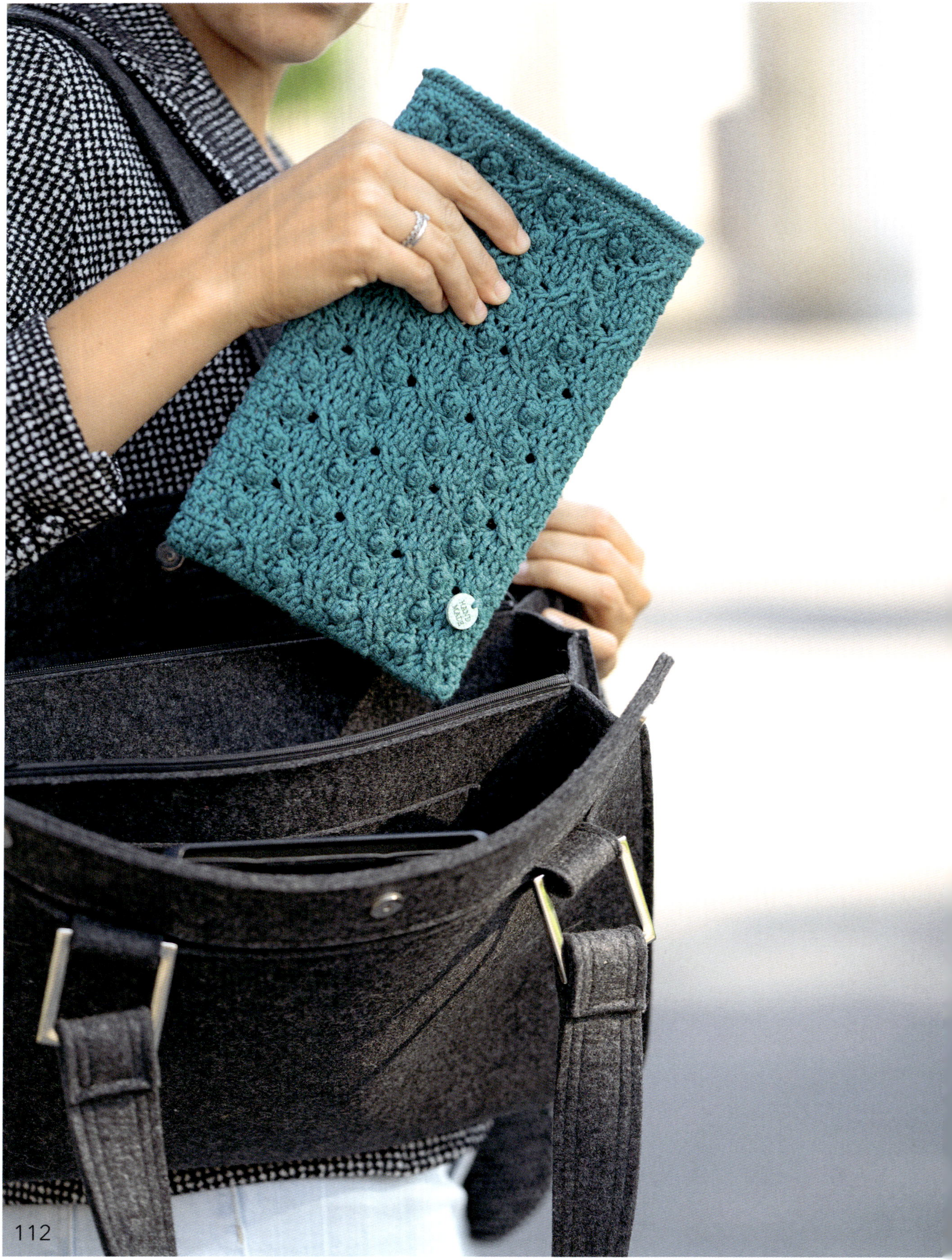

Tablet Hülle

Schwierigkeitsgrad: leicht

Schluss mit langweiligen Hüllen von der Stange! Verstauen Sie ihr Tablet lieber in einem selbstgehäkelten Täschchen im Zopfmuster von Seiten 32 und freuen Sie sich über ein einzigartiges Accessoire.

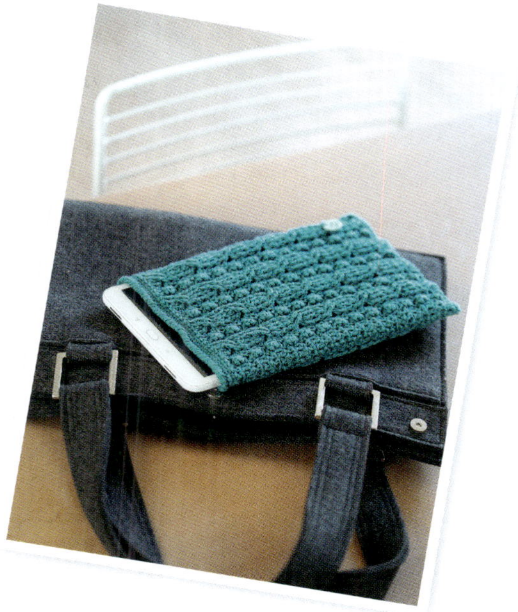

Größe

ca. 26 cm x 17 cm

Material

Lana Grossa Elastico (96 % Baumwolle, 4 % Polyester (elité); LL = 160 g/50 g Knäuel): 100 g Petrol (Fb 122); Häkelnadel 3 mm.

Besondere Maschen

Doppeltes Reliefstäbchen (siehe Seite 9): 2 Umschläge auf die Nadel nehmen, mit der Häkelnadel von vorne um das nächste Stäbchen herumstechen, den Faden holen (= 4 Schlingen auf der Nadel), * den Faden holen und durch 2 Schlingen auf der Nadel ziehen, ab * wiederholen, bis alle Schlingen abgemascht sind.

4er-Popcorn (= Popcorn-M aus 4 Stäbchen): 4 Stäbchen in die nächste M arbeiten, die Häkelnadel aus der Arbeitsschlinge ziehen, in das Abmaschglied des 1. der 4 Stäbchen einstechen, die Arbeitsschlinge wieder auf die Nadel nehmen und durch die M ziehen, den Faden noch einmal holen und durch die letzte M ziehen, um die Popcorn-M zu fixieren.

Krebsm (siehe Seite 10): Feste M von links nach rechts arbeiten, dazu nach der letzten Reihe nicht wenden und mit 1 Luftm in die nächste R aufsteigen. * Mit dem <u>Faden hinter der Arbeit</u> die Nadel von vorne nach hinten in die nächste M auf der rechten Seite einstechen, den Faden um die Häkelnadel legen und durch die M ziehen (= 2 Schlingen auf der Nadel). Den Faden wieder um die Nadel legen und durch die Schlingen ziehen, um die M zu vollenden. Ab * stets wiederholen, dabei stets von links nach rechts arbeiten.

Muster

Zopfmuster: M-Zahlt teilbar durch 7. Nach der Häkelschrift arbeiten. Es sind alle gewendeten Runden gezeichnet. Den Rapport von 7 M an den in der Anleitung beschriebenen Positionen 4x arbeiten (= 28 M). Die 1.–5. Runde einmal arbeiten, dann die 2.–5. Runde stets wiederholen.

Maschenprobe

Im Zopfmuster mit Häkelnadel 3 mm: 20 M und 11 Runden = 10 cm x 10 cm.

So wird's gemacht

30 Luftm + 3 Steige-Luftm anschlagen.

1. Runde: 29 Stäbchen, in die letzte Luftm 3 Stäbchen, die Arbeit um 180° drehen und die Unterseite der Luftm-Kette behäkeln: 29 Stäbchen, in die 1. Steige-Luftm 2 Stäbchen, mit 1 Kettm in die 3. Steige-Luftm = 64 M.
2. Runde: 3 Steige-Luftm, 28 M im Zopfmuster, 4 Stäbchen, 28 M im Zopfmuster, 3 Stäbchen, mit 1 Kettm zur Runde schließen.
3.–27. Runde: Wie die 2. Runde arbeiten.
28. und 29. Runde: 3 Steige-Luftm, Stäbchen, mit 1 Kettm zur Runde schließen.
30. Runde: Krebsm, mit 1 Kettm zur Runde schließen. Dann die Arbeit beenden.

Die Länge der Hülle kann an die Größe des Tablets angepasst werden.

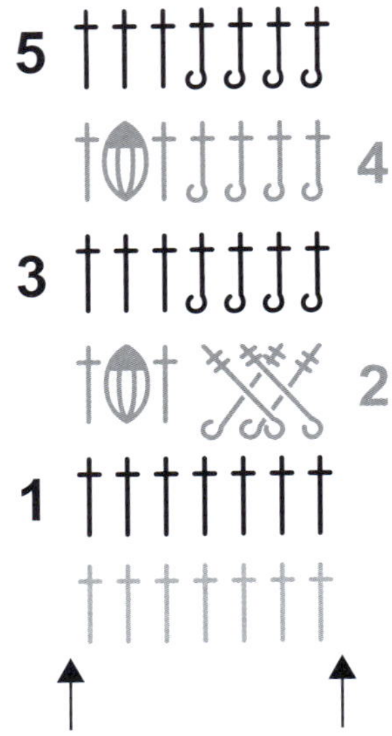

Zeichenerklärung

† = 1 Stäbchen
= 1 Reliefstäbchen
= 1 doppeltes Reliefstäbchen
= 1 Popcorn-M aus 4 Stäbchen

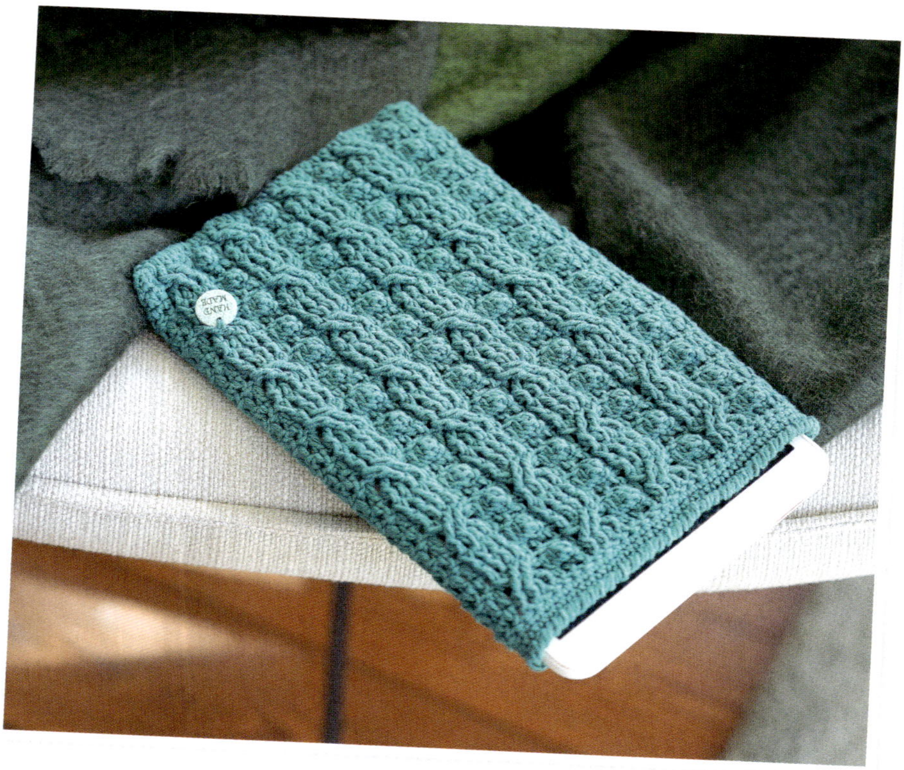

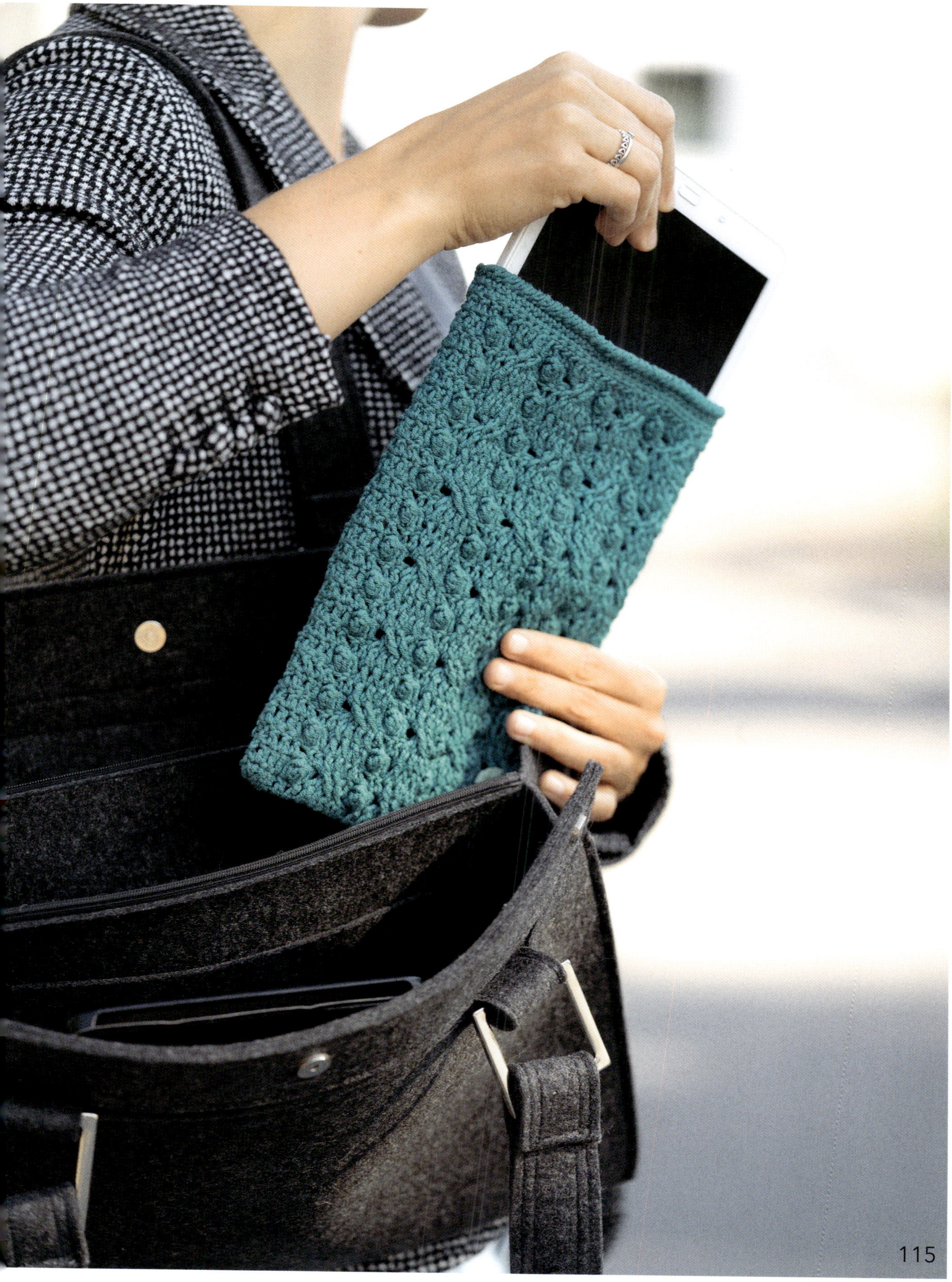

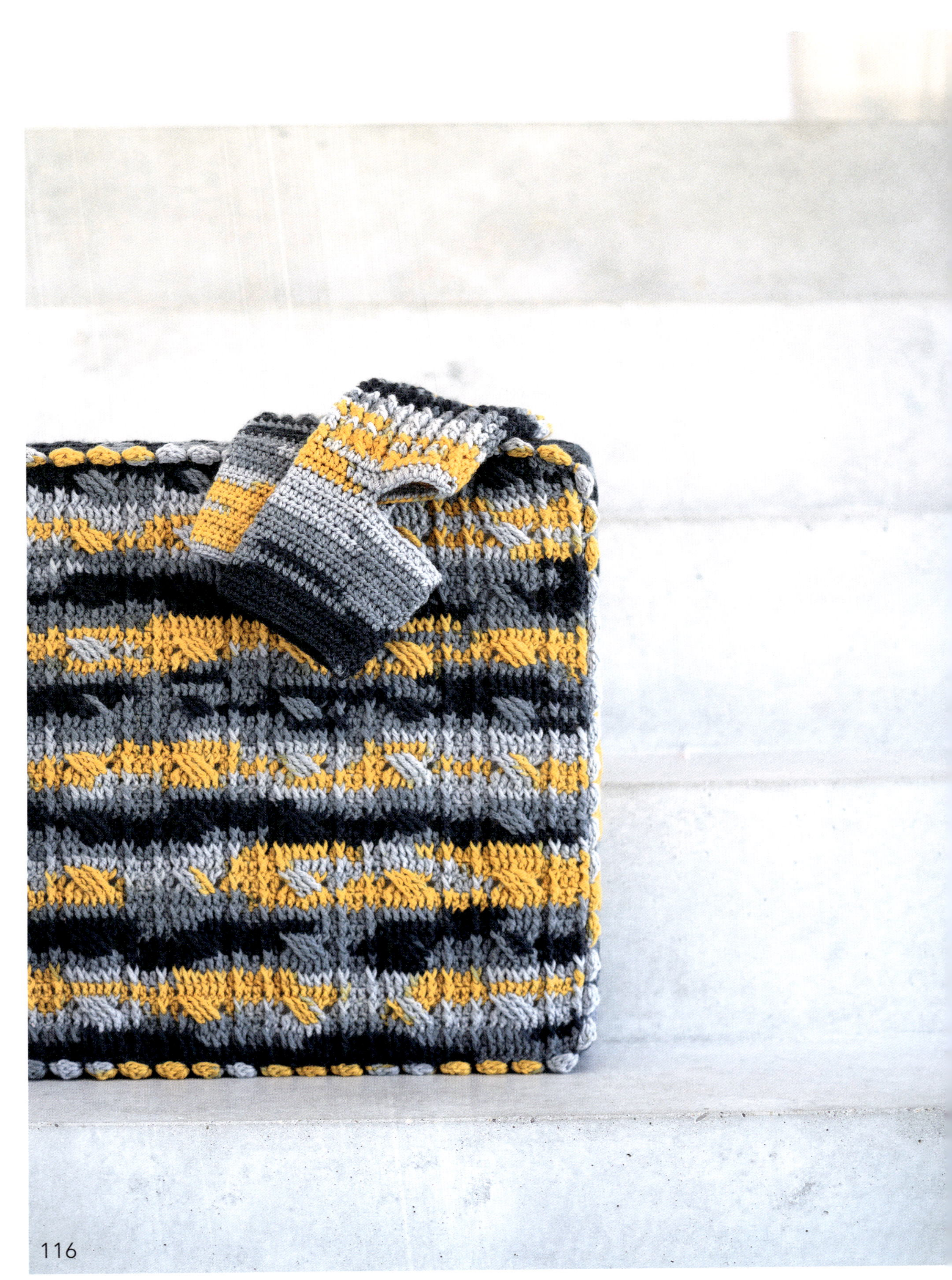

Yogakissen

Schwierigkeitsgrad: mittel

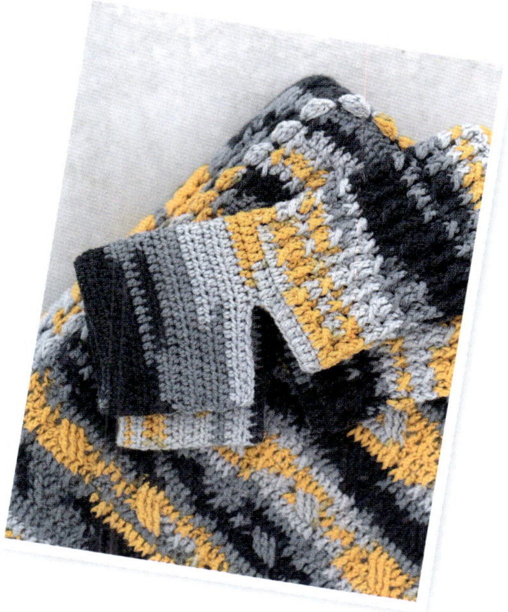

Ein Yogakissen ist das ideale Hilfsmittel für eine effektive und tiefenwirksame Entspannung. Gönnen Sie sich daher diesen sinnvollen Sitzkomfort mit dem Zopfmuster aus 3-fachen Reliefstäbchen von Seite 34. Jeder Yogafreund wird Sie darum beneiden.

Größe

50 cm x 40 cm x 10 cm

Material

Buttinette Woll Butt Socke 6-fädig Color (75 % Schurwolle, 25 % Polyamid; LL = 390 m/150 g): 400 g in Ocker Color (Bestell-Nr. 99.103.037); Häkelnadel 3,5 mm; 2 buttinette Schaumstoffpolster 50 cm x 40 cm x 5 cm; 1 Prym Strickreißverschluss, 35 cm in Schwarz.

Besondere Maschen

Dreifaches Reliefstäbchen (siehe Seite 9): 3 Umschläge auf die Nadel nehmen, mit der Häkelnadel von vorne um das nächste Stäbchen herumstechen, den Faden holen (= 5 Schlingen auf der Nadel), * den Faden holen und durch 2 Schlingen auf der Nadel ziehen, ab * wiederholen, bis alle Schlingen abgemascht sind.
Doppelte feste M (siehe Seite 10): In das linke senkrechte Maschenglied der zuvor gehäkelten festen M einstechen, dann in die folgende Einstichstelle einstechen und den Faden durchholen, es liegen 3 Schlingen auf der Nadel, 1 Umschlag auf die Nadel nehmen und alle 3 Schlingen zusammen abmaschen.
6er-Zopf nach links (aus dreifachen Reliefstäbchen): 3 M überspringen, um die folgenden 3 M je 1 dreifaches Reliefstäbchen häkeln, dann um die 3 zuvor übersprungenen M je 1 dreifaches Reliefstäbchen, sodass diese vor den 3 ersten dreifachen Reliefstächen liegen.

Muster

Zopfmuster: M-Zahl teilbar durch 12 + 6 + 3 Wende-Luftm. Die Wende-Luftm dienen zum Aufsteigen in die nächste Reihe und ersetzen das 1. Stäbchen.

Nach der Häkelschrift arbeiten. Es sind Hin- und Rückreihen notiert. In den Hinreihen mit den M vor dem rechten Pfeil beginnen, den Rapport zwischen den Pfeilen stets wiederholen und mit den M nach dem linken Pfeil enden. In den Rückreihen die M entsprechend von links nach rechts lesen. Die 1.–5. Reihe 1 x arbeiten, dann die 2.–5. Reihe stets wiederholen.

Maschenprobe

Im Zopfmuster mit Häkelnadel 3,5 mm: 18 M und 10 Reihen = 10 cm x 10 cm.

So wird's gemacht

Für das **Oberteil** 90 Luftm + 3 Wende-Luftm anschlagen und 41 Reihen im Zopfmuster nach der Häkelschrift arbeiten (= einmal die 1.–5. Reihe, dann noch 9x die 2.–5. Reihe). Anschließend die Arbeit beenden.

Für das **Unterteil** 90 Luftm + 3 Wende-Luftm anschlagen.

1. Reihe (Hinreihe): Stäbchen häkeln, dabei das 1. Stäbchen in die 4. M ab der Nadel arbeiten.
2. Reihe (Rückreihe): 1 Wende-Luftm (dient nur dem Aufsteigen in die nächste R und ersetzt keine M), dann doppelte feste M häkeln.
3. Reihe: 3 Wende-Luftm (ersetzen das 1. Stäbchen), dann Stäbchen häkeln, dabei stets nur in das hintere M-Glied einstechen.
4. Reihe: 1 Wende-Luftm (dient nur dem Aufsteigen in die nächste R und ersetzt keine M), dann doppelte feste M häkeln. Die 1.–4. Reihe einmal arbeiten, dann die 3.–4. R noch 2x wiederholen (= 46 Reihen). Dann die Arbeit beenden.

Für das **Seitenteil** 20 Luftm + 3 Wende-Luftm (ersetzen das 1.Stäbchen) anschlagen.

1. Reihe (Hinreihe): Stäbchen häkeln, dabei das 1. Stäbchen in die 4. M ab der Nadel arbeiten.
2. Reihe (Rückreihe): 3 Wende-Luftm, 3 Stäbchen, 1 Reliefstäbchen, 2 Stäbchen, **6er-Zopf nach links**, 2 Stäbchen, 1 Reliefstäbchen, 4 Stäbchen.
3. Reihe: 3 Wende-Luftm, 3 Stäbchen, 1 hinteres Relief-Stäbchen, 2 Stäbchen, 6 hintere Relief-Stäbchen, 2 Stäbchen, 1 hinteres Relief-Stäbchen, 4 Stäbchen.
4. Reihe: 3 Wende-Luftm, 3 Stäbchen, 1 Reliefstäbchen, 2 Stäbchen, 6 Reliefstäbchen, 2 Stäbchen, 1 Reliefstäbchen, 4 Stäbchen.
5. Reihe: Wie die 3. Reihe arbeiten. Die 1.–5. Reihe einmal arbeiten, dann die 2.–5. Reihe noch 39x wiederholen = 161 Reihen.

Fertigstellen
Das Seitenteil an den beiden schmalen Seiten zusammenhäkeln und um die Schaumstoffpolster spannen. Das Oberteil und das Unterteil im Matratzenstich ringsum an das Seitenteil annähen, dabei an einer kurzen Seite am unteren Rand den Reißverschluss einnähen.

Für die **Noppenborte** * 4 Luftm anschlagen, in die 1. Luftm 4 zusammen abgemaschte Stäbchen, ab * 75x (oder bis zur gewünschten Länge) wiederholen. Dann die Arbeit beenden. Die Noppenborte an die obere Kante annähen, dabei immer zwischen den Noppen einstechen.

Zeichenerklärung

• = 1 Luftm
† = 1 Stäbchen
= 1 Reliefstäbchen
= 1 Reliefstäbchen von hinten
= 1 dreifaches Reliefstäbchen

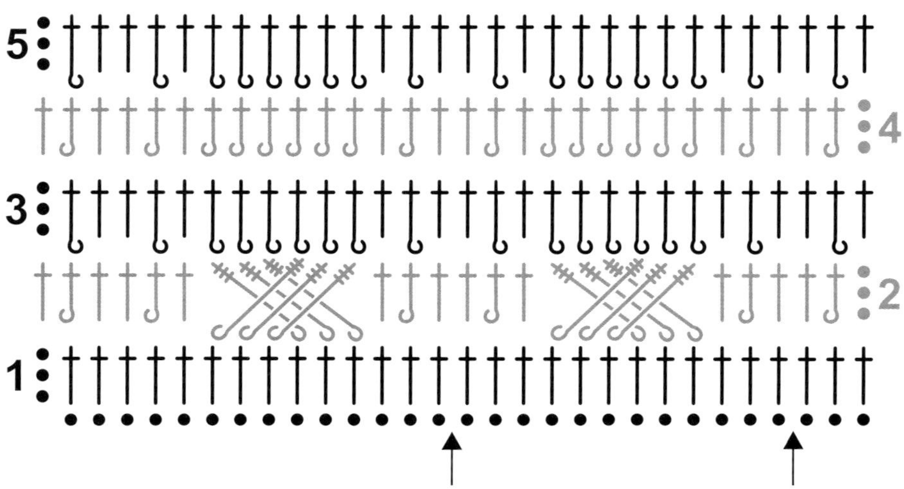

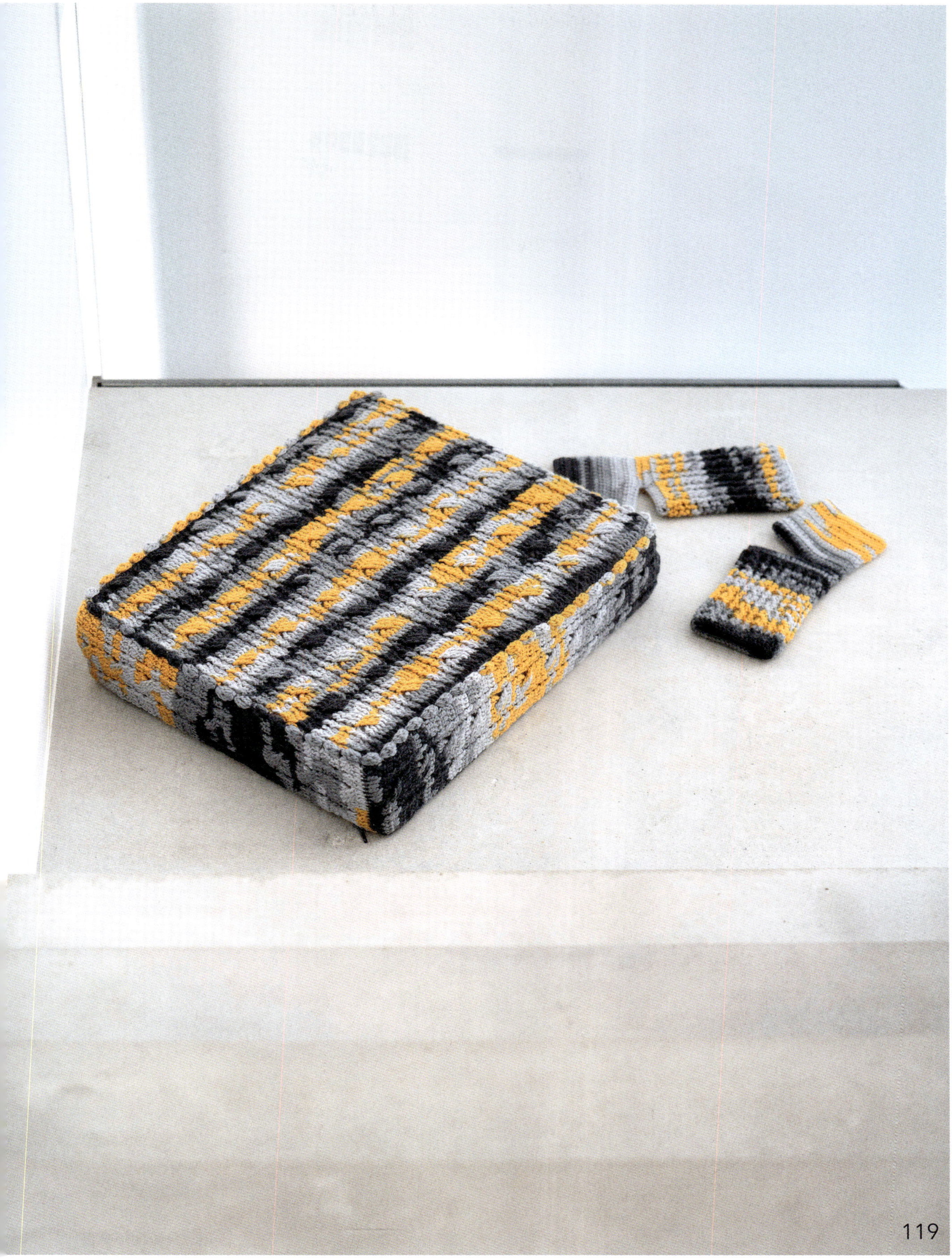

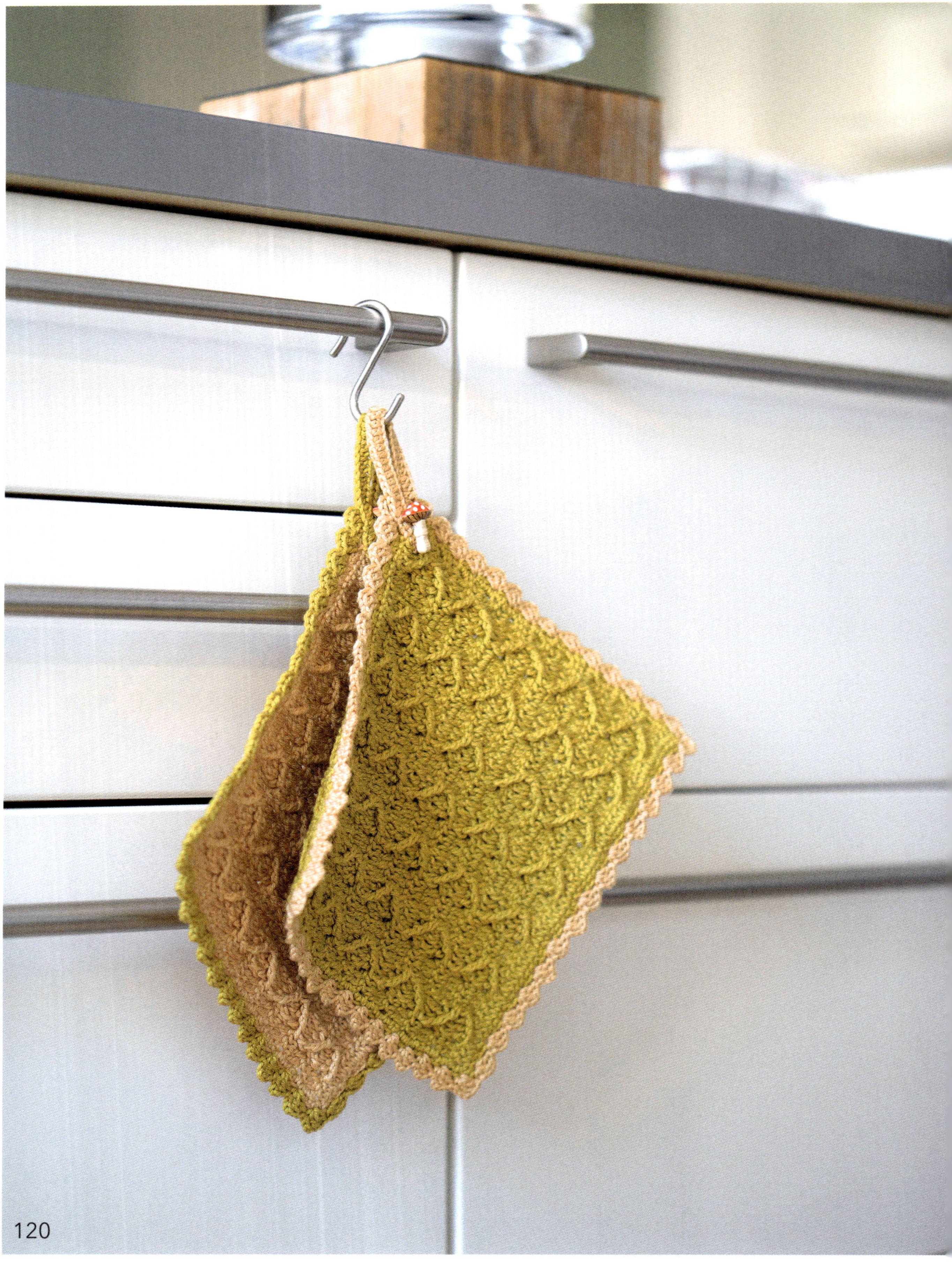

Topflappen

Schwierigkeitsgrad: leicht

Topflappen sind nicht nur nützliche Küchenhelfer. Mit dem Zopfmuster von Seite 36 werden sie auch zum schicken Hingucker in Ihrer Küche und eignen sich hervorragend als Mitbringsel.

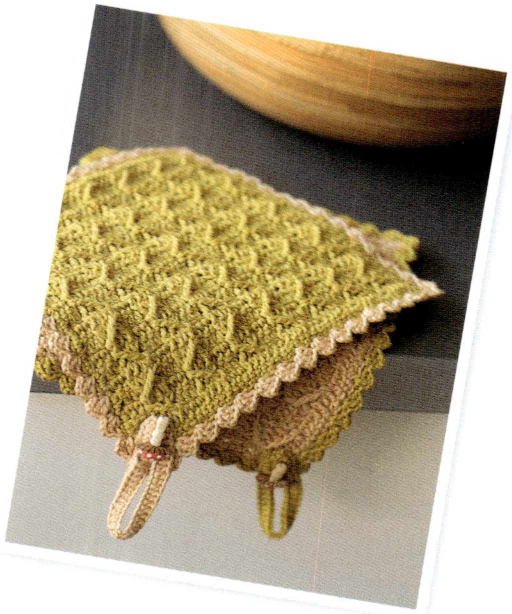

Größe

19 cm x 22cm

Material

Lana Grossa Cotone (100 % Baumwolle; LL = 125 m/50 g): je 50 g Senfgelb (Fb 95) und Sandgelb (Fb 116); Häkelnadel 2 mm; 2 Knöpfe „Fliegenpilz" von Jim Knopf.

Besondere Maschen

Dreifaches Reliefstäbchen (siehe Seite 9): 3 Umschläge auf die Nadel nehmen, mit der Häkelnadel von vorne um das nächste Stäbchen herumstechen, den Faden holen (= 5 Schlingen auf der Nadel), * den Faden holen und durch 2 Schlingen auf der Nadel ziehen, ab * wiederholen, bis alle Schlingen abgemascht sind.
Reliefstäbchen von hinten (siehe Seite 9): Das Reliefstäbchen von hinten um die M der Vorreihe häkeln: mit der Häkelnadel von hinten nach vorne in die Lücke zwischen 2 M einstechen und nach der M wieder ausstechen.

Muster

Zopfmuster: M-Zahl teilbar durch 7 + 2 M + 3 Wende-Luftm. Die Wende-Luftm dienen zum Aufsteigen in die nächste Reihe und ersetzen das 1. Stäbchen.

Nach der Häkelschrift arbeiten. Es sind Hin- und Rückreihen notiert. In den Hinreihen mit den M vor dem rechten Pfeil beginnen, den Rapport zwischen den Pfeilen stets wiederholen und mit den M nach dem linken Pfeil enden. In den Rückreihen die M entsprechend von links nach rechts lesen. Die 1.–5. Reihe einmal arbeiten, dann die 2.–5. Reihe stets wiederholen.

Zackenborte (M-Zahl teilbar durch 3): * (1 feste M, 3 Luftm, 2 Stäbchen) in 1 Einstichstelle, 2 M auslassen, ab * stets wiederholen.

Maschenprobe

Im Zopfmuster mit Häkelnadel 2 mm: 24 M und 12 Reihen = 10 cm x 10 cm.

So wird's gemacht

Für den ersten Topflappen 51 Luftm + 3 Wende- Luftm (ersetzen das 1. Stäbchen) mit Senfgelb als Hauptfarbe anschlagen und im Zopfmuster nach der Häkelschrift arbeiten. Nach 21 Reihen (einmal die 1.–5. Reihe und 4x die 2.–5. Reihe) die Arbeit beenden. Dann den Topflappen ringsum mit festen M umhäkeln. Anschließend mit Sandgelb als Kontrastfarbe die Zackenborte ringsum anhäkeln, dazu an einer Ecke beginnen und enden.

Für die **Schlaufe** 40 Luftm in der Kontrastfarbe anschlagen und 38 halbe Stäbchen häkeln, dabei mit dem 1 halben Stäbchen an der 3. M ab Nadel beginnen.

Für den **zweiten Topflappen** Haupt- und Kontrastfarbe tauschen.

Fertigstellen

An beiden Topflappen den Aufhänger und den Fliegenpilz-Knopf an einer Ecke annähen.

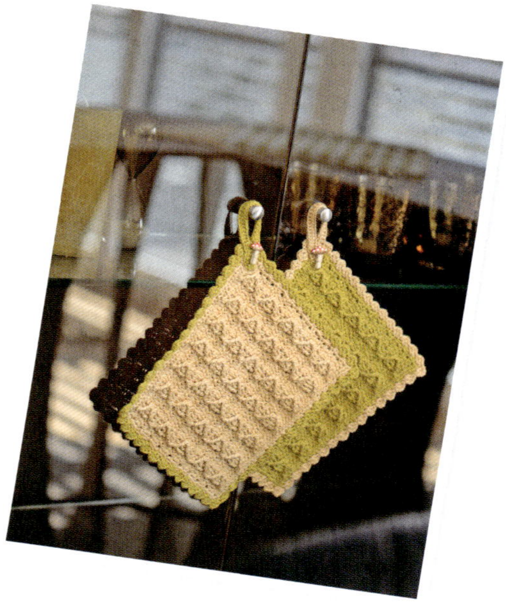

Zeichenerklärung

- • = 1 Luftm
- † = 1 Stäbchen
- = 1 Reliefstäbchen
- = 1 Reliefstäbchen von hinten
- = 1 dreifaches Reliefstäbchen

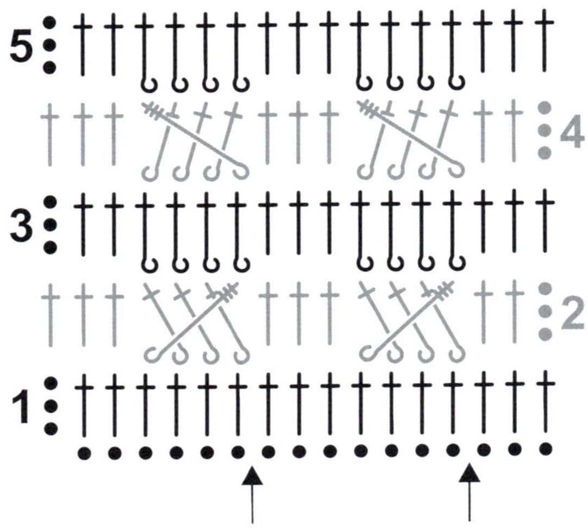

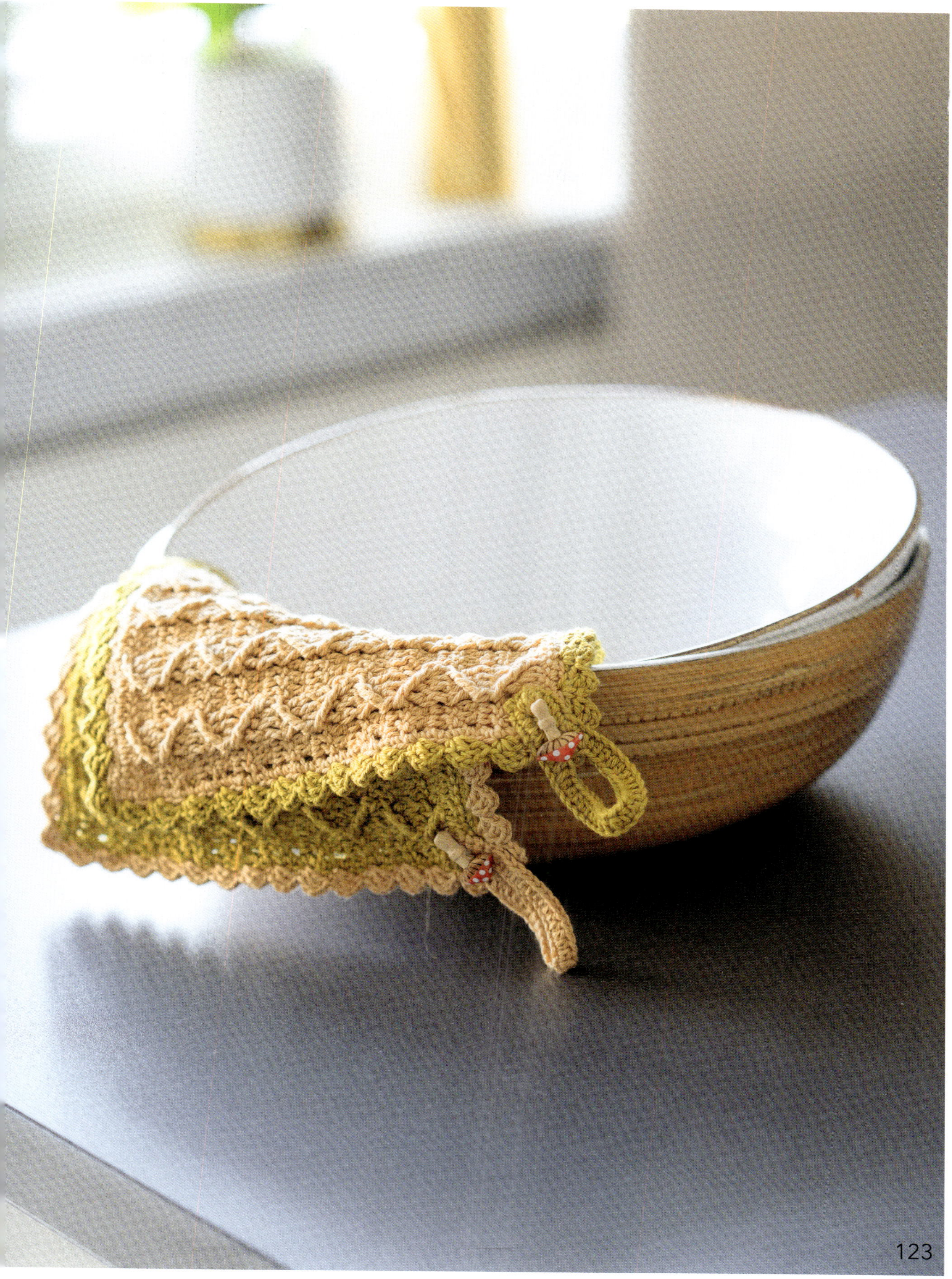

Impressum

Autorin: Sonja Prell
Redaktion: Maria Möllenkamp
Fotos & Styling: Anne Schulz
Lektorat & Produktmanagement:
Stephanie van der Linden
Korrektorat: Manuela Burkhardt
Häkelschriften: Ina Langguth
Umschlaggestaltung: Mathias Frisch
Layout: Silke Schüler
Repro: LUDWIG:media
Herstellung: Julia Hegele
Printed in Poland by CGS Printing

Unser komplettes Programm finden Sie unter
www.christophorus-verlag.de

Die Deutsche Nationalbibliothek verzeichnet diese Publikation in der Deutschen Nationalbibliografie; detaillierte bibliografische Daten sind im Internet über http://dnb.d-nb.de abrufbar.

★★★★★

Sind Sie mit diesem Titel zufrieden? Dann würden wir uns über Ihre Weiterempfehlung freuen.
Erzählen Sie es im Freundeskreis, berichten Sie Ihrem Buchhändler oder bewerten Sie bei Onlinekauf. Und wenn Sie Kritik, Korrekturen, Aktualisierungen haben, freuen wir uns über Ihre Nachricht an: Christophorus Verlag, Postfach 40 02 09, D-80702 München oder per E-Mail an lektorat@verlagshaus.de

Hersteller
Buttinette (www.buttinette.com)
Jim Knopf (www.jim-knopf-shop.de)
Lana Grossa (wwwŁlana-grossaŁde)
Prym (www.prym.de)

DANKE!
Mein besonderer Dank geht an die Firmen Lana Grossa, Buttinette, Prym und Jim Knopf für die wundervollen Garne und Materialien, die ich zur Herstellung meiner Modelle und Muster für dieses Buch verwenden durfte.
Einen ganz lieben Dank an Ina Langguth für die Zeichnungen der Häkelschriften.
Weiterhin danke ich der Fotografin Anne Schulz für die wunderschönen Fotos, der Lektorin Stephanie van der Linden für ihr wachsames Auge und ihre guten Ratschläge sowie den Mitarbeiterinnen des Christophorus Verlags. Ohne ihre Unterstützung wäre es mir nicht möglich gewesen, dieses Buch zu machen.

Infanteriestraße 11a
D 80797 München

ISBN 978-3-8410-6736-4

Kreativ-Service

Sie haben Fragen zu unseren Büchern und Materialien? Wir beraten Sie gern rund um alle Kreativthemen. Rufen Sie uns einfach an. Wir interessieren uns auch für Ihre eigenen Ideen und Anregungen. Sie erreichen uns per E-Mail kreativ-service@c-verlag.de oder unter der Telefonnummer 0049-89-1306 99 577.

Besuchen Sie uns im Internet: www.christophorus-verlag.de & www.selbstgemacht.de

Ebenfalls erhältlich ...

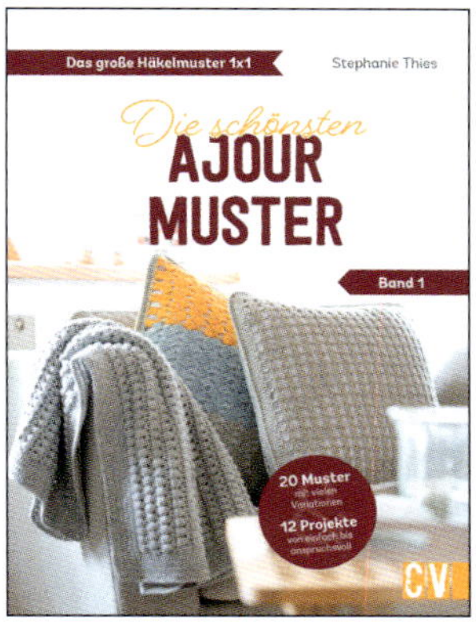

ISBN 978-3-8410-6686-2

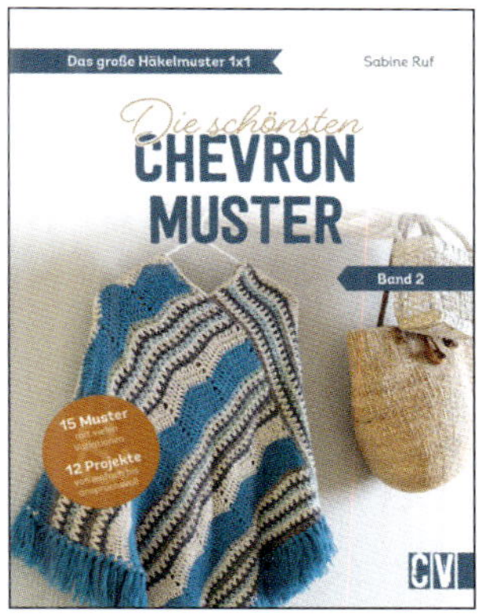

ISBN 978-3-8410-6687-9

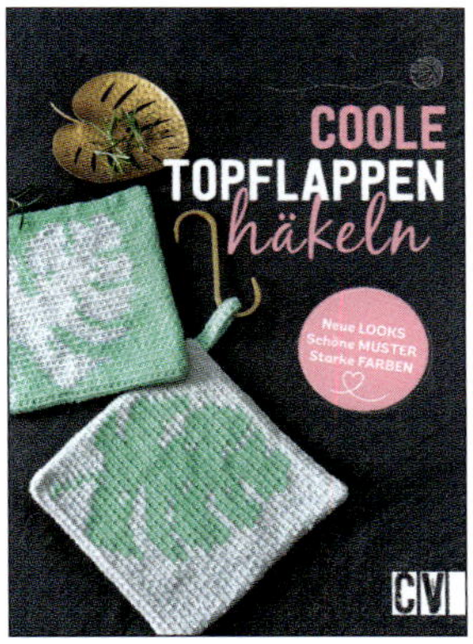

ISBN 978-3-8410-6705-0

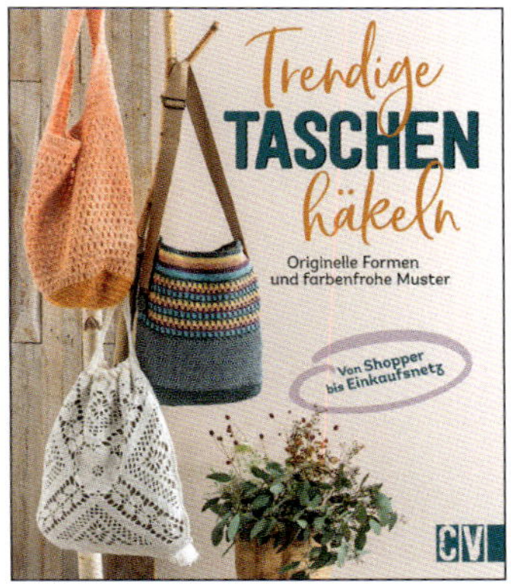

ISBN 978-3-8410-6685-5

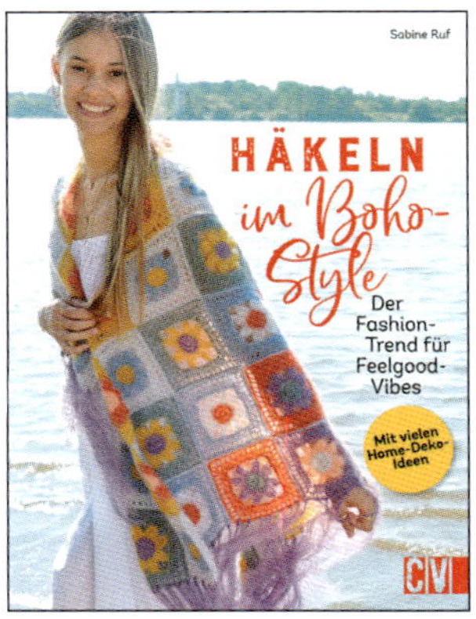

ISBN 978-3-8410-6682-4

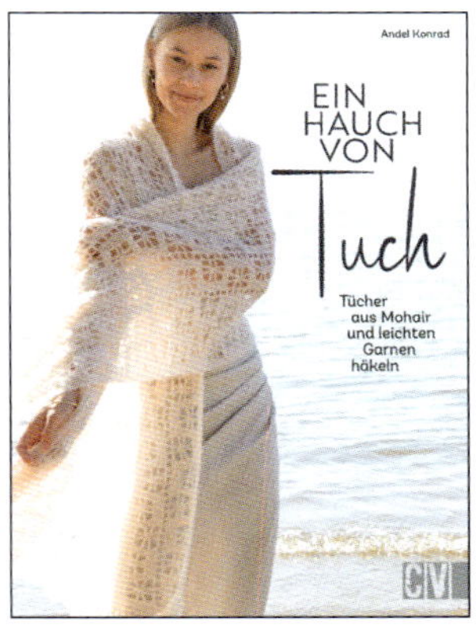

ISBN 978-3-8410-6708-1